Thomas Böhm

Aufsicht und Haftung in der Schule

5. Auflage

AF901774

Carl Link 2025

Thomas Böhm

Aufsicht und Haftung in der Schule

Schulrechtlicher Leitfaden

5. Auflage

Carl Link 2025

Abgeschlossen nach dem Rechtsstand vom 1. Oktober 2024

Bibliographische Information Der Deutschen Bibliothek

Die Deutsche Nationalbibliothek verzeichnet diese Publikation in der Deutschen Nationalbibliografie; detaillierte bibliografische Daten sind im Internet über **http://dnb.d-nb.de** abrufbar.

Art.-Nr. **09911000** (ISBN 978-3-556-09911-7)

www.wolterskluwer.com

Alle Rechte vorbehalten.
© 2025 Wolters Kluwer Deutschland GmbH, Wolters-Kluwer-Straße 1, 50354 Hürth

Das Werk einschließlich aller seiner Teile ist urheberrechtlich geschützt. Jede Verwertung außerhalb der engen Grenzen des Urheberrechtsgesetzes ist ohne Zustimmung des Verlages unzulässig und strafbar. Das gilt insbesondere für Vervielfältigungen, Übersetzungen, Mikroverfilmungen und die Einspeicherung und Verarbeitung in elektronischen Systemen.

Verlag und Autor übernehmen keine Haftung für inhaltliche oder drucktechnische Fehler.

Wolters Kluwer unterstützt die Bemühungen um eine gendergerechte Sprache. Soweit aus Gründen der besseren Lesbarkeit auf eine geschlechtsneutrale Differenzierung verzichtet wird, gelten entsprechende Begriffe im Sinne der Gleichbehandlung grundsätzlich für alle Geschlechter. Die verkürzte Sprachform beinhaltet keine Wertung.

Umschlagkonzeption: Martina Busch, Grafikdesign, Homburg-Kirrberg
Umschlagbild: © New Africa – stock.adobe.com
Satz: Newgen KnowledgeWorks (P) Ltd., Chennai
Druck und Weiterverarbeitung: Wydawnictwo Diecezjalne i Drukarnia w Sandomierzu, Sandomierz, Polen

Gedruckt auf säurefreiem, alterungsbeständigem und chlorfreiem Papier.

Vorwort

Der Wunsch der Lehrer, durch eine gute Aufsichtsführung Gefahren von den Schülern abzuwenden und die Aufsicht sinnvoll in das pädagogische Handeln einzubetten sowie die als praxisnah und nützlich empfundene fallorientierte Darstellung haben zum Erfolg von »Aufsicht und Haftung in der Schule« entscheidend beigetragen. Die vorliegende fünfte Auflage ergänzt, erweitert und aktualisiert den Text. Zur Aktualisierung und Ergänzung tragen vor allem die in der Zeitschrift »SchulRecht« veröffentlichten Gerichtsentscheidungen bei.

Nur wenige schulische Situationen sind so unmittelbar mit der Furcht der Pädagogen vor möglichen rechtlichen Sanktionen verbunden wie die Erfüllung der Aufsichtspflicht. Diese Befürchtungen gründen unter anderem auf der Vielzahl der denkbaren Folgen, die von der Inanspruchnahme für materielle und immaterielle Schäden über strafrechtliche Konsequenzen bis zu arbeits- oder disziplinarrechtlichen Sanktionen reichen. Eine wesentliche Rolle spielen aber auch einerseits tatsächlich vorhandene Unwägbarkeiten bei der rechtlichen Beurteilung von Aufsichtssituationen und andererseits eine nicht ausreichende Kenntnis der Rechtslage, die übertriebene und ungerechtfertigte Befürchtungen nährt.

»Aufsicht und Haftung in der Schule« will durch die Darstellung der Rechtslage ungerechtfertigten Befürchtungen entgegentreten, aber auch leichtsinniges Verhalten verhindern und insgesamt die Handlungs- und Argumentationssicherheit in allen Aufsichtssituationen erhöhen.

Dazu werden zunächst die bei der rechtlichen Beurteilung aller Aufsichtssituationen anzuwendenden Rechtsgrundlagen, Rechtsbegriffe und rechtlichen Strukturen systematisch unter den Gesichtspunkten der Aufsichtspflicht und der Haftung erläutert. Dann folgen Beurteilungen bestimmter, in der schulischen Praxis häufig vorkommender Situationen anhand verschiedener Fallbeispiele, die in der Regel der Rechtsprechung entnommen wurden.

Dabei gilt, dass die Aufsichtspflicht und das sonstige pädagogische Handeln nicht gegeneinander ausgespielt werden dürfen. Die Erfüllung der Aufsichtspflicht ist nicht eine vom eigentlichen pädagogischen Auftrag zu trennende, lästige zusätzliche Aufgabe, sondern ein wichtiger Bestandteil des schulischen

Auftrages, Schüler und andere Personen vor Schaden zu bewahren. Es kann schon allein deshalb keinen Vorrang pädagogischen Handelns vor der Erfüllung der Aufsichtspflicht geben, weil die Aufsichtspflicht ein wichtiger Teilbereich des pädagogischen Handelns ist. Art und Umfang der Aufsicht müssen aber in einem angemessenen und ausgewogenen Verhältnis zu den anderen Teilbereichen pädagogischen Handelns und zum schulischen Bildungs- und Erziehungsauftrag stehen. Eine Schule, die Schüler zur Selbstständigkeit erziehen will und soll, kann keine »optimale« Beaufsichtigung in Gestalt einer perfekten Kontrolle bieten oder auch nur anstreben.

Neben der Aufsichtspflicht und Haftung werden auch die straf-, arbeits- und disziplinarrechtlichen Aspekte des Themas behandelt. Ausführungen zur gesetzlichen Schülerunfallversicherung runden die Darstellung ab. Die Rechtsgrundlagen der genannten Bereiche beruhen weitgehend auf Bundesrecht oder auf Regelungen der Länder, die nur geringfügige Abweichungen aufweisen. Die Darstellung der Rechtslage kann daher bundesweite Gültigkeit beanspruchen. Das gilt auch für die Rechtsprechung, der bei der Beurteilung von Aufsichtspflicht und Haftung eine besonders große Bedeutung zukommt, da die gesetzlichen Regelungen äußerst knapp und allgemein gehalten sind.

Wegen der außerordentlichen Bedeutung der Rechtsprechung werden zahlreiche Gerichtsentscheidungen zitiert. Der Wortlaut gerichtlicher Entscheidungen vermittelt einen Eindruck von juristischer Argumentationsweise und veranschaulicht, dass es für die rechtliche und gerichtliche Beurteilung eines Falles auf die Einzelheiten des konkreten Sachverhaltes ankommt.

Die Fallorientierung prägt das Werk methodisch, da die Einschätzungs- und Entscheidungsfähigkeit gerade bei der Aufsichtspflichterfüllung, für die eine unüberschaubare Fülle konkreter Situationen typisch ist, am besten an Fallbeispielen geschult werden kann.

Dr. Thomas Böhm

Hattingen, im Oktober 2024

Hinweise zur Benutzung dieses Buches:
B = erläuternder Beispielsfall
F = Ausgangsfall zur Erläuterung eines Rechtsproblems
! = Tipp, praktischer Hinweis

Inhaltsverzeichnis

Vorwort V

I. Grundlagen der Aufsichtspflicht 1

1. Aufsichtspflichtige Personen 3
2. Übertragung von Aufsichtsaufgaben 8
3. Zu beaufsichtigende Personen 10
4. Der Zeitraum der Aufsicht 12
5. Räumlicher Bereich der Aufsicht 15
6. Aufsichtspflicht der Eltern und Schutzbereich der schulischen Aufsichtspflicht 16
7. Inhalt der Aufsichtspflicht 18
   a. Kontinuierliche Aufsicht 18
   b. Präventive Aufsicht 23
   c. Aktive Aufsicht 32

II. Haftung bei Verletzung der Aufsichtspflicht 41

1. Körperschäden schulfremder Personen, Sach- und Vermögensschäden 41
   a. Körper-, Sach- und Vermögensschäden 41
   b. Haftungsgrundlagen 42
   c. Ursachenzusammenhang 45
   d. Rückgriff 47
   e. Verfahren bei einem Regress des Dienstherrn 49

f. Organisationsverschulden des Schulleiters ... 50
g. Ursachenzusammenhang und Beweisführung ... 54
h. Verkehrssicherungspflichten ... 56
i. Schädigung des Schulträgers durch Lehrer ... 63
2. Personenschäden von zur Schule gehörenden Personen ... 67
a. Grundlegende Regelungen der gesetzlichen Unfallversicherung ... 67
b. Rückgriff ... 71
c. Schülerunfall im Ausland ... 76
d. Berufshaftpflicht der Lehrer ... 78
3. Straf-, arbeits- und disziplinarrechtliche Konsequenzen ... 79
a. Strafrechtliche Konsequenzen ... 79
b. Disziplinarrechtliche Konsequenzen ... 87
c. Arbeitsrechtliche Konsequenzen ... 89
4. Haftung der Schüler ... 91
a. Haftungsgrundlagen ... 91
b. Körperschaden eines Lehrers ... 93
c. Körperschäden von Mitschülern ... 94
d. Körperschäden schulfremder Personen ... 109
e. Sachschäden ... 110

III. Aufsichtspflicht und schulische Handlungsfelder ... 115
1. Unterricht ... 117
a. Vor Unterrichtsbeginn und nach Unterrichtsende ... 117
b. Verlassen des Unterrichtsraumes durch Schüler oder Lehrer ... 118

c. Mitwirkung schulfremder Personen im Unterricht 121

d. Unterrichtsausfall/Freistunden 122

2. Unterrichtsweg 123

3. Schülerlotsendienst 126

4. Pausenaufsicht 127

5. Unterrichtsfächer 133

a. Gefahrgeneigte Fächer 133

b. Internetnutzung 134

c. Schulgottesdienst 135

d. Sportunterricht 135

e. Schwimmen und Wassersport 139

6. Erlebnispädagogische Unternehmungen 143

7. Betriebspraktikum 146

8. Klassenfahrten 147

9. Fiskalisches Handeln am Beispiel der Klassenfahrten 154

10. Klassen- und Schulfeste 156

11. Veranstaltungen der Schülervertretung 158

12. Schulbushaltestelle 159

13. Schulbus 163

14. Verwahrung von Schülereigentum durch Lehrer 166

15. Obhutspflicht des Schulträgers für Schüler-, Lehrer- und Elterneigentum 169

a. Schülereigentum 169

b. Lehrereigentum 172

IV. Unfallversicherungsschutz der Schüler 177
1. Grundlagen des Unfallversicherungsschutzes 179
a. Versicherungsträger 179
b. Versicherter Personenkreis 180
c. Begriff des Schulunfalles 183
d. Meldepflicht 190
e. Entschädigungsleistungen 190
f. Unfallverhütung 191
g. Sicherheitsbeauftragte 192
2. Versicherungsschutz und schulische Handlungsfelder 193
a. Unterricht und Pausen 194
b. Außerunterrichtliche Veranstaltungen 197
c. Betreuungsangebote 210
d. Elternmitarbeit im Unterricht 211
e. Anfahrt zum Ort einer Schulveranstaltung 211
f. Elternmitarbeit bei Projektwoche, Schulfest und Klassenfahrt ... 214
g. Renovierungsarbeiten durch Eltern 215
h. Schulweg 215
Verzeichnis der Fälle 219
Verzeichnis der Gerichtsentscheidungen 221
Abkürzungsverzeichnis 227
Literaturverzeichnis 229
Stichwortverzeichnis 231

I. Grundlagen der Aufsichtspflicht

I. Grundlagen der Aufsichtspflicht

1. Aufsichtspflichtige Personen

Neben dem Unterricht und der Erziehung gehört die Beaufsichtigung der 1
Schüler zu den dienstlichen Pflichten der Lehrer, unabhängig von ihrem Status als Beamte oder Tarifbeschäftigte. Die Aufsichtspflicht ergibt sich grundsätzlich aus dem Minderjährigenschutz, den einschlägigen Vorschriften der Schulgesetze und den Regelungen zu den Dienstpflichten der Lehrer (z. B. Allgemeine Dienstordnungen), sie ist aber auch dem schulischen Bildungs- und Erziehungsauftrag immanent.

Die Erfüllung der Aufsichtspflicht steht in einem unmittelbaren Zusammenhang mit der gesamten pädagogischen Tätigkeit. Das gilt nicht nur für den Unterricht und bestimmte schulische Veranstaltungen, sondern auch für die Aufsicht auf dem Schulgelände, z. B. in den Pausen, die sich nicht von der Erziehungsaufgabe der Schule trennen lässt. Durch Maßnahmen der aktiven Aufsicht werden Schüler dazu erzogen, die körperliche Unversehrtheit anderer Personen zu achten und das Eigentum anderer vor Schaden zu bewahren. Die Aufsichtspflicht steht aber nicht nur in einem unmittelbaren Zusammenhang mit dem schulischen Erziehungsauftrag, sondern weist auch eine Beziehung zum Unterrichtsauftrag auf. Nur die korrekte Erfüllung der Aufsichtspflicht kann den Anspruch aller Schüler auf möglichst ungestörten Unterricht gewährleisten und bei Leistungsüberprüfungen eine Situation herstellen, die dem Rechtsanspruch auf eine verfahrensfehlerfreie Leistungsfeststellung gerecht wird.

Schulleiter sind zugleich Lehrer der Schule. Werden sie nicht durch Vorschrif- 2
ten des jeweiligen Landes von der Aufsichtsführung befreit, sind sie grundsätzlich in dem Maße zur Aufsichtsführung verpflichtet, das in etwa der Anzahl ihrer Unterrichtsstunden entspricht, wobei besondere Schulleitungsaufgaben und -verpflichtungen zu berücksichtigen sind. Angesichts der stetigen Ausweitung der Schulleitungsaufgaben ist auch eine vollständige Befreiung von Aufsichtsaufgaben zulässig, sollte aber auch im Hinblick auf den unmittelbaren Einblick der Schulleitung in wichtige schulische Handlungsbereiche geprüft werden.

3 Werden Referendare von der Schule zu Aufsichtsaufgaben herangezogen oder erteilen sie selbstständig Unterricht, sind sie ebenfalls verpflichtet, Aufsicht zu führen. Grundsätzlich sind alle Personen, z. B. auch Sozialarbeiter oder Personal mit sonderpädagogischer Aufgabenstellung, die von der Schule zu Unterrichts-, Erziehungs- oder Betreuungszwecken eingesetzt werden, zur Aufsicht verpflichtet.

4 Die grundsätzliche Verpflichtung der in Unterricht, Erziehung und Betreuung tätigen Personen zur Aufsichtsführung entbindet die Schulleitung nicht von der Wahrnehmung ihrer Fürsorgepflicht bei der Übertragung von Aufsichtsaufgaben. Die Aufsichtsverpflichtungen sind möglichst gleichmäßig auf alle Lehrer zu verteilen unter Berücksichtigung besonderer dienstlicher Pflichten und persönlicher Umstände. Es handelt sich dabei immer um Einzelfallentscheidungen, für die kein Schema vorgegeben werden kann, bei denen aber Grundsatzbeschlüsse zuständiger Konferenzen zu beachten sind. Bei Teilzeitkräften soll der Umfang der Aufsichten der reduzierten Pflichtstundenzahl entsprechen.

5 Je nach den Vorschriften des jeweiligen Landes und den Umständen des Einzelfalles sind beispielsweise geh- oder sehbehinderte Lehrer nach Möglichkeit von der Hofaufsicht, der Aufsicht auf Unterrichtswegen und Aufsichtsaufgaben außerhalb des Schulgeländes zu entbinden. In einigen Ländern sind Verbindungs- bzw. Vertrauenslehrer von der Pausenaufsicht freizustellen, um für Gespräche mit Schülern zur Verfügung stehen zu können. Sicherheitsbeauftragte sollen, soweit das zur Durchführung ihrer Aufgaben im Einzelfall erforderlich ist, von Aufsichtsaufgaben freigestellt werden. Lehrer, die besonders sicherheitsrelevante Fächer wie Naturwissenschaften oder Technik unterrichten, können von Aufsichtsaufgaben unmittelbar vor oder nach ihrem Unterricht freigestellt werden, um z. B. Experimente vorbereiten oder nach dem Unterricht die Sicherheit gewährleisten zu können. Falls Sportlehrer notwendiger- oder sinnvollerweise eine Pause zum Umkleiden oder zum Aufbau der Geräte nutzen, sollte das berücksichtigt werden. Schwangere Lehrerinnen, rekonvaleszierende Lehrer, mit besonderen Aufgaben betraute Lehrer (z.B. Betreuung digitaler Medien oder digitaler Infrastruktur), zwischen Schulgebäuden pendelnde Lehrer oder nur wenige Stunden Unterricht erteilende

Fachlehrer (z. B. Religionslehrer, Lehrer mit Unterricht an anderen Schulen) können auch ständig von der Aufsichtsführung befreit werden.

Soweit Verwaltungsvorschriften keine eindeutige Regelung treffen, hat der Schulleiter in den genannten Fällen einen Entscheidungsspielraum im Rahmen der Konferenzbeschlüsse.

Schulleitung

Die Verpflichtung der Schulleitung zur Aufsichtsführung umfasst insbesondere die organisatorische Gesamtverantwortung für die Erfüllung der Aufsichtspflicht an der Schule. Dazu gehört die Beauftragung mit besonderen Aufsichtsaufgaben wie Pausenaufsicht, Aufsicht bei Vertretungsstunden und bei Schulveranstaltungen, aber auch die Verpflichtung, die Erfüllung der übertragenen Aufgaben durch Stichproben zu kontrollieren. Der Schulleiter ist aber nicht verpflichtet, täglich oder gar in jeder Pause zu kontrollieren, ob die zur Aufsicht eingeteilten Personen auch tatsächlich Aufsicht führen. Während des Unterrichtstages wird es aber der Schulleitung oder dem Kollegium in aller Regel auffallen, wenn wichtige Aufsichtsaufgaben wie beispielsweise die Aufsicht auf dem Schulhof nicht erfüllt werden. 6

! Problematisch können insbesondere Situationen sein, in denen ein zur Aufsicht vor Unterrichtsbeginn eingeteilter Lehrer die Aufsicht nicht rechtzeitig oder gar nicht antreten kann, ohne die Schule davon zu informieren oder informieren zu können. Lehrkräfte, die das Fehlen einer Aufsicht bemerken, müssen entweder selbst die Aufsicht übernehmen oder umgehend die Schulleitung informieren.

Überträgt der Schulleiter die Erstellung der Aufsichtspläne auf den ständigen Vertreter oder andere geeignete Personen, bleibt er trotzdem weiterhin letztverantwortlich für die ordnungsgemäße Aufsichtsregelung. Er muss daher die Zweckmäßigkeit der Aufsichtspläne durch Stichproben kontrollieren.

Erweist sich ein vom Schulleiter selbst oder einer beauftragten Person erstellter Aufsichtsplan als ungeeignet, eine ausreichende Aufsicht sicherzustellen, kann den Schulleiter ein Organisationsverschulden treffen. Ein solches Organisationsverschulden liegt offensichtlich vor, wenn beispielsweise keine 7

Ersatzaufsicht für einen erkrankten Lehrer eingeteilt wird oder Teile des Pausenhofes nicht beaufsichtigt werden. In Zweifelsfällen wird das Vorliegen eines Organisationsverschuldens mit Hilfe derselben Kriterien geprüft, die auch auf die unmittelbare Aufsichtsführung angewandt werden (s. unten Kapitel I 7).

Konferenzbeschlüsse

F **Lehrerkonferenz und Aufsicht**

8 Auf der Grundlage einer Norm im Schulgesetz (»Die Lehrerkonferenz entscheidet über Grundsätze für die Aufsichtspläne.«) beschließt eine Lehrerkonferenz: »Alle Teilzeitkräfte sind von der Frühaufsicht und der Mittagsaufsicht freizustellen.«

Soweit eine Konferenz – in der Regel die Lehrer- oder Gesamtkonferenz – aufgrund der jeweiligen Schulgesetze Grundsätze für die Aufstellung von Aufsichtsplänen beschließen kann, sind diese Grundsätze vom Schulleiter bei der Erstellung des Aufsichtsplanes zu beachten. Grundsatzbeschlüsse dürfen aber keine Einzelfallentscheidungen über den Einsatz bestimmter Lehrer treffen, da Beschlüsse, die eine konkrete Situation in Bezug auf eine bestimmte Person oder mehrere Personen abschließend regeln, schon begrifflich keine Grundsatzbeschlüsse sind. Von Grundsatzbeschlüssen darf der Schulleiter im Einzelfall begründet abweichen.

Der Beschluss der Lehrerkonferenz ist kein Grundsatzbeschluss, da er den Schulleiter ausnahmslos (»sind …freizustellen«) bindet. Will die Lehrerkonferenz den Schulleiter zur Rücksichtnahme auf Teilzeitkräfte bei der Früh- und Mittagsaufsicht veranlassen, könnte sie beschließen: »Bei der Einteilung der Früh- und Mittagsaufsicht sind die familiären Rahmenbedingungen, insbesondere der Teilzeitkräfte zu beachten.« Die Verpflichtung, »die familiären Rahmenbedingungen zu beachten«, lässt dem Schulleiter ein ausreichendes Maß an Entscheidungsfreiheit.

Grundsatzbeschlüsse können sich auch auf die Anzahl der Pausenaufsichten, die sich beispielsweise an der Zahl der Unterrichtsstunden orientieren könnten, oder auf die Befreiung von Aufsichtspflichten bei der Wahrnehmung bestimmter Sonderaufgaben wie der Bibliotheksbetreuung beziehen. Die Einteilung bestimmter Lehrer zur Aufsicht, die Orte, an denen Aufsicht zu führen ist, und die Anzahl der benötigten Aufsichtspersonen legt der Schulleiter fest. Dabei hat der Schulleiter etwaige Beschlüsse der Schul- oder Gesamtkonferenz, die beispielsweise in einer Haus- oder Schulordnung die Benutzung des Gebäudes und Geländes geregelt hat, zu beachten. Die Schul- oder Gesamtkonferenz könnte etwa die Pausenhalle als Aufenthaltsraum für Fahrschüler festlegen oder vorschreiben, dass die Schüler während der Pausen bei starkem Regen oder Schneefall in ihren Klassenräumen bleiben.

Für ein weiteres oder engeres Verständnis des Begriffes »Grundsatzbeschluss« ist letztlich die jeweilige Auffassung von der Gewichtung der Entscheidungskompetenzen der die Eigenverantwortung und Zusammenarbeit stärkenden Mitwirkungsorgane und der die Gesamtverantwortung für die Bildungs- und Erziehungsarbeit tragenden Schulleitung ausschlaggebend.

Auch wenn der Begriff »Grundsatzbeschluss« eher weit verstanden wird, ändert das nichts an der Gesamtverantwortung des Schulleiters, da alle Einzelfallentscheidungen bei ihm liegen und er in Einzelfällen begründet auch von einem Grundsatzbeschluss abweichen kann. Will er nicht im Einzelfall abweichen, sondern einen Grundsatzbeschluss vollständig aufgehoben wissen, etwa weil er die Erfüllung der Aufsichtspflicht gefährdet, darf er sich nicht generell über den Beschluss hinwegsetzen, sondern muss ihn beanstanden und durch die Schulaufsicht überprüfen und ggf. aufheben lassen. Es besteht daher auch bei einem weiteren Verständnis des Begriffes »Grundsatzentscheidung« nicht die Gefahr, dass Konferenzen auf Grund persönlicher Interessen der Lehrer Beschlüsse fassen, die die ordnungsgemäße Erfüllung der Aufsichtspflicht gefährden.

F **Die Toilettenaufsicht**

Die Schulleiterin stellt fest, dass Lehrer, die die Aufsicht auf den Fluren führen, selten oder nie die Toiletten kontrollieren. Sie ordnet daher stichprobenartige Kontrollen an.

Bei dieser Entscheidung handelt es sich nicht um eine Grundsatzentscheidung, die eines Beschlusses der zuständigen Konferenz bedürfte, da in diesem Fall lediglich die zur Aufsicht eingeteilten Personen eine Weisung für die korrekte Erfüllung ihrer Aufsichtspflicht erhalten.

9 Personalräten steht grundsätzlich bei der Regelung der Aufsicht weder ein Mitbestimmungs- noch ein Mitwirkungsrecht zu, es sei denn, die Regelungen eines Landes sähen das ausdrücklich vor.

2. Übertragung von Aufsichtsaufgaben

F **Die Befragung**

10 Die Mutter eines Schülers bietet sich als Begleitperson für eine Klassenfahrt an. Die Klassenlehrerin fragt in einem vorbereitenden Gespräch mit der Mutter des Schülers nach eventuellen Erfahrungen in der Betreuung von Jugendgruppen, beruflichen Erfahrungen, die von Bedeutung sein könnten, der Kenntnis der Mitschüler und den Vorstellungen von Art und Ausmaß der Betreuung des eigenen Kindes während der Fahrt. Ein Kollege, der als aufsichtsführender Lehrer mitfährt, hält »diese Ausfragerei« für überflüssig.

Eine Übertragung von Aufsichtsaufgaben auf Erziehungsberechtigte, Schüler oder andere Personen ist nicht ausgeschlossen. Die Aufsichtspflicht des Verantwortlichen für die Aufsicht, also in der Regel des Lehrers oder Schulleiters, bleibt aber im Hinblick auf die Auswahl einer geeigneten Person und die Übertragung von Aufgaben, bei denen eine angemessene Aufsicht gewährleistet bleibt, bestehen. Lehrern obliegt in diesen Situationen die Auswahl, Instruktion und Kontrolle der Hilfspersonen.

Sind Eltern beispielsweise bereit, bei einem Schulfest oder einer Klassenfahrt unterstützend tätig zu werden, müssen die zuständigen Lehrer entscheiden, ob die Eltern grundsätzlich geeignet sind, Aufsichtsaufgaben zu übernehmen und welche konkreten Aufgaben übernommen werden können.

Gewinnt die Klassenlehrerin im geschilderten Fall auf Grund des Gespräches den Eindruck, es handele sich um eine geeignete Begleitperson, hat sie den Anforderungen an eine sorgfältige Auswahl der Begleitperson genügt.

Die »Befragung« ist daher nicht überflüssig, sondern notwendig, wobei an die Dauer des Gesprächs und die Zahl sowie den Umfang der Fragen wegen der Zumutbarkeit für die Begleitperson keine übertriebenen Anforderungen gestellt werden. Der gänzliche Verzicht auf ein angemessenes »Auswahlgespräch« ist allerdings nicht zulässig.

Während der Fahrt bleiben die Lehrer verantwortlich für die Übertragung konkreter Aufsichtsaufgaben auf Begleitpersonen. Sie entscheiden, welche Schüler in welcher Situation von der Begleitperson beaufsichtigt werden können. Dabei ist jedes schematische Vorgehen zu vermeiden.

B Die Klassenlehrerin überträgt der Begleitperson die Aufsicht über 15 Schüler der Klasse. Sie selbst beaufsichtigt die restlichen 7 Schüler.

Durch diese auf den ersten Blick befremdliche Entscheidung kann im Einzelfall eine angemessene Aufsicht gewährleistet werden, wenn etwa die Klassenlehrerin die undisziplinierten Schüler übernommen hat, während die Begleitperson lediglich die disziplinierten Schüler zu beaufsichtigen hat.

F **Der Aufsicht führende Hausmeister**

Während der einstündigen Mittagspause und in Freistunden stehen den Schülern einer Realschule zwei Aufenthaltsräume zur Verfügung. Die Schulleiterin hat dem Hausmeister die Aufsicht über die Schüler, die sich in diesen Räumen aufhalten, übertragen und die Lehrer angewiesen, den Hausmeister bei der Aufsicht, z. B. durch Kontrollen in eigenen Freistunden, zu unterstützen. 11

Werden Aufsichtsaufgaben auf den Schulhausmeister oder die Sekretärin übertragen, sind neben den genannten generellen Bedingungen für die Übertragung von Aufsichtsaufgaben auch die Arbeitsverträge dieser Personen zu beachten, da sie zwar die Weisungen des Schulleiters befolgen müssen, diese Weisungen sich aber im Rahmen des Arbeitsvertrages halten müssen. Außerdem ist zu beachten, dass die Aufsichtsverpflichtung grundsätzlich für Lehrer besteht und daher nicht generell auf den Hausmeister übertragen werden darf. Hausmeister dürfen mit ihrem Einverständnis gelegentlich unterstützend bei der Aufsichtsführung tätig werden *(VGH Baden-Württemberg, Az.: 9 S 592/86; SPE 140 Nr. 9, S. 15)*.

12 Werden Dritten, also etwa Schülern oder Eltern, Aufsichtsaufgaben übertragen, sind sie in gleicher Weise wie Lehrer davor geschützt, bei einer Aufsichtspflichtverletzung unmittelbar in Anspruch genommen werden zu können (s. u. II.). Dabei kommt es nicht darauf an, ob der Lehrer durch die Auswahl einer ungeeigneten Person oder mit der Übertragung bestimmter Aufsichtsaufgaben seine eigene Aufsichtspflicht verletzt hat, da einem Schüler oder Elternteil nicht zugemutet werden kann, das Risiko der Zulässigkeit einer Übertragung von Aufsichtsaufgaben auf sich zu nehmen.

3. Zu beaufsichtigende Personen

13 Die Aufsichtspflicht der Lehrer einer Schule bezieht sich zweifellos auf die Schüler dieser Schule. Das gilt grundsätzlich für volljährige Schüler ebenso wie für minderjährige Schüler. Die Intensität der Aufsicht über volljährige Schüler ist allerdings geringer. Die Aufsichtspflicht ihnen gegenüber ergibt sich nicht aus dem Minderjährigenschutz, sondern aus der Fürsorgepflicht der Schule und ihrer Verpflichtung, Schaden von Schülern abzuwenden und Dritte vor Schädigungen durch Schüler zu bewahren. Insofern kann man zwischen einer besonderen und einer allgemeinen Aufsichtspflicht unterscheiden. Aus dem Schulverhältnis ergibt sich eine allgemeine Aufsichts- und Fürsorgepflicht der Schule, die auch volljährigen Schülern gegenüber besteht. Den ihr von den Erziehungsberechtigten anvertrauten minderjährigen Schülern gegenüber hat die Schule darüber hinaus eine besondere Aufsichtspflicht zu erfüllen, die auf der größeren Schutzbedürftigkeit der minderjährigen Schüler beruht. Die Schule hat volljährigen Schülern gegenüber größere Handlungsspielräume. So wird man häufiger auf Belehrungen verzichten oder aktives Handeln der Aufsichtspersonen durch Belehrungen ersetzen können. Auch die Kontrolle der Befolgung von Anordnungen kann weniger intensiv sein.

14 Volljährigen Schülern kann das Verlassen des Schulgeländes in den Pausen und Freistunden gestattet werden. Grundschüler – und nach den Regelungen

einiger Länder Schüler der Klassen 5 und 6 – dürfen dagegen das Schulgrundstück in den Pausen und Freistunden nicht verlassen. Minderjährigen Schülern der weiterführenden Schulen kann unter bestimmten Voraussetzungen, zu denen in der Regel das schriftliche Einverständnis der Erziehungsberechtigten und ein Beschluss der Schulkonferenz gehören, das Verlassen des Schulgeländes gestattet werden. Verlassen Schüler unbefugt das Schulgelände, entfällt die Aufsichtspflicht der Schule über diese Schüler. Allerdings wird zu prüfen sein, ob das Verlassen des Schulgeländes durch eine unzureichende Beaufsichtigung beispielsweise des Schulhofes ermöglicht wurde.

Bei Schulveranstaltungen, an denen auch schulfremde Personen teilnehmen, stellt sich die Frage des Umfanges der Aufsichtspflicht der Schule.

F **Die Jubiläumsfeier**

Eine Realschule feiert ihr 25-jähriges Bestehen in einer Halle der Gemein- 15
de. An der Feier nehmen Lehrer, aktive Schüler, ehemalige Schüler und Eltern teil. Die Lehrer führen auf Anweisung der Schulleitung Aufsicht. Am Tage nach der Feier wird festgestellt, dass ein Flügel, der einem Gesangsverein gehört und auf der Bühne hinter einem Vorhang stand, schwer beschädigt worden ist. Entscheidend für eventuelle Schadensersatzansprüche des Gesangvereins dem Land als Dienstherrn der Aufsicht führenden Lehrer gegenüber ist das Bestehen einer Aufsichtspflicht der Lehrer über die Eltern und ehemaligen Schüler, da nicht geklärt werden konnte, ob der Schaden von Schülern, ehemaligen Schülern oder Eltern verursacht wurde.

Eltern und ehemaligen Schülern gegenüber hatten die Lehrer keine Aufsichtspflicht. Eine Haftung des Landes als Dienstherr der Lehrer für den beschädigten Flügel des Gesangsvereins scheidet daher aus, da der Flügel von Eltern oder ehemaligen Schülern beschädigt worden sein kann *(OLG Hamm, Az.: 11 U 93/93)*.

Auch bei Schulveranstaltungen erstreckt sich die Aufsichtspflicht der Lehrer nur auf Schüler, nicht aber auf Eltern und ehemalige Schüler. Lehrer können allerdings gegenüber nicht zur Schule gehörenden Personen unter Umständen vom Hausrecht Gebrauch machen, und sie haben die Verpflichtung, das Eigentum des Schulträgers vor Schäden zu bewahren.

4. Der Zeitraum der Aufsicht

16 Jeder Lehrer ist verpflichtet, Aufsicht zu führen, sobald er sich im Dienst befindet und sich die Notwendigkeit einer Aufsichtsführung aus den Umständen ergibt. Das gilt auch dann, wenn eine andere Person mit der Aufsicht in einem bestimmten Bereich beauftragt wurde.

B Lehrer L betritt kurz vor 8.00 Uhr das Schulgelände. Er bemerkt, dass ein Konflikt zwischen Schülern auf dem Schulhof zu eskalieren droht. Von der zur Aufsicht eingeteilten Lehrkraft ist nichts zu sehen.

In dieser Situation ist L zum Eingreifen verpflichtet. Eine Nichterfüllung dieser Pflicht kann er nicht mit dem Hinweis rechtfertigen, er sei nicht zur Aufsicht eingeteilt gewesen, und es habe sich nicht um Schüler seiner Klasse gehandelt.

17 Die Schule hat die Schüler zu beaufsichtigen, wenn und solange sie am Schulbetrieb teilnehmen.

Dazu gehören:

- die Zeit, in der die Schüler am Unterricht oder an anderen Schulveranstaltungen teilnehmen,
- die Freistunden,
- die Pausen,
- die Mittagspause bei Ganztagsschulen und an Schulen mit Vormittags- und Nachmittagsunterricht, es sei denn, die Schule hätte den Schülern das Verlassen des Schulgeländes gestattet,
- eine angemessene Zeit vor Beginn und nach Beendigung des Unterrichts oder von anderen Schulveranstaltungen; als angemessen werden in den Vorschriften der meisten Länder etwa 15 Minuten angesehen und im Regelfall dürfen 30 Minuten nicht überschritten werden.

Eine Schulveranstaltung ist eine Veranstaltung, die im inneren Zusammenhang mit dem Schulbesuch steht und in den organisatorischen Verantwortungsbereich der Schule fällt.

So schreiben ***die Verwaltungsvorschriften zu § 57 Abs. 1 SchulG NRW*** *vor:*

»Die Aufsichtspflicht der Schule erstreckt sich auf die Zeit, in der die Schüler am Unterricht oder an sonstigen Schulveranstaltungen teilnehmen. Schüler, die sich auf dem Schulgrundstück aufhalten, sind während einer angemessenen Zeit vor Beginn und nach Beendigung des Unterrichts oder von sonstigen Schulveranstaltungen sowie in Pausen und Freistunden zu beaufsichtigen.« ***und § 48 Abs. 1 Thüringer Schulordnung*** *regelt: »Als angemessene Zeit vor Beginn des Unterrichts gelten 15 Minuten, als angemessene Zeit nach Beendigung des Unterrichts gilt die übliche Zeit bis zum Weggang der Schüler aus der Schulanlage. Auch in Freistunden sind die Schüler bis einschließlich Klassenstufe 9 zu beaufsichtigen. Während sonstiger Zeiten, in denen sich Schüler in berechtigter Weise in der Schulanlage aufhalten, hat die Schule für eine angemessene Beaufsichtigung zu sorgen, soweit nicht anderweitige gesetzliche Aufsichtspflichten bestehen.«*

Nach Unterrichtsschluss endet die Aufsichtspflicht der Lehrer mit dem Weggang der Schüler aus dem Schulgelände und nicht mit dem Weggang aus dem Klassenraum. Allerdings muss der Lehrer nach dem Unterrichtsschluss das Verlassen des Klassenraumes und des Schulgeländes nicht in jedem Fall persönlich kontrollieren. Bei der Erfüllung dieser Verpflichtung sind insbesondere das Alter der Schüler, die etwaige Anwesenheit zahlreicher anderer Lehrkräfte, die ebenfalls den Unterricht beendet haben und teilweise mit den Schülern das Gelände verlassen, sowie die Gefahrenlage, also etwaige besondere Vorkommnisse, die eine besondere Gefahr begründen, zu berücksichtigen. **18**

Die zeitliche Dauer der Aufsichtspflicht hängt von den Erfordernissen der jeweiligen Situation ab. Lehrer dürfen daher eine schulische Veranstaltung nicht willkürlich für beendet erklären, um sich der Aufsichtspflicht zu entziehen. **19**

B Eine siebte Klasse besucht nachmittags eine Theateraufführung. Nach dem Ende der Aufführung erklärt der Aufsicht führende Lehrer die schulische Veranstaltung für beendet und erledigt private Einkäufe in den umliegenden Geschäften.

Bei Schülern einer siebten Klasse kann nicht ohne weiteres davon ausgegangen werden, dass sie den Rückweg von einer nicht in der Schule oder der unmittelbaren Nähe der Schule stattfindenden Schulveranstaltung selbstständig zurücklegen können. Der Lehrer hätte daher mit der Gruppe zur Schule zurückkehren müssen und hätte die Veranstaltung dort zu der vorher den Eltern und Schülern mitzuteilenden Zeit für beendet erklären können.

Bei schulischen Veranstaltungen außerhalb des Schulgeländes können Schüler der Primarstufe zu anderen Orten bestellt und von dort entlassen werden, wenn das den Eltern in einer angemessenen Frist vorher schriftlich bekannt gegeben worden ist und sie die Kenntnisnahme bestätigt haben. Bei Schülern der Sekundarstufe I genügt es, wenn die Eltern eine schriftliche Mitteilung erhalten haben und nicht widersprechen. Bei Schülern der Sekundarstufe II ist eine schriftliche Benachrichtigung der Eltern nicht notwendig. Der Ort außerhalb des Schulgeländes muss in zumutbarer Weise erreichbar sein.

20 Auf dem Weg eines verletzten Schülers zum Arzt oder in das Krankenhaus besteht eine Aufsichtspflicht der Schule. Der Weg kann je nach der vermuteten Schwere der Erkrankung oder Verletzung zu Fuß, mit öffentlichen Verkehrsmitteln, mit einem Taxi, einem privaten Pkw oder einem Rettungsfahrzeug zurückgelegt werden. Als Begleitpersonen kommen Schüler, Erziehungsberechtigte, nichtlehrendes Personal und Lehrer infrage. Erfolgt der Transport in einem Kranken- oder Rettungswagen, muss die Schule entscheiden, ob eine Begleitung des Schülers durch Lehrer etwa wegen des Alters des Schülers oder der Art der Verletzung erforderlich ist. Sie sollte sich dabei mit den Rettungskräften absprechen, die auch die Aufsicht übernehmen können. Verletzte Schüler sollten im Regelfall nicht mit dem privaten Pkw der Lehrer transportiert werden. Wird ein verletzter Schüler zum Arzt oder ins Krankenhaus begleitet, endet die Aufsichtspflicht selbstverständlich mit dem Eintreffen der Erziehungsberechtigten. Sollten diese gar nicht oder erst nach langer Zeit eintreffen, hängt es von den Umständen des Einzelfalles, insbesondere vom Alter und psychischen Zustand des verletzten Schülers ab, wann sich die begleitende Lehrkraft entfernen darf. In diesen Situationen setzen auch die Zumutbarkeit einer langdauernden Anwesenheit und die Tatsache, dass Ärzte und Krankenhauspersonal eine eigene Aufsichtsverpflichtung haben, der Aufsichtspflicht Grenzen.

5. Räumlicher Bereich der Aufsicht

Die Aufsichtspflicht der Schule erstreckt sich: 21

- auf das gesamte Schulgrundstück,
- auf die Orte, an denen Schulveranstaltungen durchgeführt werden,
- auf die Unterrichtswege.

Unterrichtswege sind alle Wege der Schüler zwischen dem Schulgrundstück 22
und den Orten der Durchführung von Unterricht und anderen Schulveranstaltungen, sofern die Schüler nicht von zu Hause kommen oder nicht im unmittelbaren Anschluss an die Schulveranstaltung nach Hause entlassen werden. Auch die Fahrt zu einem in einem anderen Ort stattfindenden Unterricht (im entschiedenen Fall eines Religionsunterrichts in Mecklenburg-Vorpommern) ist ein Unterrichtsweg, wenn sie im direkten Anschluss an den Unterricht bzw. ohne zwischenzeitliche Rückkehr nach Hause mit einem Schulbus oder auf andere Weise durchgeführt wird, und unterliegt daher der Aufsichtspflicht der Schule *(OVG Mecklenburg-Vorpommern, Az.: 2 M 67/00)*. Der tägliche Weg der Schüler zwischen der Wohnung und der Schule (Schulweg) unterliegt nicht der Aufsichtspflicht der Schule. Der Schulweg endet und beginnt am Schulgrundstück. Eine Aufsicht an einer Schulbushaltestelle ist nur zu führen, wenn die Haltestelle auf dem Schulgrundstück liegt oder bei einer besonderen Gefahrenlage und einer geringen Entfernung zwischen Schulgelände und Haltestelle sowie bei entsprechenden Vorschriften des jeweiligen Landes. (s. RdNr. 169)

Während des Transports mit dem Schulbus besteht eine Aufsichtspflicht des 23
Schulträgers und des Busunternehmers, die in der Regel vom Busfahrer wahrgenommen wird.

Nutzen in einem Schulzentrum mehrere Schulen gemeinsam Einrichtungen 24
wie Schulhöfe oder Sportanlagen, erstreckt sich die Aufsichtspflicht der Lehrer auf alle Schüler unabhängig von ihrer Schulzugehörigkeit. Die Schulleiter müssen die Aufsichtsregelung für die Dauer der gemeinsamen Nutzung abstimmen, damit keine unbeaufsichtigten Bereiche entstehen. Es kann auch jeweils ein Lehrer von jeder Schule zur gemeinsamen Aufsicht eingeteilt werden, um durch das gemeinsame Auftreten der Lehrer verschiedener Schulen die Identifikation der Schüler zu erleichtern und die Schüler von unerlaubtem und

gefährlichem Verhalten abzuhalten. Können sich die betroffenen Schulleiter nicht einigen, entscheidet die Schulaufsicht.

6. Aufsichtspflicht der Eltern und Schutzbereich der schulischen Aufsichtspflicht

F **Aufsicht in der Freistunde**

25 In der unterrichtsfreien Zeit zwischen zwei Unterrichtsstunden steht in einer Schule ein Aufenthaltsraum für die Schüler zur Verfügung, der von Lehrern stichprobenartig kontrolliert wird. Eltern bestehen auf der dauernden Anwesenheit einer Aufsichtsperson und wollen diesen Anspruch vor Gericht durchsetzen.

Aufgrund des staatlichen Erziehungsauftrages (Art. 7 Abs. 1 GG: »Das gesamte Schulwesen steht unter der Aufsicht des Staates.«) ist die Schule verpflichtet, die ihr anvertrauten Schüler vor Schaden zu bewahren sowie zu verhindern, dass sie anderen Personen Schaden zufügen *(Avenarius, Hanschmann, S. 41).*

26 Die Eltern, die ihrer eigenen Aufsichtspflicht in der Schule nicht nachkommen können, haben einen Anspruch auf eine durch die Schulleitung verbindlich geregelte Aufsicht durch Lehrer. Die Entscheidung, ob diese Aufsicht sich auf stichprobenartige Kontrollen beschränkt oder eine ständige Anwesenheit einer Aufsichtsperson erforderlich ist, liegt im Ermessen der Schule, da nur die Schulleitung, nicht aber die Eltern die erforderliche Sachkenntnis besitzt, um bezogen auf konkrete schulische Situationen die Art der erforderlichen Aufsichtsmaßnahmen festlegen zu können, und Eltern der Schulleitung und den Lehrkräften keine Weisungen zur Erfüllung ihrer Dienstpflichten erteilen können.

Im obigen Fall besteht daher kein Rechtsanspruch auf dauernde Anwesenheit einer Aufsichtsperson.

Die Aufsichtspflicht der Schule dient zunächst dem Ziel, die Schüler und Lehrer sowie das nichtlehrende Personal der Schule und alle schulfremden Personen vor Körper- und Sachschäden zu bewahren. Sie soll zudem das Eigentum des Schulträgers schützen. 27

Die Aufsichtspflicht ist neben ihrer Schutz- und Erziehungsfunktion auch von Bedeutung für Leistungsüberprüfungen, Versetzungen, Prüfungsentscheidungen und die Vergabe anderer schulischer Berechtigungen, da die Aufsicht in diesem Bereich der Chancengleichheit der Schüler dient. Verstöße gegen die Aufsichtspflicht können daher nicht nur Schadensersatzansprüche auslösen, sondern in bestimmten Situationen auch zur Rechtswidrigkeit von Leistungsüberprüfungen und Prüfungsentscheidungen führen. 28

F **Das Messer in der Schultasche**

Die Klassenlehrerin stellt fest, dass ein Schüler ein Messer in seiner Schultasche in die Schule bringt. Sie nimmt das Messer an sich und händigt es einige Tage später den Eltern mit dem Hinweis aus, das Messer, das als gefährlicher Gegenstand in der Schule nicht mitgeführt werden dürfe, sei in der Schultasche gefunden und vermutlich von zu Hause mitgebracht worden. Sie bittet die Eltern, in Zukunft die Schultasche zu kontrollieren. In der darauffolgenden Woche beschädigt der Schüler mit dem Messer einen Schultisch und die Jacke eines Mitschülers. 29

Schließt man eine unzureichende Aufsicht der Schule als Ursache für die Beschädigungen aus, ist neben einer unmittelbaren Haftung des Schülers auch die Haftung seiner Eltern wegen einer möglichen Verletzung ihrer elterlichen Aufsichtspflicht zu prüfen.

Eltern können in der Regel in der Schule ihre Aufsichtspflicht nicht verletzen, da sie in der Schule faktisch keine Aufsicht führen können. Hier legt aber die Tatsache, dass dasselbe Messer verwendet wurde, die Vermutung einer Aufsichtspflichtverletzung der Eltern nahe, da eine ausreichende Kontrolle der Schultasche vermutlich nicht erfolgte. Die Eltern müssen daher darlegen, welche Kontrollmaßnahmen sie ergriffen haben und wie das Messer trotz dieser Kontrollen wieder in den Besitz des Kindes gelangt ist. Haben sie keine zumutbaren Maßnahmen ergriffen, um zu verhindern, dass ihr Kind das Messer mit in die Schule bringt, haften sie für die angerichteten Schäden. Auch für alle anderen gefährlichen Gegenstände wie etwa Laserpointer oder Spraydosen gilt, dass die Schule sie sicherstellen muss und die Eltern auf ihre Verpflichtung hinweisen sollte, zu verhindern, dass gefährliche Gegenstände mit in die Schule genommen werden.

7. Inhalt der Aufsichtspflicht

30 Die Schulgesetze der Länder enthalten allenfalls kurze Regelungen zur Aufsichtspflicht, die zudem noch sehr vage und allgemein gefasst sind.

> Beispielhaft sei zitiert **§ 48 Absatz 2 Thüringer Schulordnung**: »Der Umfang der Aufsichtspflicht richtet sich nach der geistigen und charakterlichen Reife sowie gegebenenfalls nach der Art und dem Grad der Beeinträchtigung der zu beaufsichtigenden Schüler.«

Die weite Formulierung dieser und entsprechender Normen entspricht den zahlreichen denkbaren Situationen, bei denen nur bezogen auf den konkreten Einzelfall unter Berücksichtigung aller Umstände entschieden werden kann, ob die Aufsichtspflicht verletzt wurde. Lediglich bestimmte, besonders gefährliche und häufig vorkommende Aufsichtssituationen wie der Schwimmunterricht sind detailliert in Verwaltungsvorschriften geregelt. Aber auch diese detaillierten Regelungen können bei weitem nicht alle möglichen Gefahren erfassen.

Die Rechtsprechung hat drei grundlegende Kriterien entwickelt, mit deren Hilfe die Erfüllung der Aufsichtspflicht im Nachhinein überprüft wird, die aber auch Schulleitern und Lehrern helfen können, im Voraus festzustellen, welche Aufsichtsmaßnahmen in bestimmten Situationen erforderlich sein werden.

a. Kontinuierliche Aufsicht

31 Das erste Kriterium zur Überprüfung einer Aufsichtssituation ist die Kontinuität der Aufsicht. Im Unterricht und bei anderen schulischen Veranstaltungen ist es faktisch unmöglich, jeden Schüler ununterbrochen zu beobachten. Dem

Erfordernis der kontinuierlichen Aufsicht wird daher genügt, wenn Schüler sich beaufsichtigt fühlen. Es verstößt gegen den Grundsatz der Kontinuität, wenn Schüler wissen, dass für eine bestimmte Zeit oder in einem bestimmten Bereich des Schulgeländes mit großer Sicherheit nicht mit einer Beaufsichtigung zu rechnen ist.

F **Die Fluraufsicht**

Die Schüler einer Schule versammeln sich gegen Ende einer von 11.15 Uhr 32
bis 11.30 Uhr dauernden Pause in ihren Klassenräumen. Auf jedem Schulflur führt ein Lehrer Aufsicht. In den Klassenräumen gibt es keine Aufsicht. In einem Klassenraum geraten zwei Schüler in Streit, wobei ein Schüler erheblich verletzt wird. Der zum Unterricht eingeteilte Lehrer betritt den Raum um 11.31 Uhr.

Zunächst ist zu prüfen, ob gegen das Prinzip einer kontinuierlichen Aufsicht verstoßen wurde. Die Schüler in den Klassenräumen wurden nicht ständig beobachtet. Sie waren dennoch nicht unbeaufsichtigt, da sie jederzeit damit rechnen mussten, dass der auf dem Flur Aufsicht führende Lehrer stichprobenartige Kontrollen durchführen und bei besonderen Vorkommnissen, wie etwa einem ungewöhnlichen Lärm in einem Klassenraum, sofort eingreifen würde. Die endgültige Klärung der Frage, ob in diesem Fall eine kontinuierliche Aufsicht gewährleistet war, hängt also entscheidend vom Verhalten des Aufsicht führenden Lehrers ab. Ein Verstoß gegen die Aufsichtspflicht läge nur vor, wenn er sich beispielsweise bei seinen Fluraufsichten immer nur an einem Standort aufgehalten oder sich sogar dauerhaft in seinen Klassenraum begeben hätte.

F **Der Schwebebalken**

Eine 8 ½ Jahre alte Grundschülerin wird nach Schulschluss im Projekt »betreuende Grundschule« von einem Trägerverein in Absprache mit der Schule betreut. Eine Betreuerin steht mit einigen Kindern an einer Sprunggrube auf dem Schulhof. Sie gestattet der Schülerin und zwei neunjährigen Mitschülern, sich von der Gruppe zu entfernen und an einem Schwebebalken auf dem Schulhof zu spielen, und ermahnt sie, vorsichtig und nicht grob zueinander zu sein. Ein Mitschüler stößt die Schülerin vom Schwebebalken. Diese erleidet einen Bruch des Ellbogens.

Das Amtsgericht Homburg *(Az.: 16 C 114/00; SchulRecht 4/2003, S. 74 ff.)* hat die Klage der Schülerin gegen die Betreuerin wegen einer Verletzung der Aufsichtspflicht abgewiesen, da Kinder in diesem Alter nicht ständig so beaufsichtigt werden müssten, dass eine jederzeitige Eingriffsmöglichkeit bestehe: »Eine jederzeitige Eingriffsmöglichkeit wird für Kinder über 4 Jahre schon nicht mehr für erforderlich angesehen.« Sie konnte auch davon ausgehen, die Kinder würden die mahnenden Worte verstehen und befolgen, da acht- und neunjährige Kinder die Gefahren eines Stoßes von einem Schwebebalken erkennen und sich entsprechend verhalten könnten. Eine ständige unmittelbare Beobachtung mit sofortiger Eingriffsmöglichkeit widerspräche zudem dem Erziehungsziel der Selbstständigkeit.

F **Der Klassenraumwechsel**

33 Eine Klassenlehrerin wies die Schüler einer zweiten Klasse an, von ihrem Klassenraum in einen gegenüberliegenden Klassenraum zu wechseln, worauf es anschließend zwischen einem Schüler und einem Mitschüler zu einem Zwischenfall kam, bei dem der Schüler von mindestens einem Mitschüler geschlagen und getreten wurde. Hierbei war die Lehrerin nicht zugegen. Sie fand den Schüler bei ihrer Rückkehr umringt von weiteren Schülern am Boden liegend auf. Nachdem sie die Beteiligten zur Rede gestellt hatte, setzte sie den Nachmittagsunterricht fort, ohne die Erziehungsberechtigten des Schülers zu informieren. Der Schüler ließ sich am Folgetag von einem Durchgangsarzt untersuchen, der ein stumpfes Bauchtrauma und multiple Prellungen attestierte.

Die Eltern sind der Ansicht, die Lehrerin habe vorsätzlich die ihr obliegende Aufsichtspflicht sowie Fürsorge- und Treuepflicht verletzt, indem sie die Schüler nach dem Wechsel des Klassenraumes für mehrere Minuten unbeaufsichtigt gelassen habe und dadurch den beteiligten Mitschülern die Möglichkeit gab, den Schüler anzugreifen. Zudem habe sie die Verletzungen des Schülers als Lappalie abgetan, indem sie den Unterricht trotz des Vorfalles fortsetzte. Die Eltern fordern ein Schmerzensgeld in Höhe von mindestens 2000 €.

Das Amtsgericht Frankfurt am Main *(Urteil vom 13.1.2021, Az.: 29 C 1632/20; SchulRecht 4/2023, S. 112 f.)* hat die Klage abgewiesen und dabei auch Anforderungen an die Kontinuität der Aufsicht beschrieben: »Es erscheint schon äußerst zweifelhaft, ob in dem Verlassen des Klassenraums für mehrere Minuten eine Aufsichtspflichtverletzung zu sehen wäre. Grundsätzlich ist bei Kindern die wachsende Fähigkeit und das wachsende Bedürfnis zu selbstständigem, verantwortungsbewusstem Handeln bei der Erziehung zu berücksichtigen. Auch in der Schule ist das Ausmaß der notwendigen Beaufsichtigung an den konkreten Umständen des Einzelfalles auszurichten, hierbei insbesondere an den Erziehungszielen und der den Kindern zuzutrauenden und zuzumutenden Eigenverantwortung. Bei Grundschulkindern auch schon der 1. und 2. Klasse ist es aus diesen Gründen nicht angezeigt, ohne konkreten Anlass eine Überwachung durch ständigen Sichtkontakt, wie sie etwa bei Kindergartenkindern noch erfolgen kann und muss, sicherzustellen.«

Der Schmerzensgeldanspruch scheiterte letztlich an dem fehlenden Vorsatz der Lehrerin in Bezug auf die Verletzungsfolgen des Schülers. Ein solcher Vorsatz lässt sich auch in keiner Weise aus der unterbliebenen Benachrichtigung der Eltern ableiten.

Bei einer Prüfung der Kontinuität der Aufsicht ist zu bedenken, dass die Schule die Schüler zur Selbstständigkeit und Eigenverantwortung erziehen soll. Eine ununterbrochene Beobachtung und Kontrolle der Schüler ist nicht nur faktisch unmöglich, sie widerspräche auch wichtigen Erziehungszielen der Schule. Bei der Einschätzung des Maßes der Selbständigkeit und Eigenverantwortung sind das Alter der Schüler sowie die zu erwartenden Verhaltensweisen zu berücksichtigen.

F **Der pyromane Schüler**

Ein 15-jähriger Schüler, der in der Schule als »Problemkind« bekannt war, **34**
verließ unerlaubt den Schulhof und tötete durch Brandstiftung ein Pferd. Er hatte bereits früher Brände gelegt. Es konnte aber nicht eindeutig festgestellt werden, ob die Schule von den früheren Brandstiftungen wusste. Der Eigentümer des Pferdes verlangte Schadensersatz wegen Verletzung der schulischen Aufsichtspflicht.

Das Landgericht und das Oberlandesgericht *(OLG Düsseldorf, Az.: 18 U 82/97; SchulRecht 6–8/2001, S. 134 f.)* haben die Klage abgewiesen und zum Verhältnis schulischer Erziehungsziele und der Aufsichtspflicht ausgeführt:

> »Das Maß der Aufsicht muss mit dem Erziehungsziel, die wachsende Fähigkeit und das wachsende Bedürfnis der Kinder und Jugendlichen zum selbstständigen verantwortungsbewussten Handeln einzuüben, in Einklang gebracht werden. Dieser erwünschten Persönlichkeitsentwicklung wäre eine dauernde Überwachung hinderlich; deshalb dürfen und müssen Kindern in diesem Alter im Rahmen einer verantwortlichen Erziehung grundsätzlich auch Freiräume eingeräumt werden, bei denen ein sofortiges Handeln der Aufsichtspflichtigen zur Gefahrenabwehr nicht mehr möglich ist ....
> Bei Minderjährigen, die zu üblen Streichen oder Straftaten neigen, ist eine erhöhte Aufsichtspflicht geboten; dies gilt insbesondere dann, wenn eine Neigung zum Zündeln bekannt geworden ist. Ob – wie der Kläger meint – derartige Umstände dazu führen können, auch vom Lehrpersonal einer Schule die ständige Überwachung eines Schülers »auf Schritt und Tritt« zu verlangen, erscheint allerdings zweifelhaft, da eine »normale« Schule, deren Zweck und Erziehungsauftrag in erster Linie auf die Vermittlung von Wissen zielt, organisatorisch und personell nicht darauf eingerichtet ist, »gefährliche« Kinder und Jugendliche »sicher zu verwahren« ....
> Die Wendung »Problemkind« lässt nicht erkennen, ob und gegebenenfalls welche Verhaltensstörungen vorhanden und erkennbar waren und ob aufgrund dessen mit der Schädigung Dritter zu rechnen war. Ohne derartige Umstände kann an die bloße Einstufung als »Problemkind« keine Pflicht zu einer Aufsicht in der Form ständiger Überwachung geknüpft werden. Irgendwelche Anhaltspunkte dafür, dass der Jugendliche jemals auf dem Schulgelände durch »Zündelei« aufgefallen wäre, bestehen nicht, ebenso hat der Kläger nichts dafür vorgetragen, dass das Lehrpersonal aufgrund früherer Vorkommnisse mit einem unerlaubten Entfernen vom Schulunterricht und anschließenden üblen Streichen oder Straftaten hätte rechnen müssen.«

Neben der Erziehung zur Selbstständigkeit sind die möglichen Gefahren in einer bestimmten Situation zu berücksichtigen. Dabei kommt es, wie die Entscheidung des Oberlandesgerichts Düsseldorf zeigt, auch auf die Erkennbarkeit der Gefahr und den unmittelbaren Schulbezug an.

Je größer die möglichen Gefahren sind, desto strenger sind die Anforderungen an die Kontinuität der Aufsicht. Reicht es in einer normalen Unterrichtssituation, wenn die Schüler sich nicht unbeaufsichtigt fühlen, muss beispielsweise im Schwimmunterricht oder bei gefährlichen Experimenten im naturwissenschaftlichen Unterricht sichergestellt sein, dass der Aufsichtführende jeden Schüler, der sich im Wasser befindet oder jeden Schüler, der am Experiment beteiligt ist, jederzeit im Blick hat. **35**

Während des Unterrichtes dürfen Lehrer den Unterrichtsraum nur aus zwingenden Gründen verlassen. Zwingende Gründe liegen vor, wenn es aus persönlichen Gründen – wie bei einem plötzlichen Unwohlsein – oder aus dienstlichen Gründen – wie einer Schlägerei zwischen Schülern auf dem Flur – gerechtfertigt ist, den Unterrichtsraum zu verlassen. In einer solchen Situation müssen alle möglichen und zumutbaren Vorkehrungen getroffen werden, um die Kontinuität der Aufsicht sicherzustellen. Dazu können je nach den Umständen des Einzelfalles die Bitte an einen in der Nachbarklasse unterrichtenden Lehrer um Mitbeaufsichtigung der eigenen Klasse oder die Übertragung der Aufsicht auf den Klassensprecher oder andere geeignet erscheinende Schüler gehören.

! Dabei sollte Schülern möglichst keine konkrete Dauer der Abwesenheit genannt werden. Die Aussage: »In zehn Minuten bin ich wieder da.« kann dazu führen, dass die Schüler sich in dieser Zeit vor Kontrollen sicher und damit unbeaufsichtigt fühlen. Die Aussage: »Ich muss den Klassenraum kurz verlassen.« beinhaltet dagegen die Unsicherheit einer jederzeit möglichen Rückkehr oder Kontrolle.

b. Präventive Aufsicht

Präventive Aufsicht bedeutet, dass der Aufsichtführende bemüht sein muss, mögliche Gefahren vorausschauend zu erfassen. Lehrer müssen umsichtig und vorausschauend handeln. Hinweisen auf besondere Gefahren, etwa einer vorübergehend vorhandenen Großbaustelle auf einem während eines Unterrichtsganges zurückzulegenden Weg, muss der Aufsichtführende nachgehen, um sich Klarheit über das Ausmaß der möglichen Gefährdung zu verschaffen. Das Maß der Aufsichtspflicht richtet sich nach den Gefahren, wie sie im Einzelfall **36** möglich und erkennbar sind. Gesetze und Verwaltungsvorschriften der Länder nennen als Maßstäbe für die Aufsichtsführung häufig die mögliche Gefährdung der Schüler sowie das Alter, den Entwicklungsstand und die Ausprägung des Verantwortungsbewusstseins der Schüler, bei behinderten Schülern auch die Art der Behinderung.

Zeigen Schüler ein unvorhersehbares Fehlverhalten, etwa durch plötzliche, für den Lehrer nicht vorhersehbare Aggressionsausbrüche, trifft den Lehrer nicht die Verantwortung für das Fehlverhalten der Schüler. Hat ein Lehrer bereits Erfahrungen mit plötzlichen Aggressivitätsausbrüchen eines Schülers oder ist er von den Eltern auf diese Gefahr hingewiesen worden, muss er das Mögliche und Zumutbare unternehmen, um dieser Gefahr zu begegnen.

Bei der Einschätzung einer Gefahrenlage sind also immer sowohl die Umstände einer bestimmten Situation, also z. B. die Gefahren einer stark befahrenen Straße, als auch die Eigenart der zu beaufsichtigenden Schülergruppe zu berücksichtigen. In Bezug auf die Schülergruppe gilt es gewisse allgemeine Erfahrungswerte, z. B. das Verantwortungsbewusstsein und den Entwicklungsstand durchschnittlicher zwölfjähriger Schüler betreffend, und die Eigenarten der konkreten Gruppe, die im Einzelfall durchaus zu erheblichen Abweichungen vom Durchschnitt führen können, zu berücksichtigen. Letztlich sind dabei immer die Eigenarten der konkreten Gruppe ausschlaggebend. Bei der Beurteilung von Aufsichtssituationen verbietet sich jede pauschale und schematische Vorgehensweise.

Bei der Einschätzung bestimmter Ereignisse sind Situationen, die Pädagogen auf Grund ihrer Ausbildung und Berufserfahrung besonders gut beurteilen können – wie beispielsweise Gefahren aufgrund von Gruppensituationen – von Situationen zu unterscheiden, bei deren Beurteilung lediglich die allgemeine Lebenserfahrung zur Verfügung steht – wie etwa bei den Gefahren des Straßenverkehrs.

F **Die Meningitis**

Ein 18-jähriger Schüler nahm an einer Skifreizeit des Leistungskurses Sport in Südtirol teil. Am Nachmittag des 25. Januar erkrankte er fiebrig. Unter der Verabreichung von Medikamenten schlief er bis zum nächsten Morgen durch. Weil sein Zustand am nächsten Morgen weiterhin schlecht

war, wurde er ins Krankenhaus gebracht, wo er gegen 8:30 Uhr eintraf. Nachdem zunächst eine Diagnose nicht gestellt werden konnte, wurde er etwa eine Stunde nach Einlieferung klinisch auffällig und musste in ein künstliches Koma versetzt werden. Schließlich wurde bei ihm aufgrund von Laborbefunden eine bakterielle Meningitis mit fulminantem Verlauf festgestellt. Daraufhin erfolgte eine Behandlung mit Antibiotika.
Zum selben Zeitpunkt waren weitere Schüler mit ähnlichen Symptomen erkrankt. So erkrankte am 23. Januar eine Mitschülerin. Diese wurde schließlich am 3. Tag ihrer Erkrankung, dem 25. Januar, gegen 17:30 Uhr in das Krankenhaus eingeliefert. Bei der Schülerin wurde ebenfalls eine Meningitis diagnostiziert. Wann diese Diagnose gestellt wurde und zu welchem Zeitpunkt die Lehrer davon Kenntnis erlangten, ist umstritten. Bei den anderen erkrankten Schülern entwickelte sich keine Meningitis.
Der Schüler hat behauptet, als Folge der Meningitis habe er einen totalen Gehörverlust rechts und einen teilweisen Gehörverlust links erlitten. Bei einer Einweisung ins Krankenhaus noch am Abend des 25. Januar wären diese Folgen wegen einer früher einsetzenden Diagnostik und Therapie ausgeblieben. Pflichtwidrig hätten die betreuenden Lehrer eine Einweisung in das Krankenhaus zu diesem Zeitpunkt unterlassen. Dazu hätten sie schon wegen der ihnen bekannten Erkrankung der Mitschülerin allen Anlass gehabt. Am Abend des 25. Januar sei der Studienrätin L. nämlich mitgeteilt worden, dass die Mitschülerin eine sehr ernste Erkrankung habe. Zumindest hätten die Lehrer ihm die Erkrankung der Mitschülerin nicht vorenthalten dürfen. Hätte er gewusst, dass seine Mitschülerin an Meningitis erkrankt war, hätte er sich sofort ins Krankenhaus begeben.

Das Oberlandesgericht Celle *(Az.: 16 U 150/03; SchulRecht 7–8/2007, S. 83 f.)* hat die Klage auf Schadensersatz abgewiesen: Dass allein die Krankheitssymptome beim Schüler am Abend des 25. Januar ein entsprechendes Tätigwerden der Lehrer erforderlich gemacht hätte, macht der Schüler mit seiner Klage selbst nicht geltend. Der Schüler, der bis gegen etwa 13:30/14:00 Uhr noch an der Abschluss-Ski-Rallye teilgenommen hatte, zeigte erst am frühen Nachmittag überhaupt Krankheitsanzeichen, die für sich betrachtet gewiss keine Veranlassung für eine Einweisung wenige Stunden nach Auftreten der ersten

Symptome gaben. Dass der Schüler an Meningitis erkrankt war, konnten die betreuenden Lehrer den Krankheitssymptomen zu diesem Zeitpunkt sicher nicht entnehmen.

Entgegen der Auffassung des Schülers lässt sich der Vorwurf gegen die Lehrkräfte auch nicht damit begründen, dass die Kenntnis der Lehrerin L. über die Erkrankung der Mitschülerin es zwingend geboten hätte, den volljährigen Kläger noch am Abend des 25. Januar über die Erkrankung der Mitschülerin zu informieren, um so darauf hinzuwirken, dass dieser sich in das Krankenhaus in ärztliche Behandlung begibt.

Den Meningitisverdacht mussten die betreuenden Lehrer nicht zum Anlass für eine Einweisung des Klägers noch am Abend des 25. Januar nehmen. Diese Annahme wäre allenfalls dann gerechtfertigt, wenn der Meningitisverdacht bei der Mitschülerin beim Schüler ebenfalls den Verdacht begründet hätte, an Meningitis erkrankt zu sein, und dieser Verdacht ein weiteres Abwarten unter keinen Umständen gerechtfertigt hätte. Ein Meningitisverdacht war aber nicht einmal naheliegend, mag Meningitis auch nicht auszuschließen gewesen sein. Selbst bei Aufnahme des Schülers am Folgetag zeigte dieser keinen wesentlichen pathologischen Befund, insbesondere keinen Meningismus. Wenn die betreuenden Lehrer sich in dieser – zugegebenermaßen nicht geklärten – Situation dazu entschlossen, den Schüler schlafen zu lassen, und zunächst einmal die Diagnose bei der Mitschülerin abzuwarten, so handelten sie zumindest nicht fahrlässig. Denn nur, wenn die Tage zuvor erkrankte Mitschülerin tatsächlich eine Meningitis hatte, bestand die Gefahr, dass sich andere Schüler aus der Gruppe ebenfalls mit demselben Erreger infiziert haben konnten.

Für den Fall einer ansteckenden bakteriellen Meningitis durften die betreuenden Lehrer dann aber in der Tat erwarten, dass sie von den fachkundigen Krankenhausärzten auf die Gefahr einer Übertragung auf andere Schüler derselben Gruppe oder auf die Lehrkräfte hingewiesen würden. Jedenfalls konnten sie als medizinische Laien nicht vorhersehen, dass in der Nichtverbringung des Schülers in das Krankenhaus eine Gefahr für seine Gesundheit liegen, insbesondere, dass die erst vor wenigen Stunden ausgebrochene Krankheit einen derart schnellen und negativen Verlauf nehmen würde, zumal sich die Krankheit bei der Mitschülerin wesentlich langsamer und weniger dramatisch entwickelt hatte. Schon dies entlastet die betreuenden Lehrer.

Dass aus der Rückschau betrachtet die Aufnahme des Schülers in das Krankenhaus besser gewesen wäre, weil die Meningitis dann womöglich früher erkannt und therapiert worden wäre, besagt nicht, dass die Lehrer entgegen der ihnen obliegenden Sorgfalt aus ihrer Sicht eine falsche Entscheidung getroffen haben, insbesondere den weiteren Verlauf der erst vor wenigen Stunden ausgebrochenen Krankheit unter keinen Umständen hätten abwarten dürfen.«

Die Entscheidung tritt überzogenen Anforderungen an die Aufsichtspflicht entgegen. Lehrer sind nur verpflichtet, naheliegende Gefahren abzuwenden. Aus einer nachträglichen Betrachtung Verhaltenspflichten abzuleiten, ist unzulässig. Fachkundige Personen, wie beispielsweise Ärzte, haben eine Hinweispflicht bei Gefahrenlagen.

F **Der Drahtstern I**

Ein sechsjähriger Grundschüler wurde in der Schule von einem Mitschüler 37
mit einem aus Zaundraht in Form eines Sterns, der 19 cm groß, mit einer 4 cm langen Spitze versehen und aus 3–4 mm starkem Eisendraht gefertigt war, in das linke Auge gestochen. Den Drahtstern hatte dem Mitschüler dessen Großvater geschenkt. Die zu diesem Zeitpunkt aufsichtsführende Lehrerin hatte am gleichen Tag zu einem früheren Zeitpunkt den Drahtstern bemerkt und den Mitschüler aufgefordert, den Gegenstand in seinen Schulranzen zu packen. Der Schüler erblindete auf dem linken Auge und forderte von der aufsichtsführenden Lehrerin Schmerzensgeld und Schadensersatz.

Überprüft man diese Fallsituation systematisch auf eine mögliche Aufsichtspflichtverletzung, ist zunächst die Kontinuität der Aufsicht zu prüfen. Die Lehrerin hat den Schüler nach der Weisung, den Drahtstern in den Tornister zu stecken, nicht mehr ununterbrochen beobachtet. Eine kontinuierliche Aufsicht erfordert aber auch nicht die ständige Beobachtung der Schüler, sondern sie muss verhindern, dass Schüler sich unbeobachtet fühlen, da sie davon ausgehen können, dass sich für eine bestimmte Zeit niemand um sie kümmern wird. Davon konnte der Schüler weder im Unterricht noch in den Pausen ausgehen.

38 Bei der präventiven Aufsicht ist zunächst zu fragen, ob die Gefährlichkeit einer bestimmten Situation oder eines bestimmten Verhaltens überhaupt erkennbar war. Maßstab für das zu fordernde Maß der Anstrengung bei der Erkennung möglicher Gefahren ist die Sorgfalt eines durchschnittlichen Lehrers. Die von der Rechtsprechung benutzte Fiktion des Durchschnittslehrers hat den Vorteil, dass nicht die Frage gestellt wird, ob es überhaupt möglich gewesen wäre, eine bestimmte Gefahr zu erkennen, sondern ob ein durchschnittlich sorgfältiger Lehrer die Gefahr hätte erkennen können. Es wird also weder ein Höchstmaß an Umsicht und Perfektion verlangt, noch werden besonders nachlässige Lehrer durch eine Berücksichtigung der Sorgfalt, die sie in eigenen Angelegenheiten anwenden, privilegiert. Das Maß der Aufsichtspflicht richtet sich nach der dem Aufsichtsführenden praktisch gegebenen Möglichkeit, die Gefahr zu erkennen und abzuwehren.

Im vorliegenden Fall hat die Lehrerin die von dem Drahtstern allgemein ausgehende Gefahr, aber nicht die Gefahr der Verletzung eines anderen Schülers durch einen Stich ins Auge erkannt. »Von dem verletzten Schüler ist nicht vorgetragen worden, dass es zuvor eine Auseinandersetzung zwischen diesem Mitschüler und ihm gegeben hat oder dass andere Anhaltspunkte gegeben waren, aus denen ein aggressives Verhalten des Mitschülers erklärbar wäre. Insoweit war es vollkommen ausreichend, dass die Lehrerin den Mitschüler aufgefordert hat, den Gegenstand in seinen Schulranzen zu packen. Zwar ergibt sich aus der nachträglichen Betrachtung, dass es im vorliegenden Fall besser gewesen wäre, wenn sie den betreffenden Gegenstand dem Schüler weggenommen hätte. Dass sie dies jedoch nicht getan hat, stellt keine schuldhafte Verletzung ihrer Aufsichtspflicht dar. Insoweit ist auch zu berücksichtigen, dass selbst die Mutter des Mitschülers offensichtlich in Kenntnis dessen, dass ihr Sohn die Geschenke des Großvaters mit in die Schule nehmen wollte, ihm dies nicht generell untersagt hat.« Es gab keine Hinweise darauf, dass der Schüler entgegen einer ausdrücklichen Weisung das Spielzeug nicht nur weiterhin benutzen, sondern sogar in besonders gefährlicher Weise einsetzen würde. Die Lehrerin hätte daher die Gefahr nicht erkennen können und nicht erkennen müssen.

Die Lehrerin hat daher auch nach Auffassung des Gerichts, das diesen Fall zu entscheiden hatte *(Landgericht Neubrandenburg, Urteil vom 2.2.2010, Az.: 4 O 209/09; SchulRecht 5–6/2014, S. 82 f.)*, ihre Aufsichtspflicht nicht verletzt.

F **Die Entführung**

Während der zweiten Unterrichtsstunde ruft ein Mann im Schulsekretariat 39
an und bittet darum, seine Tochter von der Teilnahme an den restlichen Unterrichtsstunden des Tages zu befreien, da er mit ihr durchreisende Verwandte vom Flughafen abholen wolle. Die Schulsekretärin informiert die Klassenlehrerin, die dem Mädchen gestattet, die Unterrichtsstunde zu verlassen. Die informierte Klassenlehrerin fordert das Kind auf, zur vierten Stunde wieder in der Schule zu sein, um eine Klassenarbeit mitschreiben zu können. Anschließend begleitet sie die Schülerin zum Südausgang des Schulgebäudes. Die Schülerin geht zur Straße, steigt nach anfänglichem Zögern in ein dort wartendes Auto und wird entführt und später gegen ein Lösegeld freigelassen. Die Eltern des Kindes fordern vom Land Schadensersatz wegen Verletzung der schulischen Aufsichtspflicht.

Zunächst ist zu klären, ob eine generelle Verpflichtung der Schule besteht, die Identität eines Anrufers festzustellen, der die Beurlaubung eines Kindes vom Unterricht beantragt.

> »Eine allgemeine Verpflichtung der Lehrer, bei einem fernmündlich gestellten Beurlaubungsantrag bei dem Antragsteller zurückzurufen, um sich über dessen Identität Gewissheit zu verschaffen, vermag der Senat [des OLG] nicht zu bejahen. Zwar wird durch die Durchsetzung der allgemeinen Schulpflicht den Eltern die Möglichkeit genommen, die Aufsicht über ihr Kind zu führen und Gefahren von ihm abzuwenden. Als Gegenstück hierzu obliegt dem Lehrkörper während der Schulzeiten eine weitgehende Aufsichtspflicht mit dem Inhalt, die Schulkinder vor Schäden an Gesundheit und Vermögen zu schützen … Verletzt ist diese den Sorgerechtsberechtigten gegenüber bestehende Amtspflicht jedenfalls dann, wenn das Schulkind ohne Wissen der Eltern, aber mit Wissen des zuständigen Lehrers, das Schulgebäude während der Schulzeiten verlässt …. Hieraus folgt aber … nicht, dass die über einen Antrag auf Befreiung vom Schulunterricht entscheidende Lehrerin sich vor ihrer Entscheidung bei einem fernmündlich gestellten Antrag zunächst darüber vergewissern muss, ob der Anrufer tatsächlich der Sorgerechtsberechtigte ist. Bei einem solchen Antrag handelt es sich … um einen im Schulalltag sich häufig wiederholenden Vorgang. Im Normalfall wird auch lediglich der

Sorgerechtsberechtigte ein Interesse daran haben, eine Befreiung des Schulkindes vom Unterricht zu erreichen. Auf diesem Hintergrund würde die Annahme einer Amtspflicht zum Rückruf bei dem Erziehungsberechtigten zu einer Überspannung der Ausübung der Aufsichtspflicht führen.« *(OLG Schleswig, Az.: 11 U 284/87; SPE 136 Nr. 2).*

40 Allgemein und im vorliegenden Fall kann aber unter dem Gesichtspunkt der Prävention etwas anderes gelten, wenn die Schule hätte erkennen können und müssen, dass eine besondere Gefahrenlage vorliegt. Weiß die Schule etwa, dass die Mutter eines Kindes nach einer Scheidung das alleinige Sorgerecht hat, darf sie das Kind dem Vater nur übergeben, wenn die Mutter ausdrücklich zugestimmt hat.

! Besteht auf Seiten der Schule Unsicherheit hinsichtlich der familiären Verhältnisse, sollte sie entsprechende Erkundigungen einziehen und die Beteiligten gegebenenfalls zur Abgabe schriftlicher Erklärungen auffordern.

»Allerdings mag sich im Einzelfall aus besonderen Umständen eine solche Rückrufpflicht ergeben. Hieran wäre zum Beispiel zu denken, wenn die Eltern des Schulkindes im Rahmen eines laufenden Scheidungsverfahrens über die Ausübung des Sorgerechts hinsichtlich des Schulkindes streiten. Auch könnte sich eine Pflicht zum Rückruf dann ergeben, wenn die Eltern des Kindes aufgrund ihrer Stellung in der Öffentlichkeit oder ihrer beruflichen Tätigkeit im besonderen Maße durch Anschläge und/oder Entführung gefährdet sind. ... [Im vorliegenden Fall] sind Anhaltspunkte für eine solche Risikolage ... [nicht] ersichtlich.
Auch der von dem Anrufer vorgetragene Beurlaubungsgrund und die äußeren Umstände des Anrufes waren ... nicht derart auffällig, dass sie einen Rückruf ausnahmsweise erforderlich machten ...
Auch soweit die Klassenlehrerin [die Schülerin] ... nur bis zum Ausgang der Schule begleitete und sie von dort aus allein zu jenem Treffpunkt gehen ließ, begründet keine Pflichtverletzung der Klassenlehrerin. Selbst wenn die Tochter des Klägers von diesem oder dessen Ehefrau regelmäßig zur Schule gebracht und von dieser abgeholt werden sollte, so geschah dies doch jeweils

nur bis zu jenem Punkt, zu dem jetzt das Kind von dem Anrufer bestellt worden war.« *(OLG Schleswig, a. a. O.).*

Die praxisnahe Analyse der Situation durch das Gericht führt zu dem Ergebnis, dass keine besondere Gefahrenlage erkennbar war und daher von den Beteiligten auch keine besonderen Anstrengungen zur Abwendung der Gefahr gefordert werden konnten.

F **Der Drahtstern II**

Nach dem Stich in das Auge mit dem Drahtstern hatten weder die Lehrerin noch die Schulleitung den verletzten Schüler bis zum Eintreffen seiner Eltern einem Notarzt vorgestellt oder den Rettungsdienst verständigt. 41
Gegenüber der Schule befand sich eine Arztpraxis eines Arztes für Allgemeinmedizin.

»Auch ein schuldhaftes fehlerhaftes Verhalten des Personals der Grundschule nach der Verletzung liegt nicht vor. Unabhängig davon, dass dann, wenn offensichtlich eine Augenverletzung vorliegt, der Verletzte der nächsterreichbaren Arztpraxis des entsprechenden Fachgebietes zuzuführen ist, kann ein schuldhaftes fehlerhaftes Verhalten des Schulpersonals nicht festgestellt werden. Unstreitig gab es in dem Ort selbst keine Arztpraxis eines Augenarztes. Die nächste augenfachärztliche Versorgung wäre erst in U. beziehungsweise in N. möglich gewesen. Unabhängig davon, dass es nachvollziehbar ist, dass ein zeitnahes Verbringen des Schülers dorthin von Seiten der Schule zum damaligen Zeitpunkt nicht zu gewährleisten war, ist auch zu berücksichtigen, dass die betreffenden Lehrerinnen eine konkrete Verletzung des Auges, wie sie behaupten, nicht haben wahrnehmen können und sie zudem auch die Eltern offensichtlich ohne schuldhaftes Zögern informiert haben. Auch die Eltern haben zwar eine fachärztliche Behandlung als notwendig gesehen, aber nicht eine notfallmäßige Verbringung des Schülers in eine Fachklinik. Es kann auch von dem Lehrpersonal nicht erwartet werden, dass dieses obligatorisch über solche medizinischen Kenntnisse verfügt, dass es in einer solchen Situation auch einschätzen kann, ob ein normaler Transport zum nächsten Facharzt ausreichend ist oder ob dies über einen Rettungstransport erfolgen muss.« (Landgericht Neubrandenburg, Az.: 4 O 209/09, a.a.O.).

c. Aktive Aufsicht

42 Das dritte Kriterium zur Überprüfung von Aufsichtssituationen ist die aktive Aufsichtsführung. Das Ausmaß der aktiven Aufsicht richtet sich dabei nach dem Ausmaß der möglichen Gefahren. Die schwächste Form aktiver Aufsichtsführung stellen Ermahnungen und Belehrungen dar. Weitere Schritte sind die Kontrolle der Befolgung von Anordnungen und Belehrungen sowie das aktive Eingreifen bei absehbarem Fehlverhalten.

Befinden sich Schüler in einer akuten Gefahrenlage, zum Beispiel an einer gefährlichen Straße oder auf einem Bahnsteig, und ist eine mündliche Anweisung nicht erfolgversprechend oder bleibt keine Zeit, sind Lehrer verpflichtet, durch Festhalten oder Wegziehen, die Gefahr abzuwenden.

Gefahrenlagen können durch die Umstände entstehen, aber auch durch das Handeln von Personen, die andere schädigen wollen. Greift ein Schüler einen Mitschüler an, entsteht für den Lehrer eine Nothilfesituation. Er ist dann nicht nur aufgrund seiner Aufsichtspflicht zum Eingreifen verpflichtet, sondern kann sich bei der Abwehr des Angriffs, falls eine körperliche Abwehr erforderlich ist, auf eine Nothilfesituation berufen. In Nothilfesituationen dürfen Lehrer körperlich eingreifen und den angreifenden Schüler festhalten oder wegstoßen, sie sind aber nicht verpflichtet, Nothilfe zu leisten, wenn sie sich dabei einer unzumutbaren Gefahr aussetzen oder eine Nothilfe nicht möglich ist.

Der Oberarmgriff

Ein zehn Jahre alter Schüler der vierten Klasse eines sonderpädagogischen Förderzentrums hielt sich zusammen mit 46 weiteren Schülern der Klassen 1 bis 4 vor der Schule an der Bushaltestelle auf. Die Busaufsicht wurde von zwei Lehrerinnen ausgeübt. Der Schüler rannte im Bereich der Bushaltestelle herum und trat hierbei mit dem Schuh in die Wade der Lehrerin. Er sprang in Pfützen und bespritzte hierdurch Mitschüler mit Matsch. Aufforderungen der Lehrerin folgte er nicht. Schlussendlich packte die Lehrerin den Schüler am linken Oberarm und zog ihn in das Bushäuschen. Der Schüler wies am Oberarm eine längliche Rötung und ein kleines Hämatom auf. Er forderte von der Lehrerin ein Schmerzensgeld von mindestens 350 €.

Das Amtsgericht Augsburg *(Urteil vom 4.2.2010, Az.: 15 C 2 159/09; SchulRecht 9–10/2014, S. 146 f.)* hat die Klage abgewiesen: »Eine vorsätzliche Körperverletzung hat die Lehrerin nicht begangen. Erfüllt ist der Tatbestand der fahrlässigen unerlaubten Handlung beziehungsweise fahrlässigen Körperverletzung im Amt. Die Tat ist aber nicht rechtswidrig, da die Lehrerin zu ihrem Tun befugt war. Die Lehrerin war berechtigt, den Schüler am Oberarm zu packen, um ihn mit Gewalt in das Bushäuschen zu ziehen.

Nicht gerechtfertigt war diese Aktion aufgrund des Schlages in die Wade. Der Vorgang war zu dem Zeitpunkt, als die Lehrerin den Schüler in das Bushäuschen zog, schon abgeschlossen, und es bestand kein gegenwärtiger Angriff, der eine Notwehr gerechtfertigt hätte. Gerechtfertigt war das Tun der Lehrerin aber als Nothilfe. Der Schüler bespritzte mit Absicht andere Kinder durch Springen in matschige Pfützen. Die Lehrerin war im Rahmen ihrer Aufsichtspflicht verpflichtet, den Schüler hiervon abzuhalten und das Eigentum der anderen Schüler zu schützen. …

Ein weiterer Rechtfertigungsgrund ergibt sich aus der Aufsichtspflicht als Lehrkraft. Die Aufsichtspflicht umfasst auch das Recht und die Pflicht zu einem körperlichen Eingreifen, sollte ein Schüler sich selbst oder andere Kinder gefährden oder schädigen. Der Schüler war »außer Rand und Band«, er tobte herum, es bestand die Gefahr, dass er den Sicherheitsbereich verließ, er beschmutzte andere Schüler. Die Lehrerin als aufsichtführende Lehrkraft war aufgrund dieses Verhaltens verpflichtet, den Schüler zum Eigenschutz und zum Schutz der anderen Kinder körperlich festzuhalten. Sie war berechtigt, ihn am Oberarm zu packen und in das Bushäuschen zu ziehen. Diese Aktion war angemessen und verhältnismäßig. Das hierdurch (ungewollt) geringfügige Verletzungen verursacht wurden, hat der Schüler hinzunehmen.«

Bei volljährigen Schülern wird sich die aktive Aufsicht häufig auf Belehrun- **43**
gen beschränken, während bei Grundschülern bloße Belehrungen nur in seltenen Fällen ausreichen werden. Bei Grundschülern sind ständige Kontrollen der Befolgung eigener Anordnungen erforderlich. Außerdem müssen die Aufsichtsführenden sich bei konkreten Gefahrensituationen an die Gefahrenstelle begeben, um bei einem Fehlverhalten der Schüler sofort eingreifen zu können, wie das im folgenden Beispiel geschieht.

B Eine 4. Klasse muss bei einem Unterrichtsweg eine gefährliche Kreuzung überqueren. Die Aufsicht führende Lehrerin hat die Kinder über die Gefahren an der Kreuzung belehrt und ihnen verboten, die Kreuzung zu betreten, bevor sie selbst die Kreuzung erreicht hat. Während des Unterrichtsweges hat sie sich in der Regel hinter oder neben der Schülergruppe aufgehalten. Noch bevor der erste Schüler die Kreuzung erreicht, steht die Lehrerin an der Kreuzung, um dem Verbot zuwiderhandelnde Schüler festhalten zu können.

44 Am Beispiel des oben (RdNr. 37) geschilderten Falles der Verletzung eines Schülers durch einen Stich mit einem Drahtstern wird der Zusammenhang von präventiver und aktiver Aufsicht besonders deutlich. Angesichts der von der Lehrerin mit guten Gründen als gering eingeschätzten Gefahr war die Ermahnung, den Drahtstern wegzustecken, ausreichend. Hätte der Schüler dagegen mit dem Drahtstern Mitschüler bedroht oder hätte es eine Auseinandersetzung gegeben, bei der der Stern als Waffe eingesetzt wurde, hätte eine aktive Aufsichtsführung die Wegnahme des Drahtsterns erfordert.

Bei Maßnahmen zur Abwendung von Gefahren denkt man zunächst an Situationen, in denen im Wesentlichen eine Gefahr zu erkennen und abzuwenden ist. Im schulischen Alltag gibt es aber auch immer wieder Situationen, in denen mehrere Gefahren existieren und abgewendet werden müssen.

45 **B** Während des Unterrichtes äußert eine Schülerin einer 6. Klasse, ihr sei schlecht und schwindelig. Die Schülerin ist plötzlich sehr bleich geworden und hat Mühe, von ihrem Platz aufzustehen. Die Lehrerin entschließt sich, die Schülerin selbst in das Sekretariat zu begleiten, um einen Notarzt zu rufen, da sie einen Kreislaufzusammenbruch oder eine Anfallserkrankung für möglich hält und fürchtet, begleitende Mitschüler könnten mit der Situation überfordert sein.
Während ihrer Abwesenheit spielen die Schüler der Klasse unter anderem an der Tür des Klassenraumes. Als ein Schüler die Tür plötzlich zuschlägt,

wird einem Mitschüler die Fingerkuppe abgetrennt. Der Notarzt stellt bei der Schülerin eine harmlose Kreislaufschwäche fest.

In diesem Fall waren zwei Gefahren abzuwenden: Die möglicherweise ernsthaft erkrankte Schülerin musste ärztlich behandelt werden, und die Klasse musste beaufsichtigt werden. Die Lehrerin hat die der Schülerin drohende Gefahr als akuter und größer eingeschätzt und sich um eine Abwendung dieser Gefahr bemüht. Sie hat dabei angesichts der in der gegebenen Situation erkennbaren Gefahren richtig gehandelt.

Die Tatsache, dass sich die Annahme, der Schülerin drohe eine akute und erhebliche Gefahr, im Nachhinein als falsch erwiesen hat, ist unbeachtlich, da es für die Beurteilung von Aufsichtssituationen nicht auf den Kenntnisstand zu einem späteren Zeitpunkt, sondern ausschließlich auf die in der Entscheidungssituation erkennbaren Gefahren und angesichts der Unmöglichkeit, beide Gefahren abzuwehren, auf die Entscheidung für die Abwehr der vermutlich größeren Gefahr ankommt.

F **Die Steinwürfe**

Vom Schulhof einer Grundschule aus, auf dem eine Lehrerin Aufsicht führt, 46
die vor allem auf eine auf dem Schulhof gelegene Kletteranlage achtet, werfen Schüler Steine in den Swimmingpool auf einem Nachbargrundstück. Durch die Steinwürfe wird die Bodenplane des Swimmingpools beschädigt, und es entsteht ein Schaden von 1308,41 €. Der Eigentümer des Swimmingpools behauptet, schon häufiger hätten sich in den Pausen Schüler an seinem Gartenzaun versammelt und Steine und Äste über den Zaun geworfen. Seine Frau habe mehrfach am Zaun verschiedene Pausenaufsichten darauf hingewiesen. Die Hinweise hätten jedoch keine Besserung gebracht. Die beteiligten Schüler habe man nicht ermitteln können.

Grenzen der Aufsichtspflicht bilden das Erziehungsziel der Schule sowie die Möglichkeit und Zumutbarkeit der Aufsichtsmaßnahmen. »Eine Pflichtverletzung besteht nicht darin, dass die Kinder der Grundschule nur durch eine Pausenaufsicht kontrolliert wurden, wobei diese die Grenze zum Garten des Klägers nicht ununterbrochen im Auge behalten konnte und auch nicht sämtliche Kinder stets unter Kontrolle hatte. Zwar trifft die Schule und damit das beklagte Land grundsätzlich eine Pflicht, die in ihrer Obhut stehenden Kinder auch im Interesse Dritter und zur Vermeidung von Schäden zulasten Dritter zu beaufsichtigen. Dabei ist das Ausmaß der notwendigen Beaufsichtigung allerdings an den konkreten Umständen des Einzelfalls auszurichten, hierbei insbesondere an den Erziehungszielen und der den Kindern zuzutrauenden und zuzumutenden Eigenverantwortung. …

Denn es ist Ziel der Erziehung in der Grundschule, den Kindern eine gewisse Eigenständigkeit zu vermitteln, wobei schon davon ausgegangen werden kann, dass sie ein grundlegendes Unrechtsbewusstsein betreffend solcher Sachen haben, die jedenfalls nicht ihnen selbst gehören. Es wäre daher widersinnig, den Kindern das Gefühl ständiger Beobachtung zu vermitteln. Weiter ist es schon von der Personalausstattung der Schulen her, jedenfalls auf dem Pausenhof nahezu unmöglich, eine vollständige, permanente Bewachung aller Kinder sicherzustellen.

Es könnte daher nur in Betracht kommen, dass die Schule besonders sensible Bereiche, wie etwa hier die Grundstücksgrenze des Klägers, mit einer eigens abgestellten Lehrkraft überwacht, also nicht die Kinder, sondern die Örtlichkeit beaufsichtigt. Für eine solche besondere Maßnahme bedarf es allerdings aus Gründen der Zumutbarkeit eines besonderen Anlasses, an dem es hier jedoch fehlt.

Dabei kann zu Gunsten des Klägers zugestanden werden, dass es schon häufiger zu Steinwürfen durch Kinder in den Garten gekommen war und verschiedene Aufsichtskräfte durch die Ehefrau des Klägers darauf angesprochen wurden. Denn zwar muss die Schule, soweit sie von Rechtsgutsverletzungen oder drohenden Gefahren für Rechtsgüter Dritter Kenntnis erlangt, unter Umständen besondere Vorkehrungen treffen. Dies kann allerdings nur dann gelten, wenn auch die für ein Treffen der Vorkehrungen zuständige Stelle, konkret hier die Schulleitung, diese Kenntnis erlangt. Denn nur die Schulleitung hat es in der Hand, die Pausenaufsichtspläne zu erstellen und dabei Änderungen im Personalaufwand vorzunehmen. …

Eine Pflicht der einzelnen, die Aufsicht führenden Lehrkraft zur unbedingten Weitergabe von Beschwerden Dritter besteht nicht, zumal es nicht Teil des

Klägervortrages ist, dass eine Weitergabe an die Schulleitung zugesagt wurde. *(LG Bonn, Urteil vom 5.9.2012, Az.: 1 O 110/12; SchulRecht 3–4/2013, S. 35 f.)*

F **Die Verstärkung**

Während einer Pause kam es zu einer heftigen körperlichen Auseinandersetzung zwischen einem 13- und einem 14-jährigen Schüler. Die aufsichtführende Lehrerin forderte die Schüler auf, die körperliche Auseinandersetzung zu beenden. Als das nicht geschah, lief die Lehrerin zum Eingang des Schulgebäudes, um einen Kollegen zur Hilfe zu holen.

Nach dem Scheitern der verbalen Intervention hätte die Lehrerin versuchen können, die Schüler durch einen körperlichen Einsatz zu trennen. Ein eigenes Eingreifen kann unmöglich oder unzumutbar sein. Wäre die Lehrerin den Schülern körperlich unterlegen, wäre es ihr nicht möglich, die Schüler durch gewaltsames Eingreifen an der Fortsetzung der Tätlichkeit zu hindern. Sollte es ihr möglich gewesen sein, kann die Verpflichtung zu aktiver Aufsichtsführung durch körperliches Eingreifen an der rechtlichen Grenze der Zumutbarkeit scheitern. Lehrer sind nicht verpflichtet, ihre eigene Gesundheit zu gefährden, um die Aufsichtspflicht zu erfüllen.

Die Schüler hatten auf eine deutliche verbale Aufforderung, die Tätlichkeit zu beenden, nicht reagiert. Die Lehrerin konnte daher davon ausgehen, dass ein körperliches Eingreifen für sie mit Gefahren verbunden war, die sie nicht in Kauf nehmen musste. Ihre Verpflichtung zur aktiven Aufsichtsführung hat sie erfüllt, da sie sich nicht zurückgezogen, sondern nur entfernt hat, um Hilfe zu holen. Dabei handelte es sich auch nicht um ein offensichtlich ungeeignetes Mittel, da sich ein Kollege im Eingangsbereich des Schulgebäudes befand, also schnell zu Hilfe geholt werden konnte *(Thomas Böhm: Aufsichtspflicht und unterlassene Hilfeleistung. SchulRecht 1/2021, S. 13 f.).*

II. Haftung bei Verletzung der Aufsichtspflicht

II. Haftung bei Verletzung der Aufsichtspflicht

1. Körperschäden schulfremder Personen, Sach- und Vermögensschäden

a. Körper-, Sach- und Vermögensschäden

Eine Verletzung der Aufsichtspflicht kann Personen-, Sach- oder Vermögens- **47**
schäden verursachen.

Liegt ein Personenschaden vor, können die geschädigten Personen zur Schule gehören wie beispielsweise Schüler, Lehrer, Hausmeister und Schulsekretärin oder schulfremde Dritte sein wie Passanten, Eltern und Geschwister von Schülern oder Handwerker, die in der Schule arbeiten.

Sachschäden können in unmittelbarem Zusammenhang mit Personenschäden stehen – wie die bei einem Sturz zerstörte Hose – oder unabhängig von Personenschäden eintreten. Wird ein im Kunstunterricht hergestelltes Werk eines Schülers mit dem Einverständnis des Schülers in der Schule ungesichert und unbeaufsichtigt ausgestellt, haften weder der Schulträger noch das Land für einen Verlust oder eine Zerstörung *(OLG Brandenburg, Az.: 2 U 9/03; SchulRecht 11–12/2007, S. 131 f.)*.

Das Vermögen umfasst alle geldwerten Rechte einer Person. Im Rahmen der **48**
Aufsichtspflicht müssen Lehrer die Schüler und andere Personen nicht nur vor Körper- und Sachschäden, sondern auch vor Vermögensschäden bewahren.

F **Der Skiunfall**

Ein Schüler nahm an einer schulischen Skifreizeit teil. Er stürzte dabei an einem für Skianfänger bestimmten Hang. Eine nachfolgende Skiläuferin fuhr gegen den am Boden liegenden Schüler. Der Aufsicht führende Lehrer notierte die Adresse der Skiläuferin. Als die Eltern des verletzten Schülers den Lehrer baten, ihnen die Adresse der Skiläuferin mitzuteilen, konnte der Lehrer den Notizzettel nicht mehr finden.

Die Eltern klagten daraufhin Schadensersatz ein, da sie ohne die Adresse keine Schmerzensgeldforderung gegen die Skiläuferin geltend machen konnten.

Das entscheidende Gericht *(OLG Hamm, Az.: 11 U 64/93)* sah deutliche Anhaltspunkte dafür, dass der Lehrer den Zettel mit der Anschrift nicht sachgerecht verwahrt hatte und dadurch seine dem Schüler gegenüber bestehende Amtspflicht, ihn vor Vermögensschäden zu bewahren, schuldhaft verletzt hatte. Im Ergebnis wurde allerdings in diesem Fall ein Schadensersatzanspruch abgelehnt, da das Gericht auf Grund einer Zeugenaussage zu dem Schluss kam, dass die Voraussetzungen für einen Schmerzensgeldanspruch gegen die Skiläuferin nicht gegeben waren.

b. Haftungsgrundlagen

49 Von der Art des Schadens und der Zugehörigkeit der betroffenen Person zur Schule hängt ab, welche Rechtsgrundlagen eine Haftung begründen.

Für sämtliche Sach- und Vermögensschäden und alle Körperschäden schulfremder Personen haftet zunächst der Dienstherr der Lehrer.

Die Erfüllung der Aufsichtspflicht ist eine Amtspflicht, d. h. die Lehrer führen die Aufsicht über die Schüler im Rahmen des öffentlich-rechtlichen Schulverhältnisses. Der Status der Aufsicht führenden Lehrer als Beamte oder Angestellte ist dabei ohne Bedeutung, da die beamtenrechtlichen Vorschriften aufgrund tarifvertraglicher Verweisung auch für Tarifbeschäftigte gelten.

Die Haftung für Schäden, die auf einer Verletzung der Aufsichtspflicht beruhen, begründet § 839 BGB.

§ 839 BGB: »Verletzt ein Beamter vorsätzlich oder fahrlässig die ihm einem Dritten gegenüber obliegende Amtspflicht, so hat er dem Dritten den daraus entstehenden Schaden zu ersetzen.«

Diese persönliche Haftung der Lehrer leitet Art. 34 Satz 1 GG auf den Staat über.

Art. 34 Satz 1 GG: »Verletzt jemand in Ausübung eines ihm anvertrauten öffentlichen Amtes die ihm einem Dritten gegenüber obliegende Amtspflicht, so trifft die Verantwortlichkeit grundsätzlich den Staat oder die Körperschaft, in deren Dienst er steht.«

Nach § 839 Abs. 1 Satz 2 BGB kann der Beamte – beziehungsweise über Art. 34 Grundgesetz dessen Dienstherr – bei fahrlässiger Pflichtverletzung nur dann in Anspruch genommen werden, wenn der Verletzte nicht auf andere Weise Ersatz erlangen kann. § 839 Abs. 1 Satz 2 BGB: »Fällt dem Beamten nur Fahrlässigkeit zur Last, so kann er nur dann in Anspruch genommen werden, wenn der Verletzte nicht auf andere Weise Ersatz zu erlangen vermag.« Als anderweitige Ersatzmöglichkeit könnten z. B. unmittelbare Ansprüche gegen Schüler in Frage kommen, die einen Schaden angerichtet haben.

F **Der verdächtige Schüler**

Bei der Beschädigung eines parkenden Pkw durch Steinwürfe von einem **50**
Schulhof kam ein bestimmter Schüler als Verursacher in Frage. Der Hausmeister hatte eine schriftliche Erklärung abgegeben: »Am 5.3. habe ich beobachtet, wie kurz nach dem Ende der großen Pause noch vier oder fünf Nachzügler auf dem Schulhof verblieben waren. Der Schüler A warf Steine über die Mauer zum Firmenparkplatz. Dies habe ich mit eigenen Augen gesehen.« Diese maschinenschriftliche Erklärung berichtigte der Hausmeister handschriftlich: »An diesem Tag, 5.3., hat A Sand mit Dreck zum Nachbargrundstück geworfen. Ob es nur Steine waren, kann ich nicht beantworten.«

Der Geschädigte hatte erklärt, er gehe davon aus, dass der Schüler A zum Tatzeitpunkt deliktsunfähig gewesen sei, was bei Grundschulkindern nichts Außergewöhnliches sei. Sofern der Schüler das 7. Lebensjahr vollendet habe, möge die Schule das mitteilen. Zudem sei das Kind mittellos.

Der Geschädigte muss die Unmöglichkeit eines anderweitigen Ersatzes darlegen. Besteht eine anderweitige Ersatzmöglichkeit muss diese für den Geschädigten auch durchsetzbar und zumutbar sein. Ein Anspruch gegen einen Schüler kann nicht durchsetzbar sein, wenn dieser vermögenslos ist. Unzumutbarkeit liegt vor, wenn der Geschädigte die Voraussetzungen des anderweitigen Anspruchs nicht beurteilen kann. Es reicht nicht aus, wenn der Geschädigte lediglich die durchsetzbare und zumutbare Möglichkeit einer Inanspruchnahme des Schülers A verneint. »Um die Täterschaft des Schülers A in einem Schadensersatzprozess gegen ihn nachzuweisen, hat der Kläger in Form eines neutralen Zeugen (des Hausmeisters) ein wirksames Beweismittel in der Hand.

Außerdem kann er einige Indizien dafür anführen … Der Kläger hat weder substantiiert vorgetragen, dass der Schüler zum Tatzeitpunkt deliktsunfähig gewesen ist, noch hat er konkret dargelegt, dass der Schüler mittellos ist. Es hätte jedoch dem Kläger oblegen, das tatsächliche Alter des Schülers am Tag des Schadensereignisses mitzuteilen. Die Behauptung, das Kind sei mittellos, reicht ohne weitere Erläuterungen für den schlüssigen Vortrag seiner Vermögenslosigkeit ebenfalls nicht aus. Es könnte ja eine Haftpflichtversicherung bestehen, die für den Schaden aufkommt, oder seine Eltern könnten über Einkommen oder Vermögen verfügen.« *(LG Düsseldorf, Az.: 2 O 309/94; SchulRecht 5/2001, S. 103 ff.)*

Ein Anspruch gegen Dritte kann daran scheitern, dass der Verletzte nicht in Erfahrung bringen kann, welche Schüler ihn geschädigt haben, oder weil er aus einem Urteil gegen einen Schüler nicht erfolgreich vollstrecken kann.

51 In Brandenburg und Thüringen besteht neben der Haftung für schuldhafte Amtspflichtverletzung eine verschuldensunabhängige Staatshaftung; diese geht zurück auf das Staatshaftungsgesetz der DDR aus dem Jahre 1969. Das Gesetz wurde im Einigungsvertrag erheblich modifiziert und gilt als Landesrecht fort. Berlin (für die östlichen Bezirke der Stadt), Mecklenburg-Vorpommern und Sachsen haben das Gesetz inzwischen aufgehoben, in Sachsen-Anhalt gilt es nur noch für rechtswidrige, hoheitliche Eingriffe in das Eigentum. »Die in Brandenburg und Thüringen geltenden Vorschriften des Staatshaftungsgesetzes finden auch im schulischen Bereich Anwendung, so dass in diesen Ländern ein Schüler bei einem ihm rechtswidrig zugefügten Sachschaden auch dann einen Schadensersatzanspruch hat, wenn ein Verschulden des Bediensteten nicht besteht beziehungsweise nicht bewiesen werden kann. Die Haftung nach § 839 Abs. 1 Satz eins BGB in Verbindung mit Art. 34 Satz eins GG ist durch diese Form der Staatshaftung nicht ausgeschlossen.« *(Avenarius/Hanschmann, S. 542 f.)*.

52 Der Begriff des Amtsträgers im Sinne des Art. 34 Satz 1 GG umfasst neben den Lehrern auch alle anderen Personen, die im Interesse und im Auftrag der Schule Aufsichtsaufgaben übernehmen. Eltern, ältere Schüler oder ehemalige Schüler, die beispielsweise bei einer Klassenfahrt oder einer Schulveranstaltung

Aufsichtspflichten übernehmen, sind daher Amtsträger im Sinne des Art. 34 GG und werden ebenso behandelt wie aufsichtführende Lehrer.

Diese Haftungsüberleitung bedeutet, dass Lehrer und alle anderen im Interesse und im Auftrag der Schule aufsichtführenden Personen nicht unmittelbar vom Geschädigten in Anspruch genommen werden können, sondern zunächst der Staat für den eingetretenen Schaden aufkommt. Beschädigen Schüler beispielsweise während eines Unterrichtsganges parkende Autos oder verletzt ein Schüler während einer Klassenfahrt in einer Jugendherberge einen Gast, und beruhen diese Schäden auf einer Verletzung der Aufsichtspflicht, kommt zunächst der Staat, also in der Regel das jeweilige Land, für den Schaden auf. Auf diese Weise sollen unmittelbare persönliche rechtliche Auseinandersetzungen bis hin zu Gerichtsverfahren zwischen Bediensteten des Staates und Bürgern vermieden werden. Zugleich können die Bürger sicher sein, einen zahlungsfähigen Schuldner zu haben, da die Erfüllung ihres Schadensersatzanspruches nicht von der Zahlungsfähigkeit des jeweiligen Bediensteten abhängt. **53**

Von Lehrern verursachte Gefahrenlagen können zu Kosten führen, die bei einem grob fahrlässigen Handeln von den Lehrern übernommen werden müssen. Ein Lehrer, der im Arbeitslehreunterricht einen Topf mit siedendem Fett auf einem Herd vergaß und dadurch einen Feuerwehreinsatz auslöste, wurde zur Übernahme der Kosten für den Feuerwehreinsatz verurteilt, da er grob fahrlässig gehandelt hatte, und haftete persönlich, da eine Haftungsübernahme durch das Land weder direkt noch analog über die Amtshaftungsregeln erfolgt *(VG Neustadt/Weinstraße, Urteil vom 27.9.2011, Az.: 5 K 221/11; SchulRecht 7–8/2012, S. 84 ff.).*

c. Ursachenzusammenhang

Bei der Haftung für eine Aufsichtspflichtverletzung genügt eine Vermutung des ursächlichen Zusammenhanges von Amtspflichtverletzung und Schädigung. Der Geschädigte muss nicht beweisen, dass die Amtspflichtverletzung die Ursache für den eingetretenen Schaden war, sondern es genügt, dass er die Verletzung der Aufsichtspflicht und die nachfolgende Schädigung beweist. **54**

F **Die Skifreizeit**

Ein Schüler einer siebten Klasse nahm an einer fünftägigen Skifreizeit teil. Die Skiausrüstung wurde von einem gewerblichen Verleiher entgeltlich zur Verfügung gestellt. Nachdem der Schüler zuvor zwei Tage Skiunterricht absolviert hatte, und der Vormittagskurs beendet war, kam es im Rahmen der sogenannten Freizeit zu einem Unfall, als der Schüler im Skikinderland über eine dort befindliche Schanze fuhr, sich die Bindung an seinem linken Ski öffnete und er stürzte. Hierbei zog er sich unter anderem einen Schien- und Wadenbeinbruch sowie einen Muskelriss am linken Unterschenkel zu. Zu diesem Zeitpunkt hatten sich die meisten der Mitschüler sowie der Lehrer aus dem Skikinderland entfernt. Dem Schüler sowie drei weiteren Mitschülern war jedoch eine Weiterfahrt im Skikinderland gestattet worden. Der Schüler forderte wegen einer Verletzung der Aufsichtspflicht Schadensersatz und Schmerzensgeld.

Das Landgericht Augsburg *(Urteil vom 28.8.2017, Az.: 34 O 8/17; SchulRecht 4/2018, S. 117 ff.)* hat die Klage abgewiesen:

> »Eine gänzliche, circa 30-minütige – circa 80 m entfernte – Ortsabwesenheit des Lehrers vom Skikinderland steht der ordnungsgemäß ausgeführten Aufsichtspflicht entgegen. … Dies vor allem vor dem Hintergrund, dass der Lehrer gerade nicht vorgab, den Skihang im Blick gehabt zu haben, sondern vielmehr entweder mit den anderen Schülern beim Mittagessen oder mit einer Schülerin hinsichtlich der Korrektur ihrer Bindung unterwegs war. Eine Übertragung der Aufsicht auf einen geeigneten Dritten erfolgte nicht.
>
> Letztlich scheitert ein Anspruch aber an der erforderlichen Kausalität der Amtspflichtverletzung zu den Verletzungsfolgen. Es ist nicht anzunehmen, dass der Lehrer dem Schüler das Überfahren der Schanzen verboten hätte oder hätte verbieten müssen. Zwar ist bei der Durchführung gefahrgeneigter Unternehmungen besondere Sorgfalt geboten und auf die Grundfähigkeiten und Grundfertigkeiten der Schüler Rücksicht zu nehmen. Diese waren aber bei dem Schüler ausreichend, um den Gegebenheiten im Skikinderland gerecht zu werden. …
>
> Der Skihang ist insoweit – selbst für einen unerfahrenen Anfänger – gut geeignet. … Letztlich gehört »Hindernisse zu überfahren« gerade zu einer Skiausbildung dazu, zumal die Gefahr aufgrund der flachen Neigung äußerst gering ist.

Letztlich bleibt auch die Erkenntnis, dass Skifahren gewisse Gefahren mit sich bringt, die nicht hundertprozentig ausgeschlossen werden können.
Letztlich fehlt der Vortrag der Klageseite, dass – eine Aufsicht vor Ort (wie müsste sie denn ausgestaltet sein?) unterstellt – geeignet gewesen wäre, das Unfallereignis zu verhindern. … Unter Berücksichtigung dieser Umstände ist das Gericht zu der Überzeugung gelangt, dass – selbst bei ordnungsgemäßer Aufsicht – der Unfall ebenso geschehen wäre. Weder der Schüler selbst noch die Zeugen haben von einer übermäßigen Geschwindigkeit des Schülers bei Überfahren der Hügel – oder im Vorfeld – berichtet, sodass eine anwesende Aufsichtsperson auch nicht hätte eingreifen müssen.«

Liegt ein Ursachenzusammenhang vor, haben die Lehrer aber lediglich fahr- **55**
lässig gehandelt, scheidet eine persönliche Haftung aus. Sammeln Lehrer bei einer Klassenfahrt ins Ausland die Ausweise der Schüler ein, verschwindet ein eingesammelter Ausweis und entstehen einem volljährigen Schüler erhebliche Kosten, um einen Ersatzausweis zu erhalten, haften die Lehrer nicht persönlich, da sie ihre Amtspflicht lediglich fahrlässig verletzt haben *(OLG Düsseldorf, Az.: 18 U 24/77)*.

Bei fahrlässiger Verletzung der Amtspflichten kommt gem. Art 34 GG der Staat für den Schaden auf, ohne dass ein Rückgriff bei den Lehrern möglich ist.

d. Rückgriff

Hat der Staat die Ansprüche eines Geschädigten erfüllt, stellt sich die Frage **56**
eines Rückgriffes beim Schadensverursacher, also beispielsweise bei einem Lehrer, der seine Aufsichtspflicht verletzt hat. Gesetzliche Regelungen des Rückgriffes bei vorsätzlichem oder grob fahrlässigem Handeln finden sich für beamtete Lehrer im Beamtenstatusgesetz, im Bundesbeamtengesetz und den jeweiligen Landesbeamtengesetzen sowie für angestellte Lehrer in tarifvertraglichen Regelungen. Diesen Rückgriff ermöglicht der Artikel 34 Satz 2 des Grundgesetzes.

Art. 34 Satz 2 GG: »Bei Vorsatz oder grober Fahrlässigkeit bleibt der Rückgriff vorbehalten.«

57 Lehrer haften nicht für die Folgen einer fahrlässigen Verletzung der Aufsichtspflicht. Dieser Ausschluss der Haftung für fahrlässiges Fehlverhalten soll verhindern, dass Lehrer und andere Bedienstete des Staates bei der Ausübung ihrer Dienstpflichten aus Angst vor einer Haftung für fahrlässiges Fehlverhalten unangemessen vorsichtig handeln. Bei der Aufsicht über die Schüler könnte die Angst vor fahrlässig begangenen Fehlern zu übertriebenen Einschränkungen des Handlungsspielraumes der Schüler und damit zu einer Gefährdung des schulischen Bildungszieles der Erziehung zu selbstständigem Handeln führen.

Ist die Aufsichtspflicht verletzt worden, entscheidet der Grad des Verschuldens über einen möglichen Rückgriff des Staates. Beispielhaft für alle Landesbeamtengesetze sei Paragraph 84 Abs. 1 Landesbeamtengesetz Nordrhein-Westfalen zitiert.

58 **§ 84 Abs. 1 LBG NRW**: »Verletzt ein Beamter vorsätzlich oder grob fahrlässig die ihm obliegenden Pflichten, so hat er dem Dienstherrn, dessen Aufgabe er wahrgenommen hat, den daraus entstehenden Schaden zu ersetzen. Haben mehrere Beamte gemeinsam den Schaden verursacht, so haften sie als Gesamtschuldner.«

59 Bei der Haftung des Beamten gegenüber seinem Dienstherrn ist kein Verschulden in Bezug auf den Schaden erforderlich, sondern es genügt bereits ein Verschulden in Bezug auf die Pflichtverletzung. Im Falle eines vorsätzlichen Handelns muss daher nicht auch der Schaden gewollt sein oder zumindest billigend in Kauf genommen worden sein, sondern lediglich die Pflichtverletzung. Bei einer vorsätzlichen Pflichtverletzung kann der Geschädigte den Lehrer auch unmittelbar in Anspruch nehmen. Kommt der Dienstherr zunächst für den Schaden auf, wird er bei Vorsatz in jedem Falle Regress nehmen. Vorsätzlich handelt ein Lehrer, der seine Pflicht bewusst verletzt und sich der Pflichtwidrigkeit auch bewusst ist.

B Ein Lehrer weiß, dass er zur Aufsicht auf dem Schulhof eingeteilt ist, führt aber ein langes Telefonat mit seiner Autowerkstatt, da er die Reparatur seines Wagens für wichtiger hält als die ihm ohnehin lästige Hofaufsicht. Bei einer Auseinandersetzung zwischen Schülern auf dem Schulhof zerschneidet ein Schüler einem anderen die Jacke mit einem Messer.

Bei einfacher fahrlässiger Pflichtverletzung ist ein Rückgriff ausgeschlossen. Eine einfache fahrlässige Pflichtverletzung liegt vor, wenn der Lehrer bei Beachtung der erforderlichen Sorgfalt hätte voraussehen müssen, dass es zu der Auseinandersetzung kommen würde. Grob fahrlässiges Fehlverhalten kann dagegen zum Rückgriff führen. Grobe Fahrlässigkeit liegt vor, wenn der Lehrer seine Aufsichtspflicht in besonders schwerem Maße verletzt hat, indem er selbst einfachste, ganz naheliegende und jedermann einleuchtende Überlegungen nicht angestellt hat, weil er z. B. bei der offensichtlichen Streiterei nicht eingegriffen hat. 60

»Zu beachten ist, dass der Schadensersatzanspruch des Dienstherrn gegen den Beamten aus § 48 Satz eins BeamtStG grundsätzlich nicht durch die Fürsorgepflicht des Dienstherrn (vgl. hierzu § 45 BeamtStG) begrenzt oder gar aufgehoben wird. Denn § 48 BeamtStG stellt in Bezug auf die von ihm erfassten Lebenssachverhalte eine spezialgesetzliche und abschließende Regelung dar. Etwas anderes kann im Einzelfall nur dann gelten, wenn die Inanspruchnahme auf Schadensersatz für den Lehrer existenzbedrohend ist.« *(Müller, S. 152).*

e. Verfahren bei einem Regress des Dienstherrn

Der Beamte ist vor einem eventuellen Rückgriff anzuhören. In der Regel wird der Beamte bereits am Verfahren des Geschädigten gegen den Dienstherrn beteiligt sein, falls ein Regress möglich zu sein scheint. 61

Außerdem wirkt auf Antrag des Beamten der Personalrat mit, wenn Ansprüche auf Schadensersatz gegen den Beamten geltend gemacht werden. Darauf ist der Beamte hinzuweisen.

Nach Art. 34 Satz 3 GG entscheiden die ordentlichen Gerichte, also die Zivilgerichte und nicht die Verwaltungsgerichte, über die Rechtmäßigkeit eines Regressanspruches des Dienstherrn.

f. Organisationsverschulden des Schulleiters

62 Schulleiter sind für die Organisation der Aufsicht in der Schule verantwortlich. Ist diese Organisation fehlerhaft, kann ein Organisationsverschulden des Schulleiters vorliegen. Organisationsverschulden bedeutet, dass der Schulleiter die Aufsicht nach den in der jeweiligen Schule gegebenen örtlichen und personellen Verhältnissen nicht so organisiert hat, dass das Schadensereignis vermieden werden konnte, obwohl eine solche Organisation möglich und zumutbar war. Die meisten Fälle von Organisationsverschulden betreffen Fehler beim Personaleinsatz.

F **Die Einweihung der Turnhalle**
An einer Realschule soll eine neue Turnhalle eingeweiht werden. Da die Klassenlehrerin einer achten Klasse wesentlich an den Proben für die Feier beteiligt ist, ordnet der Schulleiter an, dass die in der Nachbarklasse unterrichtende Lehrerin die Aufsicht über die Klasse für die beiden Unterrichtsstunden mitübernehmen soll, in denen der Unterricht der Klassenlehrerin wegen der Proben ausfällt.
Die in der Nachbarklasse unterrichtende Lehrerin lässt die Türen beider Klassenräume offenstehen und begibt sich kurz nach Beginn der ersten Vertretungsstunde erstmals in die Nachbarklasse. Für die Zeit ihrer Abwesenheit ist die Aufsicht dem Klassensprecher übertragen worden.
Kurz nachdem die Lehrerin zu ihrer eigenen Klasse zurückgekehrt ist, kommt es in der Nachbarklasse zu einer Kreide -und Radiergummischlacht, bei der eine Schülerin eine schwere Augenverletzung erleidet.

Der Bundesgerichtshof stellt in seinem Urteil zum vorliegenden Fall fest *(BGH, Az.: III ZR 80/70; SPE 144 Nr. 6 und SPE a.F. S.VI F I S. 101–101d)*:

> »Es mag Situationen geben, in denen Schulkinder im Schulbetrieb kurzzeitig ohne Aufsicht sind, so beim Übergang von der Pause zum Unterricht … Insoweit lässt sich eine ununterbrochene Aufsicht nicht gewährleisten, sie erscheint unzumutbar und nicht geboten.«

Er fährt dann aber fort:

»Mit diesen ... Tatbeständen lässt sich aber eine Fallgestaltung wie die vorliegende nicht vergleichen. Hier sollten die Schüler während zweier Unterrichtsstunden ohne eine nachhaltige Aufsicht bleiben; bereits das Bewusstsein hiervon war erfahrungsgemäß geeignet, bei Kindern der in Betracht kommenden Altersklasse, wenn sie in größerer Zahl beisammen waren, Übermut zu wecken ... Es kann auch daraus nichts zugunsten des Schulleiters hergeleitet werden, dass der Unfall, der die Klägerin betraf, sich bereits kurze Zeit nach Beginn der ersten Vertretungsstunde zugetragen hat.« (BGH, a. a.O., S. 101b).

Der Schulleiter hat daher seine Pflicht zur Organisation einer hinreichenden Aufsicht verletzt. Das Urteil des Bundesgerichtshofs wird gelegentlich zitiert, um die Rechtswidrigkeit der Mitbeaufsichtigung einer zweiten Lerngruppe zu belegen. Dabei wird übersehen, dass diese Entscheidung vom 19.6.1972 sich auf einen Fall aus dem Jahre 1966 (!) bezieht, der sich vor der Geltung der gesetzlichen Unfallversicherung auch für Schüler ab 1971 ereignet hat. Das Gericht konnte daher nur dann einen Schadensersatzanspruch der verletzten Schülerin bejahen, wenn es eine Verletzung der Aufsichtspflicht feststellte. Der Bundesgerichtshof musste dabei nicht befürchten, übertriebene Anforderungen an die Aufsichtspflicht für die Zukunft festzuschreiben, da eine derartige Rechtsprechung im Interesse verletzter Schüler mit dem gesetzlichen Unfallversicherungsschutz für Schüler nicht mehr notwendig war. Eine Inanspruchnahme des Schulleiters und der Lehrkräfte war ebenfalls nicht zu befürchten, da der Bundesgerichtshof das Verschulden des Schulleiters als nur gering ansah. So stellt der Bundesgerichtshof auch fest, dass »... das in der Außerachtlassung der erforderlichen Sorgfalt liegende Verschulden des Schulleiters ... nur gering veranschlagt werden kann.« (BGH, a. a. O.).

Ein Rückgriff beim Schulleiter ist daher ausgeschlossen. Die Mitbeaufsichtigung einer Nachbarklasse ist grundsätzlich rechtmäßig. Wie bei jeder Aufsichtssituation ist aber einzelfallbezogen zu prüfen, ob eine den Anforderungen an die Aufsichtsführung genügende Gestaltung vorliegt.

Die Voraussetzungen eines Organisationsverschuldens und des Rückgriffs beim Schulleiter verdeutlichen die folgenden Fälle.

F **Unterricht auf dem Dach**

In einer Sportstunde wird eine 4. Klasse in zwei Gruppen geteilt. Eine Gruppe, bei der sich auch die Sportlehrerin aufhält, spielt auf dem gesicherten und für Ballspiele vorgesehenen Dach der Sporthalle Fußball, während die zweite Gruppe auf dem Schulhof Bewegungsspiele ausführt. Die Lehrerin schaut vom Dach wiederholt auf den Schulhof. Das Schulgelände liegt in Hanglage an einer öffentlichen Straße, auf der Fahrzeuge parken. Vom Schulgelände wird während der Sportstunde ein Stein auf parkende Pkw geworfen. Der Eigentümer verlangt Schadensersatz wegen Verletzung der Aufsichtspflicht, da sich nicht feststellen lässt, welcher der Schüler auf dem Schulhof den Stein geworfen hat.

63 Während das Landgericht ein Organisationsverschulden des Schulleiters bejaht hat, sah das Oberlandesgericht *(OLG Frankfurt am Main, Az.: 1 U 185/08; SchulRecht 2–3/2011, S. 31)* kein Organisationsverschulden. Beide Gerichte haben eine Aufsichtspflichtverletzung durch die Sportlehrerin verneint. Die Lehrerin hat bekundet, »sie gehe auf dem Dach »hin und her«, damit sie auch den Schulhof einsehen könne, kontrolliere, »wer wo ist« und mache dann auch Stichproben. Damit genügte sie ihrer Aufsichtspflicht. Denn eine ständige Beobachtung jedes einzelnen Schülers konnte von ihr nicht verlangt werden. … Bei Kindern in diesem Alter (10 Jahre, d.Verf.) darf unterstellt werden, dass ihnen die Gefahr der Entstehung von Schäden an Personen oder Sachen bei Steinwürfen bereits bewusst ist. Diese Erkenntnis wird Kindern erfahrungsgemäß noch weit vor Erreichen der Schulreife von den Erziehungsberechtigten immer wieder eingeschärft und mit dem Verbot derartiger Verhaltensweisen verbunden. Darauf, dass eine derartige Erziehung im Elternhaus erfolgt ist, darf sich grundsätzlich auch das Lehrpersonal verlassen.

Entgegen der Annahme des Landgerichts ist ein Organisationsverschulden der Schulleitung nicht darin zu sehen, dass zum Vorfallszeitpunkt keine weitere Aufsichtsperson eingesetzt war. … Eine ununterbrochene Aufsicht über alle Schüler lässt sich nicht gewährleisten, sie erscheint unzumutbar und ist nicht geboten. … Eine ständige Beobachtung des gesamten Schulgeländes allein aufgrund der örtlichen Gegebenheiten, d. h., weil der Schulhof an einer öffentlichen Straße liegt und aufgrund einer Hanglage erhöht ist, kann entgegen der

Ansicht des Landgerichts nicht gefordert werden. Der Schulleitung ist es nicht zuzumuten, allein aufgrund der Lage der Schule soviel Aufsichtspersonal aufzubieten, dass jeder Schüler zu jeder Zeit gesehen und kontrolliert werden kann.« *(OLG Frankfurt/Main, a. a. O.).*

Bei der Pausenaufsicht durch eine Lehrerin über etwa 300 zehn- bis zwölfjährige Schüler auf einem mindestens 3500 qm großen, unübersichtlichen Schulgelände hat das Oberlandesgericht Celle (*Az.: 16 U 35/85; SPE 140 Nr. 7*) ein Organisationsverschulden des Schulleiters bejaht:

> »Es hätte mindestens des Einsatzes einer weiteren Aufsichtsperson bedurft, um eine zuverlässigere Kontrolle von unterschiedlichen Standpunkten der Aufsicht führenden Personen aus auf dem Schulhof zu erreichen.
> Diese Amtspflichtverletzung ist schuldhaft, weil fahrlässig, geschehen. Die Schulleitung hätte sich über diese naheliegenden Risiken und eine Abhilfemöglichkeit durch Einsatz einer zweiten Lehrkraft … Gedanken machen müssen und können. Sie konnte sich nicht damit beruhigen, dass es … [bis zum geschilderten Vorfall] nicht zu Schädigungen Dritter gekommen ist.«

Ein Rückgriff beim Schulleiter ist damit trotz schuldhafter Verletzung der Pflicht zur Organisation einer ausreichenden Aufsicht nicht möglich.

Die Feststellung des Gerichtes, dass die Tatsache, dass es lange Zeit nicht zu einem Unfall gekommen ist, die für die Organisation oder Durchführung der Aufsicht verantwortliche Person nicht entlastet, entspricht der ständigen Rechtsprechung des Bundesgerichtshofs *(BGH, Az.: III ZR 113/59; SPE a. F. VI F V, S. 105 ff., hier: 105b)*:

> »Der Umstand, dass der Unfall der Klägerin … der einzige ernsthafte dieser Art gewesen ist, der bei zahllosen gleichliegenden Fällen einem Schulkind zugestoßen ist, vermag den Beamten nicht zu entlasten; die Möglichkeit eines gleichen oder ähnlichen Unfalls hat nicht so entfernt gelegen, wie es nach dem bisher glücklichen Ablauf der Dinge den Anschein haben mochte.«

g. Ursachenzusammenhang und Beweisführung

F **Das beschädigte Auto**

64 Aus einer Gruppe von Kindern einer Tagesstätte in einem Schulgebäude, die unter Aufsicht einer Erzieherin im Außenbereich der Tagesstätte mit Gartenarbeiten beschäftigt waren, entfernten sich drei Kinder und warfen mehrere Kieselsteine auf ein in der Nähe stehendes Auto. Der Eigentümer des Fahrzeugs forderte Schadensersatz für die entstandenen Lackschäden. Die Erzieherinnen wussten weder genau, ob noch zu welcher Zeit sich die Kinder von der Gruppe entfernt hatten.

Hatte die Rechtsprechung es lange Zeit abgelehnt, die Beweislastregel des § 832 BGB auf die der Schule obliegende Aufsichtspflicht anzuwenden, hat der Bundesgerichtshof in einer Entscheidung zum obigen Fall festgelegt, dass die Beweislast auch bei der Aufsicht in Kindertagesstätten und Schulen zugunsten des Geschädigten wie in § 832 Abs. 1 BGB verteilt ist *(BGH, Urteil vom 13.12.2012, Az.: III ZR 226/12; dazu »Aufsichtspflicht und Beweislast« in: SchulRecht 5–6/2013, S. 60 ff.).*

§ 832 Abs. 1 BGB: »Wer kraft Gesetzes zur Führung der Aufsicht über eine Person verpflichtet ist, die wegen Minderjährigkeit … der Beaufsichtigung bedarf, ist zum Ersatz des Schadens verpflichtet, den diese Person einem Dritten widerrechtlich zufügt. Die Ersatzpflicht tritt nicht ein, wenn er seiner Aufsichtspflicht genügt oder wenn der Schaden auch bei gehöriger Aufsichtsführung entstanden sein würde.«

Nach § 832 Abs. 1 BGB haftet eine zur Aufsichtsführung verpflichtete Person für einen durch die zu beaufsichtigenden Personen angerichteten Schaden, es sei denn, sie kann darlegen, dass sie ihre Aufsichtspflicht erfüllt hat oder dass der Schaden auch eingetreten wäre, wenn sie ihre Aufsichtspflicht erfüllt hätte. Aufsichtspflichtige müssen daher auch in der Schule den Entschuldigungsbeweis führen. Schulen müssen, wenn ein Schaden im Bereich ihrer Aufsichtspflicht eingetreten ist, nachweisen, dass die aufsichtführenden Lehrkräfte ihrer Aufsichtspflicht genügt haben oder der Schaden auch bei gehöriger Aufsichtsführung entstanden wäre. Können Schulleitung und Lehrkräfte das nicht nachweisen, wird die Verletzung der Aufsichtspflicht vermutet. Der Bundesgerichtshof hat seine Entscheidung zum einen mit dem Charakter der Aufsichtspflicht als einer gesetzlichen Pflicht dem Geschädigten gegenüber begründet, der es entspreche, dass der Aufsichtspflichtige Rechenschaft darüber ablege, was er getan habe, um diese Pflicht zu erfüllen. Zum anderen sei dem Geschädigten der Nachweis einer Aufsichtspflichtverletzung häufig nicht möglich, da er nicht wissen könne, welche Maßnahmen im Einzelfall zur Erfüllung der Aufsichtspflicht ergriffen oder unterlassen worden seien.

F **Der Zusammenbruch**

Ein Schüler der Jahrgangsstufe 13 erlitt etwa fünf Minuten nach Beginn des **65**
Sportunterrichts einen Zusammenbruch. Die Sportlehrerin rief den Rettungswagen und den Notarzt, während sich zwei Schülerinnen um den Mitschüler kümmerten. Ein Sportlehrer aus einem anderen Teil der Sporthalle kontrollierte den Puls, aber nicht die Atmung. Die Sanitäter und der Notarzt begannen sofort mit Wiederbelebungsmaßnahmen, da die Atmung ausgesetzt hatte. Der Schüler erlitt einen Hirnschaden. Er verlangte vom Land als Dienstherrn der Lehrkräfte ein Schmerzensgeld, Schadensersatz und eine monatliche Rente.

Der Bundesgerichtshof *(Urteil vom 4.4.2019, Az.: III ZR 35/18; SchulRecht 5/2019, S. 139 ff.)* hat in seiner Entscheidung vor allem Stellung zur Beweislast genommen.

Der Anspruch des Schülers richtet sich gegen das Land und nicht gegen die gesetzliche Unfallversicherung, weil es sich nicht um einen Schulunfall handelte, da die Ursache für den Zusammenbruch in keinem Zusammenhang mit der Schule stand. Die Ursache lag in gesundheitlichen Problemen des Schülers.

Entscheidend war die Frage, ob eine eventuelle Pflichtverletzung der Lehrkräfte sich kausal auf den Gesundheitszustand des Schülers ausgewirkt hat, beziehungsweise ob sein Zustand auf eine massive Sauerstoffunterversorgung bis zum Eintreffen der Rettungskräfte zurückzuführen war. Der Bundesgerichtshof hat die Einholung eines medizinischen Gutachtens zu diesen Fragen nur dann als nicht notwendig angesehen, wenn auszuschließen wäre, dass der Schüler damit den Kausalitätsbeweis führen könne. In diesem Falle könne jedoch nicht ausgeschlossen werden, dass ein Sachverständiger in der Lage sein würde, weitere Aufklärung hinsichtlich der tatsächlichen Geschehensabläufe und damit letztlich in Bezug auf die streitige Frage nach der Ursächlichkeit der Versäumnisse der Lehrkräfte für den eingetretenen Hirnschaden zu leisten.

Den Sportlehrern oblag die Amtspflicht, erforderliche und zumutbare erste Hilfe rechtzeitig in ordnungsgemäßer Weise zu leisten. Stehen eine Amtspflichtverletzung und ein zeitlich nachfolgender Schaden fest, so kann ein geschädigter Schüler der Schule den Nachweis überlassen, dass der Schaden nicht auf die Amtspflichtverletzung zurückzuführen ist, wenn nach der Lebenserfahrung eine tatsächliche Vermutung oder eine tatsächliche Wahrscheinlichkeit für den ursächlichen Zusammenhang besteht; anderenfalls bleibt die Beweislast beim geschädigten Schüler. Die Frage der tatsächlichen Vermutung oder tatsächlichen Wahrscheinlichkeit war im vorliegenden Fall durch ein Gutachten zu klären.

h. Verkehrssicherungspflichten

66 Schulleiter sind sowohl Leiter einer staatlichen Behörde als auch Vertreter des Schulträgers. Sie haben daher nicht nur die ordnungsgemäße Aufsicht über die Schüler zu organisieren, sondern sind auch dafür mitverantwortlich, dass vom Zustand des Schulgebäudes und Schulgrundstückes keine besonderen Gefahren ausgehen. Die Verantwortlichkeit dafür, dass von einem Grundstück oder einem Gebäude keine Gefahren ausgehen, bezeichnet man als Verkehrssicherungspflicht. Sie besagt, dass derjenige, der eine mögliche Gefahrenquelle wie ein bestimmtes Gelände oder Gebäude schafft und unterhält, alle zumutbaren Vorkehrungen treffen muss, damit niemand bei einer bestimmungsgemäßen oder nicht ganz fernliegenden bestimmungswidrigen Benutzung einen Schaden erleidet

Die Verkehrssicherungspflicht besteht auch gegenüber nicht zur Schule gehörenden Personen. Der Schulträger hat beispielsweise Kinder, die trotz eines Verbots auf bestimmten Geländeteilen spielen, vor Gefahren zu schützen, wenn ihm bekannt ist, dass dort Kinder spielen. Er darf aber bei offensichtlichen Gefahren darauf vertrauen, dass Kinder sich diesen Gefahren nicht bewusst aussetzen werden *(BGH, Az.: VI ZR 379/98; SchulRecht 3/2003, S. 55 f.)*. »Der Schulträger ist auch nicht verpflichtet, alle denkbaren Maßnahmen zu treffen und für eine vollständige Sicherung des Verkehrsraumes derart zu sorgen, dass Unfälle ausgeschlossen sind.« *(LG Bonn, Az.: 1 O 96/06; SchulRecht 1–2/2010, S. 13)* Er ist daher nicht verpflichtet, das Schulgelände optimal auszuleuchten, sondern nur so, dass ein durchschnittlicher

Nutzer, der an einer Veranstaltung in der Turnhalle nach Unterrichtsende teilnimmt, Gefahren erkennen kann (LG Bonn, a. a. O.).

Das Fehlverhalten von Schülern wie das Werfen von Gegenständen auf ein Nachbargrundstück kann dem Schulträger als Eigentümer des Grundstücks, von dem die Beeinträchtigung ausgeht, nur dann zugerechnet werden, wenn er dieses Fehlverhalten fördert oder Anreize schafft *(VG Koblenz, Az.: 4 K 877/14; SchulRecht 9–10/2016, S. 138 f.).*

Die Verkehrssicherungspflicht obliegt nicht nur dem Eigentümer der jeweiligen Sache, sondern auch jeder Person, die rechtlich und tatsächlich in der Lage ist, über die Sache zu verfügen. Die Verkehrssicherungspflicht des Schulträgers hat daher nicht nur der Schulleiter als Vertreter des Schulträgers in der Schule zu erfüllen, sondern auch der Hausmeister und die Lehrer, die rechtlich und tatsächlich in der Lage sind, im Rahmen ihres dienstlichen Handelns über Einrichtungsgegenstände und Räumlichkeiten der Schule zu verfügen. So muss ein Lehrer, der vor Beginn eines Elternabends bemerkt, dass ein Stuhl bei Benutzung zusammenbrechen könnte, diesen Stuhl entfernen, um der den Eltern gegenüber bestehenden Verkehrssicherungspflicht nachzukommen.

Im Verhältnis der Lehrer zu den Schülern tritt neben die Verkehrssicherungspflicht die Aufsichtspflicht. Die Lehrer müssen daher den Schulleiter auch aufgrund ihrer Aufsichtspflicht auf mögliche Gefahren, wie beispielsweise splitternde Glastüren, gefährliche Treppengeländer oder den nicht ordnungsgemäßen Zustand von Geräten und Einrichtungsgegenständen, hinweisen (Zu einem eventuellen Mitverschulden des Geschädigten gelten die Ausführungen unten in Kapitel III 14).

Eine Verletzung der Verkehrssicherungspflicht durch den Schulträger und eine 67
Amtspflichtverletzung durch Lehrer können gleichzeitig vorliegen.

F **Der gefährliche Sonnenschirmfuß**

Bei einem Schulfest wurde, um einen geordneten Einlass zu ermöglichen, der Eingangsbereich durch ein Absperrband auf einen Zugang verengt, an dessen linker Seite zwei Tische mit der Kasse sowie ein Sonnenschirm aufgestellt wurden. Der Fuß des Sonnenschirms wurde durch vier Betonplatten beschwert. Zwei Lehrer nahmen in diesem Bereich die Einlasskontrolle wahr. Die beiden Hausmeister der Schule waren wegen Erkrankung nicht anwesend. Zwei Lehrer waren im Laufe des Nachmittags über die Betonplatten gestolpert, ohne dass ein Schaden entstanden wäre. Gegen 23.15 Uhr waren die Kassen gerade geschlossen worden, als die Ehefrau eines der beiden Hausmeister den immer noch verengten und schlecht beleuchteten Eingangsbereich passierte und dabei durch einen Spalt zwischen den Betonplatten zu Fall kam und sich erheblich verletzte.

Das Landgericht Bonn *(Az.: 1 O 355/97; SchulRecht 3/2002, S. 57 f.)* sprach der Verletzten einen Schadensersatz- und Schmerzensgeldanspruch gegen den Schulträger und das Land als Dienstherrn der Schulleiterin und der Lehrer zu:

»Die Verantwortung für die Verkehrssicherheit des Geländes verblieb beim Schulträger trotz der Tatsache, dass die Veranstaltung selbst, d. h. die Organisation und konkrete Ausführung des Schulfestes, bei dem Förderverein und Lehrern lag. Hierdurch wurde der Schulträger nicht von jeglichen Sicherungspflichten frei, sondern blieb – ähnlich wie ein Eigentümer eines vermieteten Gebäudes – zur Überwachung und Kontrolle der Wahrung der Verkehrssicherheit verpflichtet.... Dabei ist dem Schulträger durchaus einzuräumen, dass sich seine Pflicht nicht auf jegliche, noch so vorübergehende Gefahrenquelle bezog, die sich nicht aus dem Zustand des Schulgebäudes als solchem, sondern überraschend aus von den Veranstaltern vorgenommenen Veränderungen ergab. Eine derart kurzfristige und unerwartet geschaffene Veränderung lag hier jedoch nicht vor. Vielmehr handelte es sich um eine dauerhafte und bewusste Gestaltung des Eingangsbereichs ...Damit wurde diese Gestaltung quasi Bestandteil der Einrichtung des Schulgeländes, wie es für die Dauer des gesamten Schulfestes dem Besucherverkehr zugänglich gemacht werden sollte und hätte dementsprechend durch städtische ... Vertreter überwacht und kontrolliert werden können und müssen .... Der Gesichtspunkt der unzureichenden Beleuchtung tritt erschwerend zu der ohnehin bereits gegebenen Gefährlichkeit der Gestaltung des Eingangsbereichs hinzu .... Neben der Haftung des Schulträgers besteht auch eine Haftung des Landes als Dienstherrn der an der Veranstaltung des Schulfestes beteiligten Lehrer aus § 839 Abs. 1 BGB i.V.m. Art. 34 GG. Diese beiden Lehrer haben in Ausübung ihres Amtes eine ihnen gegenüber der

Klägerin als Festbesucherin obliegende Amtspflicht schuldhaft verletzt und dadurch deren Unfall nebst Folgeschäden mitverursacht .... Bei Ausübung ihrer Tätigkeiten oblag den Lehrern die Amtspflicht, Leben und Gesundheit Dritter vor Verletzungen zu bewahren und entsprechende Schädigungen zu unterlassen. Diese Pflicht bezieht ... in ihren Schutzbereich nicht allein die Schüler ein, sondern alle Dritten, die sich bei einem Schulfest auf dem Schulgelände befanden ... Ihre Pflichtverletzung liegt auf jeden Fall darin, dass sie die Platten trotz Kenntnis der darin begründeten Gefahrenquelle ... nicht beseitigt haben.«

Schulleiter und Lehrer müssen erkennbare bauliche Unzulänglichkeiten des **68**
Schulgebäudes, die eine Gefahr für die Schüler darstellen, bemerken. Beachten sie erkennbare Mängel nicht oder wirken sie nicht auf deren Beseitigung durch den Schulträger hin, verletzen sie fahrlässig ihre Aufsichtspflicht *(BGH, Az.: 15 U 187/71; SPE a.F. VI F V, S. 5 ff.).*

Sind Sicherheitsbeauftragte bestellt worden, haften sie gem. § 22 Abs. 3 SGB VII nicht persönlich für durch Sicherheitsmängel verursachte Schäden, da eine solche persönliche Haftung der Bereitschaft, ein solches Amt zu übernehmen, entgegenstehen würde.

Sind Gefahren, die vom Eigentum des Schulträgers ausgehen, erkennbar, muss **69**
der Schulleiter den Schulträger auf diese Gefahren hinweisen und um Abhilfe bitten. Die Beseitigung der Gefahr fällt dann in den Verantwortungsbereich des Schulträgers. Der Schulleiter hat aber bis zur Beseitigung des gefährlichen Zustandes durch geeignete Maßnahmen soweit wie möglich für eine Beseitigung der Gefahr zu sorgen. Zu den geeigneten Maßnahmen können z. B. die verstärkte Aufsicht an einer gefährlichen Durchgangstür oder die Sperrung eines gefährlichen Teiles des Schulhofes gehören.

! Zugleich muss der Schulleiter beim Schulträger nachdrücklich auf eine Beseitigung der Gefahrenquelle hinwirken. Bleiben seine Bemühungen erfolglos, sollte er einen Vertreter der gesetzlichen Unfallversicherung um Unterstützung bitten.

Führt die Verletzung der Verkehrssicherungspflicht zu einem Sachschaden oder einem Personenschaden bei nicht unmittelbar zur Schule gehörenden

Personen wie Eltern oder Handwerkern, haftet der Schulträger bei Fahrlässigkeit und Vorsatz.

F **Geburtstag in der Turnhalle**
Ein elfjähriger Junge verunglückte nachmittags im Rahmen einer privaten Kindergeburtstagsfeier auf dem Grundstück einer Schule im Außenbereich der Turnhalle. Der Junge zog sich an einem in 1,20 m Höhe im Mauerwerk angebrachten Metallanker von ca. 10 cm Länge erhebliche Verletzungen seines rechten Auges zu, als er seinen heruntergefallenen und in ein mit Eiben bewachsenes Beet gerollten Fahrradhelm aufheben wollte. Der Schulleiter hatte einer Lehrerin gestattet, die Turnhalle am Sonntagnachmittag für einen privaten Kindergeburtstag zu nutzen.

Der aus der Backsteinmauer hervorragende Metallanker stellte eine Gefahrenquelle für Kinder dar, die für den Schulträger erkennbar und deren Beseitigung ihm auch zumutbar war. Auf dem Gelände einer Grundschule ist überall mit spielenden und »Versteck« spielenden Kindern zu rechnen. Auch wenn der Schulleiter unter Überschreitung seiner Kompetenzen die Nutzung gestattet hat, liegt eine berechtigte Nutzung durch das Kind vor. Die mit der Verkehrssicherungspflicht für die Schule betrauten Amtsträger des Schulträgers, vor allem der Hausmeister, handelten fahrlässig. Sie haben die im Verkehr erforderliche Sorgfalt dadurch verletzt, dass sie den Metallanker, der ohne jegliche Funktion war – früher hatte er als Rankhilfe gedient –, nicht entfernt haben, obwohl dessen Gefährlichkeit für spielende Kinder ohne weiteres erkennbar war.

Das Oberlandesgericht Celle *(Az.: 14 U 17/05; SchulRecht 5–6/2006, S. 64 f.)* hat den Schulträger zum Schadensersatz und 30.000 Euro Schmerzensgeld verurteilt.

Verursacht eine Verletzung der Verkehrssicherungspflicht einen Körperschaden bei in den Schulbetrieb einbezogenen Personen, also z. B. Schülern, tritt die gesetzliche Unfallversicherung für den Schaden ein. Der Schulträger haftet dann nur bei Vorsatz unmittelbar, und der Verletzte kann nur bei vorsätzlichem Handeln einen Schmerzensgeldanspruch geltend machen. Etwas anderes gilt aber, wenn ein Schüler während der Nachmittagsbetreuung einen Schulunfall auf einem öffentlichen Spielplatz erleidet, auf dem er mit Einverständnis des Betreuungspersonals gespielt hat. Zwischen dem Schüler und der Kommune als für den öffentlichen Spielplatz Verantwortlicher besteht dann keine die gesetzliche Versicherung begründende Beziehung und daher auch keine Haftungsprivilegierung. Der Schüler kann daher die für die Verkehrssicherungspflicht auf dem öffentlichen Spielplatz verantwortliche Kommune auf Schmerzensgeld und Schadensersatz in Anspruch nehmen, wenn ein Spielgerät nicht ordnungsgemäß gesichert war *(OLG München, Az.: 1 U 5048/06; SchulRecht 11–12/2008, S. 133)*. Die Kommune als Schulträger würde dagegen nur bei Vorsatz unmittelbar haften, wenn es sich um einen Spielplatz auf dem Schulgelände handeln würde, der von Schülern während der Nachmittagsbetreuung genutzt wird.

Die Anforderungen an eine vorsätzliche Verletzung der Verkehrssicherungspflicht verdeutlicht folgender Fall, der vom Oberlandesgericht Nürnberg *(Az.: 4 U 3272/92)* entschieden wurde. **70**

F **Die Sporthallentore**

An einem von mehreren Toren am Eingang zum Geräteraum einer Sporthalle zerbricht ein Rad, das Tor springt daraufhin aus der Führungsschiene und fällt zum Teil auf einen Schüler, der erheblich verletzt wird.

Der Fachbetreuer Sport hatte in einem Schreiben an den Schulträger etwa ein Jahr vor dem Unfall die Befürchtung geäußert, dass die Tore beim Öffnen oder Schließen aus ihrer Führung gerissen werden und unter Umständen auf darunter stehende Personen fallen könnten. Wenige Tage vor dem Unfall erfolgte eine Prüfung durch ein sachkundiges Unternehmen, das die vom Fachbetreuer Sport genannte Gefahr nicht bestätigte und auch schon in früheren Gutachten keine besonderen Gefahren festgestellt hatte.

Das entscheidende Gericht stellt fest, dass ein Vorsatz bezüglich des Unfalles und des eingetretenen Schadens nicht feststellbar sei:

> »Vorsatz im Sinne des hier allenfalls in Betracht kommenden bedingten Vorsatzes setzt voraus, dass der als möglich erkannte rechtswidrige Erfolg billigend in Kauf genommen, also hingenommen wird … Ein derartiges Verhalten kann dem Verantwortlichen der Beklagten [der Stadt als Schulträgerin] nicht unterstellt werden. Die Prüfberichte der … GmbH enthalten keinen

Hinweis auf die Umstände, die für den Unfall des Klägers ursächlich geworden sind. Hinsichtlich der Tore findet sich nur der Vermerk, dass sie in die Halle schwingen würden.«

Zu dem warnenden Schreiben des Fachbetreuers Sport erklärt das entscheidende Gericht, dass die konkret beschriebene Gefahr sich bei dem Unfall des Schülers nicht verwirklichte, »... da sich nicht die Führungsschienen als zu schwach erwiesen haben, sondern durch das Zerspringen eines Rades das betreffende Tor aus den Führungsschienen gesprungen und zum Teil auf den Kläger gefallen ist. Zwar war die Beklagte durch dieses Schreiben auf ein Gefährdungspotential, das von den Toren zum Geräteraum ausging, hingewiesen worden, sodass ein Unfall in der Zukunft als möglich in Betracht gezogen werden konnte. Auch dies lässt jedoch den sicheren Schluss nicht zu, dass seitens der Stadt die Folgen eines solchen Unfalles billigend in Kauf genommen worden wären. Gegen eine solche Einstellung spricht schon, dass man einen Kostenvoranschlag über den Preis der Erneuerung der Tore eingeholt hat und Abhilfe – zeitlich abhängig von den zur Verfügung stehenden Haushaltsmitteln – ins Auge gefasst hatte. Es besteht nämlich auch die ernsthafte anderweitige Möglichkeit, dass man zwar eine Gefahr kennt, letztlich aber darauf vertraut, ein Schaden werde bis zu den Abhilfemaßnahmen nicht eintreten.

In diesem Fall würde nur bewusste Fahrlässigkeit vorliegen, die eine Haftung der Beklagten nicht begründet.

Gegen ein vorsätzliches Verhalten spricht aber entscheidend, dass erst wenige Tage vor dem Unfall ... eine nochmalige Prüfung auch der Tore in den Turnhallen durch die ... GmbH erfolgte, einer Firma, die gerade wegen ihrer gegenüber den Bediensteten der Beklagten höheren Fachkenntnisse eingeschaltet worden war und die auf den Umfang der Prüfungspflicht auch nicht hinzuweisen war. Diese Prüfung hat die vom Fachbetreuer Sport in seinem Schreiben ... genannte Gefahr nicht bestätigt, so dass die Beklagte gerade im Hinblick darauf damit rechnen durfte, dass ein Unfall bis zur Ersetzung der Tore nicht passieren würde. Dass dieses Vertrauen aufseiten der Beklagten nicht vorhanden gewesen wäre, sondern man im Gegenteil mit einem Unfall gerechnet und ihn billigend in Kauf genommen hat, ist auf Grund der bekannten Umstände nicht hinreichend bewiesen, so dass von vorsätzlichem Verhalten nicht ausgegangen werden kann.«

Die Verkehrssicherungspflicht und die Aufsichtspflicht sollen Schüler und andere Personen nicht von jeder Verantwortung für eigenes Verhalten entbinden. So hat das Oberlandesgericht Köln *(Az.: 2 U 33/95; SchulRecht 10/2002, S. 184)* die Klage eines zehnjährigen Schülers abgewiesen, der während eines Schullandheimaufenthaltes entgegen dem ausdrücklichen Verbot des Lehrers auf dem Fensterrahmen im Obergeschoss herumgeturnt und hinuntergestürzt war. Weder sei der Träger des Schullandheims verpflichtet gewesen, an allen Fenstern Kindersicherungen anzubringen, noch hätte der Lehrer über das ausdrückliche Verbot hinausgehende Maßnahmen ergreifen müssen, da ein zehnjähriger Schüler reif genug sei, die Gefahr des Herumturnens an einem geöffneten Fenster zu erkennen. **71**

i. Schädigung des Schulträgers durch Lehrer

Die Schädigung des Schulträgereigentums durch Schüler wird im Zusammenhang mit der Haftung der Schüler (unten II 4) erläutert. Lehrer können das Eigentum des Schulträgers unmittelbar oder durch eine Verletzung ihrer Aufsichtspflicht schädigen. **72**

F **Der beschädigte Kopierer**

Eine Lehrerin beschädigt ein vom Schulträger geleastes Fotokopiergerät durch die Verwendung einer hierfür nicht geeigneten Plastikfolie, die sie zuvor von der Schulsekretärin erhalten hat.

Beschädigen Lehrer in Wahrnehmung der Aufgaben des Landes Eigentum des Schulträgers oder verursachen sie beim Schulträger – wie im vorliegenden Fall – einen Vermögensschaden, kann der Schulträger sie nicht unmittelbar in Anspruch nehmen, da die Haftung von Landesbediensteten in den Landesbeamtengesetzen abschließend geregelt ist. Dies gilt nach der Rechtsprechung des Bundesverwaltungsgerichts *(BVerwGE 52, 255, 256)* jedenfalls bei Vorliegen eines besonderen Näheverhältnisses zwischen dem anspruchsberechtigten Dienstherrn und der geschädigten Stelle, wie sie im Schulwesen zwischen dem Land und den Schulträgern gegeben ist.

Das Land hat selbst durch die Beschädigung des Kopierers keinen Schaden erlitten. Allerdings könnte das Land verpflichtet sein, den Schaden stellvertretend für den Schulträger geltend zu machen, da es sicher nicht vernünftig wäre, davon auszugehen, der Schulträger bleibe eben auf seinem Schaden sitzen, und da zwischen dem Land und dem Schulträger im Bereich des Schulwesens ein besonders enges Gemeinschaftsverhältnis besteht.

Um allerdings den Schaden für den Schulträger der Lehrerin gegenüber geltend machen zu können, müssen die Voraussetzungen für einen Schadensersatzanspruch des Landes der Lehrerin gegenüber gegeben sein. Ein Schadensersatzanspruch besteht, wenn die Lehrerin ihre Pflichten schuldhaft verletzt hat. Denn indem sie eine hierfür nicht geeignete Folie zum Kopieren verwendete, hat sie die ihr auferlegten Pflichten im Sinne der Beamtengesetze und arbeitsvertraglichen Regelungen (bei angestellten Lehrern) verletzt. Lehrer sind im unmittelbaren Verhältnis zum Dienstherrn verpflichtet, für den Unterrichtsgebrauch verwendete Gegenstände vor vermeidbaren Schäden zu bewahren. Gegen diese Pflicht hat die Lehrerin durch Verwendung einer ungeeigneten Folie verstoßen. Diese Pflichtverletzung muss vorsätzlich oder grob fahrlässig geschehen sein. Vorsatz ist im vorliegenden Fall auszuschließen. Eine grob fahrlässige Verletzung der Sorgfaltspflichten wurde im geschilderten Fall vom Verwaltungsgericht und auch vom Oberverwaltungsgericht bejaht *(OVG Rheinland-Pfalz, Az.: 2 A 12079/03; SchulRecht 11–12/2004, S. 199)*. Das Land muss daher den Schaden der Lehrerin gegenüber geltend machen und den geleisteten Schadensersatz an den Schulträger weiterleiten.

Beschädigen Lehrer das Eigentum des Schulträgers, können sie nicht geltend machen, es sei unterlassen worden, sie in die ordnungsgemäße Bedienung einzuweisen, da die Gerichte von einer Verpflichtung der Lehrer ausgehen, sich um eine Einweisung in die Bedienung zu bemühen, und sich die Anforderungen an die Sorgfalt bei der Nutzung teurer Geräte erhöhen *(Müller, S. 144 f.)*.

F **Der Schlüsselverlust**

Einem Lehrer kam sein Schlüsselbund, an dem sich u. a. ein Schlüssel für die Eingangstür der Schule sowie ein Schlüssel für die Klassenräume befanden, abhanden, als er den Medienraum zu Beginn der 5. Unterrichtsstunde gegen 11.45 Uhr aufschloss, um einen Schüler der Klasse 8 a eine Arbeit nachschreiben zu lassen. Den am Schlüsselbund befindlichen Raumschlüssel ließ er außen im Türschloss stecken. Anschließend schloss er die Tür des

Medienraumes und ging in den Klassenraum der Klasse 8 a, der er in der 5. Schulstunde Unterricht zu erteilen hatte. Gegen Ende der Unterrichtsstunde um 12.25 Uhr bemerkte er den Verlust seines Schlüsselbundes und stellte nach seiner Rückkehr am Medienraum fest, dass der Schlüsselbund nicht mehr vorhanden war. Der Schulträger fordert vom Land den Ersatz des entstandenen Schadens in Höhe von 7.848,91 EUR

Das Verwaltungsgericht Minden *(Az.: 4 K 778/05; SchulRecht 3–4/2007, S. 35 f.)* hat entschieden, das Land müsse den durch den Austausch der Schließanlage entstandenen Schaden in Höhe von 7.848,91 EUR gegenüber dem Lehrer geltend machen und den erlangten Schadensersatz an den Schulträger abführen. Nach Auffassung des Verwaltungsgerichts hat der Lehrer grob fahrlässig gehandelt: »Der Lehrer ließ aufgrund von Unachtsamkeit bedeutsame Schulschlüssel eine gewisse Zeit lang während des Unterrichtsbetriebs, als sich eine Vielzahl von Personen im Gebäude der Schule aufhielt und daher eine große Entwendungsgefahr bestand, unbeaufsichtigt. Nach seiner Darstellung in der mündlichen Verhandlung war ihm die Wichtigkeit der ihm überlassenen Schulschlüssel auch bewusst. Aus diesem Grunde sah er sich seinerzeit nach der Inempfangnahme der Schlüssel veranlasst, das mit einem Verlust verbundene hohe Sachschadensrisiko privat zu versichern. Nach seinem eigenen Bekunden versetzte den Lehrer auch die doppelte Beanspruchung zu Beginn der 5. Unterrichtsstunde – einerseits seine Lehrverpflichtung in der Klasse 8 a, andererseits die notwendige Einweisung eines Schülers dieser Klasse in die Nachschreibearbeit im Medienraum – nicht in einen Stress- bzw. Anspannungszustand.

Dass dem Lehrer, bei dem es sich um einen Lehrer mit großer Berufserfahrung handelte und dem auch Nachschreibesituationen geläufig waren, zuvor noch nie ein oder mehrere Schulschlüssel abhandengekommen waren, führt zu keiner anderen Bewertung. Denn ein Augenblicksversagen, wie es im vorliegenden Fall gegeben war, stellt in der Regel und auch hier keinen ausreichenden Grund dar, um eine grobe Fahrlässigkeit zu verneinen.«

Allgemein übliche Aufbewahrungsorte für die Schlüssel (Mantel-, Jacken- **73**
oder Schultasche) reichen nach einer Entscheidung des Verwaltungsgerichts Braunschweig *(Az.: 6 A 61073/91; SchulRecht 9/2000, S. 161 f.)* zwar nicht für eine sorgfältige Aufbewahrung aus und begründen deshalb der Vorwurf einer

einfachen Fahrlässigkeit, aber nicht den der groben Fahrlässigkeit. Eine Verletzung der Aufbewahrungspflichten in ungewöhnlich hohem Maße läge nur dann vor, wenn der Lehrer z.B. den Mantel oder die Tasche oder die Schlüssel selbst unbeaufsichtigt an einem allgemein zugänglichen Ort abgelegt hätte, sodass jeder sie hätte an sich nehmen können. Ein solches Verhalten liegt beispielsweise vor, wenn die Schlüssel in einem offenen Cabriolet liegen gelassen werden *(VG Lüneburg, Az.: 1 A 244/04; SchulRecht 11–12/2007, S. 132)*. Es fehlt dagegen an einer grob fahrlässigen Sorgfaltspflichtverletzung, wenn Schulschlüssel tagsüber in einem Pkw in einem öffentlichen Parkhaus für begrenzte Zeit und für Dritte nicht ohne weiteres erkennbar aufbewahrt werden *(VG Lüneburg, Az.: 1 A 253/02; SchulRecht 1–2/2008, S. 13)*. Grob fahrlässig handelt eine Lehrerin, die einen Generalschlüssel für kurze Zeit an einer Tür in einem stark frequentierten Bereich der Schule stecken lässt *(VG Lüneburg, Az.: 1 A 253/05; SchulRecht 5–6/2010, S. 60)*. Es ist ebenfalls grob fahrlässig, einen Generalschlüssel nicht mit besonderer Sorgfalt zu behandeln *(VG Augsburg, Urteil vom 30.4.2013, Az.: 5 LA 117/12)* oder einen Schulschlüssel auf einer Bank in der Turnhalle während des Unterrichts offen abzulegen und nach dem Unterricht zu vergessen *(VG Hannover, Az.: 2 A 8123/06; SchulRecht 11–12/2010, S. 133)*. Grobe Fahrlässigkeit liegt nicht vor, wenn ein Lehrer einen Schlüssel für fünf Minuten während einer Unterrichtsstunde im Schloss der geöffneten Tür des Nachbarraumes stecken lässt, sich abwechselnd in beiden Räumen aufhält und dabei den Schlüssel, der von einer unbekannten Person entwendet wurde, nicht ständig im Blick hatte *(OVG Niedersachsen, Urteil vom 26.4.2013, Az.: 5 LA 117/12)*.

B Beim Kopieren eines Gedichtes für den Unterricht presst ein Lehrer das Buch so stark auf die Glasplatte des Kopiergerätes, dass ein Riss entsteht. Die Ersatzpflicht des Lehrers hängt davon ab, ob sein Verhalten als leicht oder grob fahrlässig eingeschätzt wird.

74 Führt eine Verletzung der Aufsichtspflicht zu Schäden am Eigentum des Schulträgers, wenn beispielsweise auf dem Schulhof nicht ausreichend beaufsichtigte Schüler die Fensterscheibe eines Klassenraumes einwerfen, so kann der

Schulträger den Lehrer nicht als Dienstherr unmittelbar in Anspruch nehmen, da der Lehrer mit der Erfüllung seiner Aufsichtspflicht keine Aufgabe des Schulträgers wahrgenommen hat. Das Land als Dienstherr kann in diesem Falle aber den Schaden stellvertretend für den Schulträger geltend machen oder den Anspruch des Schulträgers erfüllen und Regress beim Lehrer nehmen, falls dieser den Schaden vorsätzlich oder grob fahrlässig verursacht hat. Der Dienstherr kann aber auch den Ausgleichsanspruch des Schulträgers erfüllen und dennoch von einem Regress gegen den Lehrer absehen *(OLG Köln, Az.: 7 U 116/89)*.

! Bei dieser Rechtslage kann es aus Sicht eines Lehrers, der im Rahmen seiner Dienstausübung Eigentum des Schulträgers geschädigt hat, empfehlenswert sein, Forderungen des Schulträgers auf unmittelbaren Schadenersatz zunächst mit dem Hinweis auf das Land als Dienstherrn abzulehnen.

2. Personenschäden von zur Schule gehörenden Personen

a. Grundlegende Regelungen der gesetzlichen Unfallversicherung

Erleiden auf Grund einer Aufsichtspflichtverletzung Personen, die zum schu- **75**
lischen Bereich gehören, also insbesondere Schüler, Lehrer, Hausmeister und Schulsekretärin, einen Körperschaden oder verunglücken sie tödlich, entschädigt die gesetzliche Unfallversicherung den Verletzten sowie ggf. die Angehörigen und Hinterbliebenen. Zu den Zielen der gesetzlichen Unfallversicherung gehört neben einer garantierten und möglichst umfassenden Entschädigung eines Verletzten auch die Sicherung des »Betriebsfriedens« in der Schule. Es soll verhindert werden, dass eine zur Schule gehörende Person im Falle eines durch einen anderen Schulangehörigen verschuldeten Unfalles unmittelbar gegen den Schädiger Schadensersatzansprüche und Schmerzensgeldansprüche geltend macht und unter Umständen diese Person, der sie täglich in der

Schule begegnet und mit der sie bei der Erfüllung des schulischen Bildungs- und Erziehungsauftrages zusammenarbeiten muss, vor Gericht verklagt.

F **Der Wespenstich**

76 Ein 14-jähriger Schüler wurde während einer Klassenfahrt von einer Wespe im Bereich des Daumengrundgelenks der rechten Hand gestochen. Der herbeigerufene Lehrer C. schlug vor, die Stichverletzung einer Wärmebehandlung zu unterziehen. Er erhitzte mit einem Feuerzeug das Ende eines Gabelgriffes. Anschließend prüfte er die Temperatur des erhitzten Bereiches zwischen seinem Daumen und Zeigefinger und ließ dann die Gabel etwas abkühlen. Mit Einverständnis des Schülers drückte er den Griff der Gabel für mehrere Sekunden auf den Bereich der Stichverletzung. Anschließend kühlte der Schüler auf Anraten des Lehrers den Stichbereich. Später bildete sich im Bereich der mit der Gabel behandelten Stelle eine Brandblase. Die Lehrerin D. stach mit einem aus einem Erste-Hilfe-Koffer steril abgepackten kleinen Skalpell die Brandblase auf, so dass die darin befindliche Flüssigkeit herauslaufen konnte. Im Anschluss kühlte der Schüler die Wunde weiter mit nassen Waschlappen. Im Zuge dessen löste sich die Haut auf der Brandwunde vollständig ab. Die Lehrkräfte legten sodann dem Schüler wiederholt einen Verband mit Bepanthen-Salbe an, der mehrfach gewechselt wurde. Nach Rückkehr von der Klassenfahrt wurde der Schüler von seiner Mutter zu einem Kinderarzt gebracht, der eine 3 mal 3 cm große Verbrennungswunde feststellte. Der Kinderarzt überwies den Schüler in eine Klinik, in der er in der Folgezeit weiter behandelt wurde.

Das Amtsgericht verurteilte die Lehrkräfte wegen fahrlässiger Körperverletzung. Der Schüler forderte ein Schmerzensgeld von mindestens 7.500 €.

Das Oberlandesgericht Koblenz (*Urteil vom 30.7.2020, Az.: 1 U 31/20; SchulRecht 1/2022, S. 18 ff.*) hat die Schmerzensgeldklage abgewiesen: »Nach den gesetzlichen Regelungen zur gesetzlichen Unfallversicherung besteht ein Anspruch auf Schmerzensgeld nur bei vorsätzlichem Handeln. Dabei reicht ein Vorsatz lediglich hinsichtlich der Verletzungshandlung nicht aus. Der Vorsatz des Schädigers muss sich sowohl auf die Verletzungshandlung als auch auf den Verletzungserfolg, einschließlich des Umfangs des Schadens beziehen. Die Verletzung muss zumindest billigend in Kauf genommen worden sein. …

Maßgeblich ist, dass die Lehrkräfte bestrebt waren, dem Schüler hinsichtlich seiner Beschwerden aufgrund der Stichverletzung zu helfen und die Schmerzen zu lindern. Dazu haben sie auf aus ihrer Sicht bewährte Hausmittel zurückgegriffen, die aufgrund ihrer Erfahrung in der Vergangenheit in vergleichbaren Fällen geholfen haben. Das Ziel ihres Handelns war ausschließlich auf Linderung der Schmerzen gerichtet, und es kann nicht festgestellt werden, dass sie dabei billigend in Kauf genommen haben, dass der Schüler Brandwunden oder Infektionen erleidet. …

Auch ist grundsätzlich festzustellen, dass die erfolgte Einwilligung des Schülers aufgrund seines jugendlichen Alters und des Fehlens einer erkennbaren Möglichkeit, alle Konsequenzen zu überdenken und abzuwägen, keine ausreichende rechtfertigende Einwilligung für das Handeln der Lehrkräfte gewesen ist, zumal die Lehrer selbst den Schüler nicht über mögliche Komplikationen aufgeklärt haben. Dennoch ist dies für den Schüler für seinen begehrten Schmerzensgeldanspruch nicht behilflich, da, wie bereits ausgeführt, die Voraussetzungen für ein vorsätzliches Handeln hinsichtlich der Verletzungsfolgen nicht gegeben sind. Letztlich folgt das Oberlandesgericht insoweit auch dem Ergebnis des Strafverfahrens, in dem die Lehrkräfte rechtskräftig wegen fahrlässiger Körperverletzung verurteilt worden sind.«

Das Gesetz schließt die Geltendmachung unmittelbarer Schadensersatzansprüche gegen Schulangehörige aus und versagt einen Schmerzensgeldanspruch bei Schädigung durch einen Schulangehörigen, es sei denn, dieser hätte vorsätzlich gehandelt. Daher kann ein Schüler, der durch die Aufsichtspflichtverletzung eines Lehrers geschädigt wird, keine Schadensersatzansprüche unmittelbar gegen den Lehrer geltend machen. Er wird durch die gesetzliche Unfallversicherung entschädigt. Schmerzensgeldansprüche sind sowohl gegenüber dem Lehrer als auch der gesetzlichen Unfallversicherung gegenüber ausgeschlossen.

F **Die Augenverletzung**

Ein 14-jähriger Schüler verletzte einen 15-jährigen Mitschüler im Klassenzimmer mit einem 1 m langen Lehrerlineal am rechten Auge. Zu diesem Zeitpunkt befand sich kein Lehrer im Klassenzimmer. Der Schüler hatte mit dem Lineal wild herumgefuchtelt. Die Lehrkräfte ließen die Schüler circa 20 Minuten unbeaufsichtigt im Klassenzimmer, um an einer privaten Feier im Lehrerzimmer teilzunehmen. Der schwer verletzte Schüler forderte von dem Schüler und dem zur Aufsicht verpflichteten Lehrer 50.000 € Schmerzensgeld.

Das Landgericht Ansbach *(Urteil vom 18.6.2014, Az.: 2 O 1240/13; SchulRecht 11–12/2016, S. 178 f.)* hat die Klage abgewiesen: »Es sind keine ausreichend konkreten Anhaltspunkte dafür vorhanden, dass der Schüler die Gefahr einer irgendwie gearteten Verletzung des Mitschülers überhaupt erkannt und noch dazu billigend in Kauf genommen hat. Allein die objektive Gefährlichkeit seines Verhaltens ist hierfür nicht ausreichend. …

Auch bezüglich des zur Aufsicht verpflichteten Lehrers greift das Haftungsprivileg ein, da nicht nachgewiesen ist, dass der Schulunfall durch die Lehrkräfte vorsätzlich herbeigeführt worden ist. Der Haftungsausschluss entfällt dabei nicht schon dann, wenn ein bestimmtes Handeln, das für den Unfall ursächlich gewesen ist, gewollt und gebilligt worden ist, vielmehr müssen auch der Unfall selbst ebenso gewollt und gebilligt worden sein. Der Vorsatz des Schädigers muss mithin nicht nur die Verletzungshandlung, sondern auch den Verletzungserfolg umfassen. …

Unter Zugrundelegung dieser Erwägungen kann das Gericht – selbst bei einer vorsätzlichen Verletzung der Aufsichtspflicht – bereits keinen (bedingten) Vorsatz bezüglich einer Verletzung des Mitschülers, geschweige denn einen bedingten Vorsatz bezüglich einer derart schweren Verletzung erkennen. Allein die möglicherweise bewusste und unzulässige Abwesenheit der Lehrkraft über einen Zeitraum von 20 Minuten ist nicht ausreichend, um einen (bedingten) Verletzungsvorsatz zu bejahen.«

Die Unmöglichkeit, vom Lehrer Schmerzensgeld einzufordern, bedeutet nicht, dass er nicht dienstrechtlich für die vorsätzliche Verletzung seiner Aufsichtspflicht zur Verantwortung gezogen werden könnte.

Der vollständige Ausschluss von Schmerzensgeldansprüchen verdeutlicht noch einmal die große Bedeutung, die der Gesetzgeber der Sicherung des Betriebsfriedens in der Schule beimisst. Den Nachteil für den Geschädigten, bei einem Schulunfall überhaupt keinen Schmerzensgeldanspruch geltend machen zu können, kompensiert der Gesetzgeber durch die umfassenden und großzügigen Entschädigungsregelungen sowie die Tatsache, dass die gesetzliche Unfallversicherung ihre Leistungen auch bei einem von niemandem schuldhaft verursachten Unfall und einem Unfall, bei dem der Verursacher nicht festgestellt werden kann, erbringt.

Ebenso wenig wie der Dienstherr will auch die gesetzliche Unfallversicherung vorsätzliche Verstöße gegen Dienstpflichten oder die schulische Ordnung begünstigen. Im Falle einer vorsätzlichen Verletzung der Aufsichtspflicht kann daher der Lehrer unmittelbar in Anspruch genommen werden, einschließlich eines Schmerzensgeldanspruches.

b. Rückgriff

Ebenso wie der Dienstherr kann die gesetzliche Unfallversicherung bei gro- **77**
ber Fahrlässigkeit und Vorsatz Rückgriff nehmen. Dabei kann sie mit Rücksicht auf die wirtschaftlichen Verhältnisse des Schädigers auf einen Teil des Ersatzanspruches oder sogar den gesamten Ersatzanspruch verzichten. Bei einer leicht fahrlässigen Aufsichtspflichtverletzung ist eine Inanspruchnahme des Lehrers ausgeschlossen. Vorsatz bedeutet Wissen und Wollen hinsichtlich des den Unfall verursachenden Handelns oder Unterlassens. Der Vorsatz muss sich nicht auf den eingetretenen Schaden beziehen. Es genügt, wenn der Lehrer sich bewusst über bestehende Vorschriften oder Weisungen hinwegsetzt. Bei der Fahrlässigkeit werden die bewusste und die unbewusste Fahrlässigkeit unterschieden. Bewusste Fahrlässigkeit ist zu bejahen, wenn der Handelnde die Pflichtverletzung bewusst in Kauf genommen hat. Bei der unbewussten Fahrlässigkeit hätte der Handelnde die Pflichtverletzung bei Anwendung der im Verkehr erforderlichen Sorgfalt voraussehen können. Vorsatz und Fahrlässigkeit entfallen, wenn der zum Schaden führende Verlauf objektiv nicht vorhersehbar war. Das ist aber nur sehr selten der Fall, da es sich um äußerst ungewöhnliche Ursachenzusammenhänge handeln muss, wie etwa bei einer unerkennbar defekten Türklinke, die bei normaler Betätigung abbricht. Ist die Aufsichtspflicht verletzt worden und ein Schaden entstanden, wird der Ursachenzusammenhang unterstellt, es sei denn, der Lehrer kann die Vermutung des Ursachenzusammenhangs widerlegen und darlegen, dass der Schaden auch bei ordnungsgemäßer Aufsichtsführung entstanden wäre.

> **§ 276 Abs. 1 Satz 2 BGB:** »Fahrlässig handelt, wer die im Verkehr erforderliche Sorgfalt außer Acht lässt.«

Welche Sorgfalt im Verkehr erforderlich ist, richtet sich nach dem jeweiligen Verkehrskreis. Die Rechtsprechung geht bezogen auf die Schule davon aus, dass die erforderliche Sorgfalt sich aus den Anforderungen ergibt, die man an einen durchschnittlichen Lehrer stellt. Dieses Kriterium des »Durchschnittslehrers« verhindert unangemessene Anforderungen wie sie sich etwa aus einer Orientierung an einem besonders sorgfältigen und erfahrenen Lehrer ergäben. Eine fahrlässige Verletzung der Aufsichtspflicht liegt daher vor, wenn ein Lehrer das nicht tut, was in der jeweiligen Situation ein durchschnittlicher Lehrer üblicherweise täte.

Eine grob fahrlässige Verletzung der Aufsichtspflicht setzt voraus, dass die gebotene Sorgfalt in besonders schwerem Maße verletzt wird, der Lehrer also die offenkundigsten und naheliegendsten Überlegungen außer Acht lässt, die sich in der gegebenen Situation geradezu aufdrängen müssen. Dabei wird zudem die individuelle Sorgfalt des jeweiligen Lehrers berücksichtigt.

F **Der Raketentreibstoff**

78 Ein Chemielehrer leitete in einer Projektwoche das Projekt »Angewandte Mathematik«, dessen Ziel es war, Computerprogramme zur Berechnung von Raketenflugbahnen zu erstellen. Im Rahmen des Projektes sollten Schüler in Kleingruppen pyrotechnische Raketentreibstoffe herstellen und erproben. Beim Aufräumen kam es – als der Lehrer gerade einen Bunsenbrenner in einen Schrank stellte – zu einer Explosion, durch die der Lehrer und zwei Schüler erheblich verletzt wurden.

Das grob fahrlässige Verschulden des Lehrers begründet das Landgericht Wuppertal in seinem Urteil *(LG Wuppertal, Az.: 7 O 359/92)* folgendermaßen:

> »Der Unfall ... ist durch den Beklagten [den Lehrer] auch grob fahrlässig herbeigeführt worden. Der Beklagte hat als Chemielehrer grob fahrlässig gehandelt, er hat nämlich ... nicht dasjenige beachtet, was unter den gegebenen Umständen jedem einleuchten musste. Nach dem unstreitigen Sachverhalt

handelte es sich bei der so genannten Mischung Nr. 1 um eine Kaliumchlorat-Phosphormischung. Als Chemielehrer wusste der Beklagte, dass diese nicht handhabungssicher war …
Nach Abbruch der Versuchsreihe lag es folglich auf der Hand, und es drängte sich förmlich auf, dieses Gefahrenpotential als aller erstes zu sichern. Unverständlich ist es daher, dass der Beklagte das Wegräumen des Bunsenbrenners für vordringlicher hielt als das Sichern des Sprengstoffes. Hier liegt bereits objektiv eine auffallende das gewöhnliche Maß übersteigende Sorglosigkeit des Beklagten vor. Aber auch subjektiv muss dem Beklagten hier der Vorwurf gemacht werden, die im Verkehr erforderliche Sorgfalt in einem hohen Maße nicht beachtet zu haben. Aus dem Inhalt der zu Beweiszwecken beigezogenen Ermittlungsakte ergibt sich nämlich, dass der Beklagte für die Schüler nicht der zuständige Chemielehrer war. Der Beklagte als Pädagoge war daher gehalten, die Schüler – angesichts der unstreitigen Gefahrenlage – besonders streng zu überwachen. Dies geschah nicht; denn unstreitig hatten die Schüler auf der Mädchentoilette bereits vor dem Unfall Schwarzpulver in nicht unerheblichem Umfange »ausgelagert« … Hinzu kommt hier noch, dass der Beklagte als Pädagoge hätte gewarnt sein müssen durch Ungehorsam, Uneinsichtigkeit und auch Unverfrorenheit der beiden »Assistenten« [der Schüler].
… Diese haben nach Aussage des Zeugen … mindestens fünfmal trotz Verbotes des Beklagten »Knallerbsen« platzen lassen und sodann noch mindestens achtmal zum Missfallen des Beklagten Schwarzpulver in einem Tiegel angezündet. Bei dieser Sachlage hätte sich dem Beklagten ohne weiteres aufdrängen müssen, dass die Mischung Nr. 1 (Raketentreibstoff) die Schüler … auf »dumme Gedanken« bringen konnte. Dies gilt ganz unabhängig davon, welche Unfallverhütungsvorschriften dem Beklagten subjektiv zugänglich oder bekannt waren. Hier ist nämlich dem Beklagten ein schwerwiegender Fehler unterlaufen, weil er nicht das Explosivgemisch, sondern den Bunsenbrenner zuerst sicherte. Da nach den obigen Ausführungen die Mischung Nr. 1 nur wenig handhabungssicher war, liegt auch der Schaden im Bereich des Vorhersehbaren. Hier ist noch einmal insbesondere zu Lasten des Beklagten zu beanstanden, dass dieser sich z. B. nicht bezüglich der einzelnen Grammzahlen der verwendeten Elemente interessierte und zum Verbleib der Grundstoffe keinerlei »Buch geführt« hat. Er ließ insoweit den Schüler

… »dozieren«. Auch hier wird noch einmal ein außergewöhnlich unbekümmerter und sorgloser Umgang mit Gefahrgütern deutlich, der einem examinierten Chemielehrer nicht nachgesehen werden kann.«

79 Vorsatz setzt voraus, dass der Lehrer seine dienstlichen Pflichten kennt, bewusst oder gar absichtlich gegen sie verstößt oder den Pflichtverstoß billigend in Kauf nimmt. Vorsätzliche Verstöße gegen die Aufsichtspflicht sind auf seltene Ausnahmefälle beschränkt.

Ein möglicher Rückgriff hängt daher in aller Regel von der Einstufung des Verschuldens als fahrlässig oder grob fahrlässig ab. Da einer solchen Entscheidung immer Wertungen zugrunde liegen, kann sie in Abhängigkeit von der jeweils entscheidenden Person oder dem jeweiligen Gericht unterschiedlich ausfallen. Auf dieser Unwägbarkeit in Grenzfällen beruhen teilweise die Befürchtungen und die Unsicherheit der Lehrer im Zusammenhang mit Aufsichtssituationen.

80 Das wirft wie beim Rückgriff des Dienstherrn die Problematik der Abgrenzung von Fahrlässigkeit und grober Fahrlässigkeit auf, auf die wegen ihrer großen Bedeutung noch einmal am Beispiel einer Gerichtsentscheidung eingegangen werden soll.

F **Die Holzfäller**

Ein Lehrer geht mit einer Klasse im Rahmen des Anschauungsunterrichts zum Thema »Der Wald liefert Holz« in einen Wald. Er führt die Klasse bis auf 25 Meter an den Arbeitsplatz einiger Waldarbeiter heran. Eine Kollegin hatte ihm erzählt, die Waldarbeiter würden an diesem Tage keine Bäume mehr fällen, der Lehrer hatte aber Sägearbeitsgeräusche vernommen. Die Krone eines fallenden Baumes erfasst einen Schüler, der eine Querschnittslähmung, eine Gehirnverletzung und eine Oberarmfraktur erleidet. Die gesetzliche Unfallversicherung zahlt an den Schüler Pflegegeld und Rente und will Rückgriff bei dem Lehrer wegen grob fahrlässiger Verletzung der Aufsichtspflicht nehmen.

Das mit dem Fall als Berufungsgericht befasste Oberlandesgericht war der Auffassung, der Lehrer habe dadurch, dass er die Schulklasse an die arbeitenden Holzfäller herangeführt habe, den Unfall grob fahrlässig herbeigeführt.

Der als Revisionsinstanz entscheidende Bundesgerichtshof *(BGH, Az.: VI ZR 296/81; SPE 304 Nr. 8)* äußert dagegen erhebliche Zweifel an dieser Beurteilung und fordert das Oberlandesgericht zu einer Überprüfung seiner Auffassung auf:

> »... grobe Fahrlässigkeit [liegt] erst dann vor, wenn der Schädiger sich über die Bedenken hinweggesetzt hat, die sich angesichts typischer Ursachen oder klar auf der Hand liegender Gefahren jedem aufdrängen müssen und deshalb sein Verhalten besonders vorwerfbar erscheinen lassen ... Im Lichte dieses Begriffsverständnisses wird das Berufungsgericht [das OLG] erneut zu berücksichtigen haben, dass das Sägearbeitsgeräusch, das der Beklagte beim Heranführen seiner Klasse vernahm, nicht in jedem Fall auf Fällarbeiten hinweisen musste, sondern auch in anderen Arbeiten (etwa der Beseitigung von Ästen) seine Erklärung finden konnte. Eine solche Deutung lag für den Beklagten [den Lehrer] besonders nahe, wenn ihm – wie er behauptet hat – eine Kollegin zuvor mitgeteilt hatte, der Holzfäller habe ihr erklärt, er werde an diesem Tage nicht mehr zum Fällen kommen. Weiter wird das Berufungsgericht zu erwägen haben, dass der Beklagte die Kinder nicht unmittelbar an den Arbeitsplatz des Holzfällers herangeführt hat, sondern dass er sie in einer Entfernung von etwa 25 Metern warten ließ. Dies könnte dafür sprechen, dass der Beklagte durchaus einer – wenn auch als fernliegend erachteten – Gefahr Rechnung zu tragen bestrebt war, sodass sich sein Verschulden darauf beschränkt, den Gefahrenbereich unzutreffend eingeschätzt zu haben. Schließlich wird das Berufungsgericht zu prüfen haben, ob die beiden zugunsten des Beklagten sprechenden Momente (geringe Wahrscheinlichkeit der Gefahr sowie eine – wenn auch unzulängliche – Vorkehrung zur Beseitigung der Gefahr) auch in ihrer Kumulierung noch die Wertung erlauben, dass er den Unfall grob fahrlässig herbeigeführt hat...«

Werden Eltern, ältere Schüler, ehemalige Schüler oder andere, nicht zur Schule gehörende Personen im Interesse der Schule tätig, indem sie Aufsichtspflichten etwa im Rahmen einer Klassenfahrt oder einer Schulveranstaltung übernehmen, unterliegen sie dem Schutz der gesetzlichen Unfallversicherung und sind im Falle eines von ihnen durch schuldhafte Aufsichtspflichtverletzung verursachten Unfalles eines Schülers ebenso wie Lehrer vor einer unmittelbaren

Inanspruchnahme durch den Verletzten geschützt. Für fahrlässiges Fehlverhalten haften sie ebenso wenig wie Lehrer.

c. Schülerunfall im Ausland

81 Einen besonderen Problembereich kann die Haftung für Schülerunfälle im Ausland darstellen, falls die ausländische Rechtsordnung und die deutsche Rechtsordnung nicht übereinstimmen.

F **Die tödliche Bergtour**

Bei einer Bergtour in Italien im Rahmen einer Klassenfahrt war ein Schüler tödlich verunglückt. Das mit dem Fall befasste italienische Gericht verurteilte den Lehrer wegen fahrlässiger Tötung zum Ersatz des materiellen Schadens (Bestattungskosten, Verlust von Kleidungsstücken, Gerichtskosten) und zur Zahlung eines erheblichen Schmerzensgeldes.

Aus dieser Entscheidung des italienischen Gerichtes sollte gegen den Lehrer in Deutschland die Zwangsvollstreckung betrieben werden, obwohl nach deutschem Recht Ansprüche auf Ersatz von Personenschäden und Sachschäden nicht unmittelbar gegen den Lehrer, sondern gegen den Dienstherrn oder die gesetzliche Unfallversicherung zu richten sind, die bei fahrlässigem Fehlverhalten keinen Rückgriff nehmen würden. Schmerzensgeldansprüche bei fahrlässigem Fehlverhalten sind bei einem Schülerunfall nach deutschem Recht gänzlich ausgeschlossen.

Damit stellt sich das rechtliche Problem, ob das Ergebnis der Anwendung ausländischen Rechts zu den Grundgedanken der deutschen Regelungen und den in ihnen enthaltenen Gerechtigkeitsvorstellungen – also der deutschen öffentlichen Ordnung – in so starkem Widerspruch steht, dass es nach inländischer Vorstellung untragbar erscheint. Der Bundesgerichtshof hat folgendermaßen entschieden *(BGH, Az.: IX 2B 82/90; SPE 138 Nr. 9)*:

> »Wegen des Anspruchs auf Ersatz von Bekleidungsschäden und der Kosten der Rechtsverfolgung widerspricht die Anerkennung nicht der deutschen öffentlichen Ordnung … Gegen deren Anerkennung [Ersatz von Sachschäden] in Deutschland bestehen keine durchgreifenden Bedenken …

Im Rahmen der Schadensabwendungs- und Beistandspflicht [des Dienstherrn] kann in Fällen, in denen – wie hier – der Beamte regelwidrig persönlich zivilgerichtlich in Anspruch genommen wird, die Kostenübernahme durch den Dienstherrn geboten sein, um den dem Art. 34 Satz 1 GG entsprechenden Zustand herzustellen. Für die Erstattung von Gerichtskosten ist das allgemein anerkannt ...es kommt auch die endgültige Kostenübernahme durch das Land in Betracht ...
Dasselbe muss erst recht wegen der Belastung mit Schadensersatz in der Hauptsache gelten, wenn die Klage – entgegen deutschem Recht, aber für den Beamten unvermeidlich – Erfolg hat. Zwar unterliegen Umfang und Art, wie der Dienstherr seine Fürsorgepflicht erfüllt, im Einzelnen seinem pflichtgemäßen Ermessen ... Sein Eingreifen zur Entlastung des Beamten kann aber verfassungsrechtlich zur Pflicht werden ...
Gerechtfertigt wäre die Belastung allerdings, wenn das Land ... gegen den Schuldner [den Lehrer] wegen der Schadensersatzleistung ... Rückgriff nehmen könnte. Wegen des weitergehenden Anspruchs [auf Beerdigungskosten und Schmerzensgeld] kommt ein Verstoß gegen die deutsche öffentliche Ordnung in Betracht. Alle anderen von den Gläubigern [den Eltern des tödlich verunglückten Schülers] geltend gemachten Schadensersatzansprüche fallen nämlich ... unter den zwingenden Haftungsausschluss der §§ 636, 637 RVO [jetzt §§ 104,105,106 SGB VII]. Eine Umgehung dieser Vorschriften durch Klagen im Ausland verstößt gegen den Grundgedanken der deutschen öffentlich-rechtlichen Unfallversicherung und ist nach inländischen Vorstellungen untragbar.«

Diese Entscheidung bedeutet, dass beamtete und angestellte Lehrer bei Schülerunfällen im Ausland, die auf einer Verletzung der Aufsichtspflicht beruhen, im Ergebnis nicht anders behandelt werden als bei einem entsprechenden Schülerunfall im Inland. Auf den Ersatz von Personenschäden und Schmerzensgeld gerichtete Urteile ausländischer Gerichte können in Deutschland nicht vollstreckt werden. Ansprüche auf Ersatz von Sachschäden können nach ausländischem Recht gegen Lehrer geltend gemacht werden. Bei fahrlässigem Handeln wird der Dienstherr für den Lehrer auf Grund seiner Fürsorgepflicht eintreten. Eine Inanspruchnahme des Lehrers ist dagegen bei Vorsatz und grober Fahrlässigkeit möglich.

Hat sich ein Unfall oder Sachschadensfall im Ausland ereignet, sollte der betroffene Lehrer unverzüglich bei der zuständigen Schulaufsichtsbehörde um Unterstützung beim Rechtsschutz nachsuchen.

d. Berufshaftpflicht der Lehrer

82 Private Haftpflichtversicherungen decken keine Schäden ab, die bei der Ausübung eines Berufes entstanden sind. Lehrer, die das Haftungsrisiko für bei der Berufsausübung schuldhaft verursachte Schäden abdecken wollen, müssen daher eine Amtshaftpflichtversicherung und eine Diensthaftpflichtversicherung abschließen, bzw. eine Versicherung, die beide Bereiche abdeckt. Eine Amtshaftpflichtversicherung erstreckt sich auf alle aus dem Dienst entspringenden gesetzlichen Handlungen gegenüber Dritten, also z. B. die Erfüllung der Aufsichtspflicht. Die Diensthaftpflichtversicherung deckt Ersatzansprüche des Dienstherrn gegen den Bediensteten ab, die daraus entstanden sind, dass dieser aufgrund des Dienstverhältnisses dem Dienstherrn durch fahrlässige oder grob fahrlässige Pflichtverletzung unmittelbare Vermögensschäden zugefügt hat. Beide Begriffe werden aber auch synonym verwendet. Beim Abschluss einer Versicherung sollten Lehrer unabhängig von der Bezeichnung der Versicherung sicherstellen, dass beide Bereiche vom Versicherungsschutz umfasst sind. Eine Inanspruchnahme für unmittelbare Vermögensschäden des Dienstherrn ist bei Lehrern sehr selten, während bei Schulleitern eine Inanspruchnahme eher möglich ist. Regressansprüche bei Verletzung der Aufsichtspflicht unterfallen der Amtshaftpflichtversicherung, da es sich nicht um unmittelbare Vermögensschäden des Dienstherrn handelt. Berufshaftpflichtversicherungen können privat oder über Verbände bzw. Gewerkschaften abgeschlossen werden.

83 Dabei ist zu beachten, dass eine Versicherung niemals die Haftung für vorsätzliches Handeln übernehmen kann. Da Lehrer für fahrlässig verursachte Schäden nicht haften, ist eine Dienst-/Amtshaftpflichtversicherung nur sinnvoll, wenn sie die Haftung für grob fahrlässig verursachte Schäden übernimmt.

! Dabei sollte auf eine ausreichende Deckungssumme geachtet werden, da eine Versicherung nur dann wirklich nützlich ist, wenn sie auch große Schäden abdeckt. Außerdem ist zu prüfen, ob es Haftungsausschlüsse gibt. So schließen beispielsweise einige Diensthaftpflichtversicherungen die Haftung für einen Verlust der Schulschlüssel und andere vom Lehrer schuldhaft verursachte Schäden am Eigentum des Schulträgers aus, oder sie decken nicht die Schäden ab, die im Zusammenhang mit fiskalischem Handeln, also z. B. dem Abschluss von Beförderungs- und Beherbergungsverträgen bei Klassenfahrten, entstehen können. Sieht der Versicherungsvertrag Haftungsausschlüsse vor, sollte entweder mit der Versicherung verhandelt werden, ob bei einer erhöhten Prämienzahlung die Haftungsausschlüsse entfallen oder man sollte einen zusätzlichen Vertrag bzw. den gesamten Vertrag bei einem anderen Unternehmen abschließen.

Besteht eine Diensthaftpflichtversicherung, trägt diese auch die Kosten eines **84**
eventuell zur Abwehr unberechtigter Ansprüche zu führenden Prozesses. Die im Zusammenhang mit einem Strafverfahren oder einem Disziplinarverfahren entstehenden Anwalts- und Gerichtskosten werden dagegen nur durch eine eigenständige Rechtsschutzversicherung abgedeckt.

! Private Rechtsschutzversicherungen übernehmen dieses Risiko in aller Regel nicht, es muss daher eine Dienstrechtsschutzversicherung abgeschlossen werden. Hier sind angesichts der geringen Wahrscheinlichkeit eines Strafverfahrens aber Kosten und Nutzen sorgfältig abzuwägen. Mitglieder von Lehrerverbänden und Gewerkschaften benötigen keine privat abgeschlossene Rechtsschutzversicherung, da eine solche Versicherung normalerweise für alle Mitglieder abgeschlossen wurde und im Mitgliedsbeitrag enthalten ist.

3. Straf-, arbeits- und disziplinarrechtliche Konsequenzen

a. Strafrechtliche Konsequenzen

Mit der oft zu hörenden Bemerkung »Bei der Aufsicht steht man mit einem **85**
Bein im Gefängnis«, spielen Lehrer auf die strafrechtlichen Konsequenzen einer

Verletzung der Aufsichtspflicht an. Diese Einschätzung entspricht aber erfreulicherweise nicht der Realität. Verurteilungen durch ein Strafgericht wegen Verletzung der Aufsichtspflicht sind selten. Kommt es doch einmal zu strafrechtlichen Konsequenzen, bestehen diese in aller Regel in einer Geldbuße, Geldstrafe oder Bewährungsstrafe. Vorbestraft ist eine Person, wenn sie zu einer Geldstrafe von mehr als 90 Tagessätzen oder drei Monaten Haft verurteilt wird.

86 Gegen Vorschriften des Strafgesetzbuches kann man nicht nur durch ein Tun, sondern auch durch ein Unterlassen verstoßen. Dabei werden echte Unterlassungsdelikte, die ein bestimmtes Unterlassen ausdrücklich unter Strafe stellen, und unechte Unterlassungsdelikte, die durch ein Tun oder Unterlassen begangen werden können, unterschieden.

87 Zu den echten Unterlassungsdelikten gehört die in § 323c StGB geregelte Unterlassene Hilfeleistung, die aber im Zusammenhang mit Aufsichtspflichtverletzungen keine besondere Rolle spielt, da sie einen Verstoß gegen Handlungspflichten voraussetzt, die für jeden Bürger bei einem Notfall bestehen. Außerdem setzt die Strafbarkeit vorsätzliches Handeln voraus. Eine Situation, in der ein Lehrer eindeutig erkennt, dass ein Schüler verletzt oder krank ist oder ein sonstiger Notfall vorliegt, er aber bewusst und gewollt weder Hilfe leistet noch Hilfe herbeiruft, ist kaum vorstellbar.

F **Der Milzriss**

Bei einer körperlichen Auseinandersetzung schlug ein Schüler einem 13-jährigen Mitschüler zweimal kräftig mit der Faust in den Bauch. In der folgenden Unterrichtsstunde weinte der 13-jährige Schüler und schilderte der unterrichtenden Lehrerin B., was geschehen war. Als der Schüler über Atemnot klagte, schickte die Lehrerin ihn auf den Schulhof, um frische Luft zu bekommen. Nach 10 Minuten kam der Schüler zurück und sagte, es gehe ihm nicht besser. Daraufhin schickte die Lehrerin ihn in das Sekretariat und sagte, er solle sich im Sanitätsraum etwas hinlegen. Nach dem Ende der Unterrichtsstunde sah die Lehrerin nach dem Schüler und wollte ihn zu einem Arzt schicken. Da die Arztpraxis in der Nähe der Schule bereits geschlossen war, rief sie die Eltern an. Die Mutter holte den Schüler kurze Zeit später ab und fuhr mit ihm sofort in eine Klinik, in der wegen eines Milzrisses eine Notoperation durchgeführt wurde.

Das Amtsgericht Saalfeld *(Beschluss vom 17.12.2004, Az.: 630 Js 23573/04 2 Ds jug; SchulRecht 1/2021, S. 13 f.)* hat die Lehrerin vom Vorwurf der unterlassenen Hilfeleistung freigesprochen. Die objektive Notwendigkeit einer Hilfeleistung bestand angesichts der schweren Verletzung des Schülers. Die Lehrerin hat zwar auch Hilfe geleistet, aber nicht die zumutbare bestmögliche Hilfe. »Bestmögliche Hilfe wäre hier das sofortige Zuziehen des Notarztes gewesen. Jedoch fehlt es am Vorsatz, wenn der Hilfspflichtige glaubt, er habe das Notwendige getan, um einen Unglücksfall abzuwenden. … Der Vorsatz hat sich vor allem auf die Gefahrenlage zu beziehen. Deshalb entfällt der Vorsatz und damit auch die Strafbarkeit des Täters, wenn und soweit er die objektiv zu bejahende Erforderlichkeit der Hilfe nicht erkennt.«

Die Lehrerin war sich angesichts der ihr bekannten Tatsachen nicht der lebensgefährlichen Situation bewusst und hat sich daher nicht wegen unterlassener Hilfeleistung strafbar gebracht.

Verstöße gegen die Aufsichtspflicht, die zu Körperschäden oder sogar Todes- **88**
fällen führen, können die Tatbestände der fahrlässigen Körperverletzung oder fahrlässigen Tötung in Form eines unechten Unterlassungsdeliktes erfüllen. Ein unechtes Unterlassungsdelikt setzt voraus, dass der Aufsichtspflichtige rechtlich verpflichtet ist, ein bedrohtes Rechtsgut zu schützen und damit eine so genannte »Garantenstellung« hat. Eine solche Rechtspflicht ergibt sich für Lehrer aus ihrer Dienstpflicht, Aufsicht zu führen, um Schaden von den Schülern und Dritten abzuwenden, und für Eltern, Schüler und andere Personen, die Aufsichtsaufgaben übernehmen, aus der tatsächlichen Übernahme der Aufsichtspflicht.

Körperverletzungs- und Tötungsdelikte können vorsätzlich oder fahrlässig begangen werden. Eine vorsätzliche Körperverletzung durch Unterlassen setzt voraus, dass der Betroffene seine Aufsichtspflicht bewusst verletzt hat und eine daraus resultierende Körperverletzung zumindest billigend in Kauf genommen hat. Solche Fälle dürften in der Praxis kaum jemals vorkommen, da auch ein Aufsichtspflichtiger, der seine Aufsichtspflicht bewusst verletzt, eine daraus resultierende Körperverletzung nicht billigend in Kauf nehmen wird.

Bei der fahrlässigen Tötung (§ 222 StGB) und der fahrlässigen Körperverletzung (§ 230 StGB) liegt Fahrlässigkeit vor, wenn der Aufsichtspflichtige die

Sorgfalt außer Acht lässt, zu der er nach den konkreten Umständen der Situation und nach seinen persönlichen Fähigkeiten und Kenntnissen verpflichtet und imstande ist, und wenn er daher die Folgen seiner Aufsichtspflichtverletzung nicht voraussieht oder zwar voraussieht, aber darauf vertraut, dass sie nicht eintreten werden.

Wegen des individuellen Maßstabes bei der Beurteilung der Fahrlässigkeit sind persönliche Umstände und Eigenschaften wie die Belastbarkeit und Berufserfahrung zu berücksichtigen, sodass ein junger Lehrer sich unter Umständen auf seine geringe Berufserfahrung berufen kann, während ein älterer Lehrer körperliche Einschränkungen oder eine geringere Belastbarkeit geltend machen könnte.

89 Verfahren gegen Lehrer wegen einer durch Verletzung der Aufsichtspflicht begangenen fahrlässigen Körperverletzung sind auch deshalb selten, weil sie innerhalb von drei Monaten einen Antrag der Verletzten, also z. B. des Schülers oder seiner Eltern, voraussetzen, es sei denn, dass die Strafverfolgungsbehörde wegen des besonderen öffentlichen Interesses an der Strafverfolgung ein Einschreiten von Amts wegen für geboten hält (§ 232 StGB). Ein solches Tätigwerden der Strafverfolgungsbehörden auf Grund eines besonderen öffentlichen Interesses ohne Antrag des Verletzten scheitert aber normalerweise schon an der Unkenntnis der Behörden in Bezug auf den konkreten Vorfall und den engen gesetzlichen Voraussetzungen. Aber selbst wenn es zu einer Befragung durch die Polizei kommt, erfolgen in der Regel keine weiteren Ermittlungen oder die Eröffnung eines Verfahrens vor Gericht. Einer Vorladung zur Vernehmung bei der Staatsanwaltschaft hat der Beschuldigte Folge zu leisten, einer polizeilichen Vorladung dagegen nicht. Nach Einleitung eines Ermittlungsverfahrens ist der Beschuldigte nicht verpflichtet, eine Aussage zu machen und kann einen Verteidiger beauftragen. Liegt dagegen ein Unfall mit Todesfolge vor, ermittelt die Staatsanwaltschaft auch dann, wenn das Verschulden einer Aufsichtsperson gering zu sein scheint.

! In schwerwiegenden Fällen mit erheblichen körperlichen Schäden und bei Todesfällen ist es empfehlenswert, schon bei der ersten Vernehmung durch die Polizei einen Rechtsanwalt hinzuzuziehen oder zunächst nur die Personalien anzugeben, ohne sich zur Sache zu äußern, um der Gefahr zu entgehen, in einer solchen außergewöhnlich belastenden Situation eventuell Aussagen zu machen, die mehr auf den erlittenen Schock als auf eine klare Situationsanalyse zurückzuführen sind. Erst wenn der betroffene Lehrer etwas Abstand zu dem Ereignis gewonnen hat, sollte er – eventuell nach Beratung durch einen Anwalt – eine Stellungnahme abgeben.

Kommt es doch einmal zu einem Strafverfahren, werden in aller Regel nur Geldstrafen verhängt.

F **Die Verpuffung**

Ein Lehrer führte im Rahmen der Arbeitsgemeinschaft »Physik und Chemie 90
zum Anfassen« Löschversuche durch. Hierzu legte er in eine Metallschale Papierstücke, zündete dieses Papier an und löschte es anschließend mit einem selbstgebastelten Feuerlöscher, welcher Salzsäure, Seifenlauge und Natriumhydrogencarbonat beinhaltete. Als einmal die Flamme in der Metallschale fast erlosch, ohne dass der selbstgebastelte Feuerlöscher zum Einsatz kam, spritzte der Lehrer etwas Brennspiritus aus einer Flasche mit Ausguss in die noch warme Metallschale, wodurch es zu einer Verpuffung kam. Durch den entstandenen Feuerball wurden zwei Schüler schwer verletzt.

Das Amtsgericht Freudenstadt *(Thomas Wilrich: Missglücktes Schulexperiment in der Grundschule, SchulRecht 2/2021, S. 40–42)* erließ einen Strafbefehl wegen fahrlässiger Körperverletzung und setzte eine Geldstrafe in Höhe von 60 Tagessätzen fest. Fahrlässigkeit liegt vor, wenn der Unfall vorhersehbar und vermeidbar war. Der Lehrer hätte keinen Brennspiritus in die noch heiße Schale spritzen dürfen, selbst wenn die Flamme bereits erloschen gewesen sein sollte. Ob Fahrlässigkeit vorliegt, hängt insbesondere davon ab, ob der Schaden oder Unfall erkennbar war und dabei spielen auch die einschlägigen Unfallverhütungsvorschriften eine zentrale Rolle. Die fahrlässige Körperverletzung wird nur auf Antrag verfolgt, es sei denn, die Staatsanwaltschaft hält wegen besonderen öffentlichen Interesses an der Strafverfolgung ein Einschreiten von Amts wegen für geboten.

Bei einem Versuch im Chemieunterricht, bei dem mehrere Schüler erhebliche Verbrennungen erlitten, wertete die Staatsanwaltschaft das Verhalten des Lehrers als fahrlässige Körperverletzung, da bei Beachtung der Sicherheitsbestimmungen und der erforderlichen Sorgfalt das Übergreifen der Flammen auf die Schüler hätte verhindert werden können. Die Staatsanwaltschaft bejahte das besondere öffentliche Interesse an einer Strafverfolgung, stellte das Verfahren aber mit Zustimmung des zuständigen Gerichts und des beschuldigten Lehrers unter Auflagen, zu denen die Zahlung eines Geldbetrages an eine gemeinnützige Einrichtung oder die Wiedergutmachung des verursachten Schadens gehören können, ein *(Thomas Wilrich: Flammenbildung mit Schadensfolgen bei Schulversuch. SchulRecht 4/2021, S. 104–106).*

F **Der Waldausflug**

91 Eine Mitarbeiterin eines Kindergartens (A.), die eine Krankenschwesternausbildung absolviert hatte, und eine Erzieherin (M.), unternahmen in den Sommermonaten regelmäßige Waldausflüge mit einer Gruppe von Kindern zwischen vier und sechs Jahren. Die Gruppe von 18 Kindern hatte Setzlinge gepflanzt und ging bei einem Ausflug in den Wald, um diese zu gießen. Einige Tage zuvor waren im Auftrag der Forstverwaltung Buchenstämme, darunter ein 12 m langer, einzeln liegender Baumstamm, an eine Stelle oberhalb des Weges, die ein deutliches Gefälle zum Weg aufwies, gerückt worden. Dieser Baumstamm wurde fachwidrig im Hang gelagert und nicht ausreichend gegen ein Rollen gesichert. Die Begleitperson A. wies die Kinder an, nicht auf den einzeln liegenden Baumstamm zu klettern oder ihn zu besteigen, da sie befürchtete, die Kinder könnten herunterfallen und sich angesichts der Höhe des liegenden Baumstammes verletzen. A. gestattete den Kindern, unterhalb des Baumstammes zu spielen. Mindestens fünf Kinder hielten sich außerhalb des ihnen von der A. zugewiesenen Bereichs auf und bestiegen den einzeln liegenden Baumstamm. Dies bemerkten die Erzieherinnen zunächst nicht. Die M. widmete ihre Aufmerksamkeit einer Gruppe von Kindern, die Stöcke auf den Weg legten und mit ihr darüber diskutierten. Die A. erklärte diesen Kindern, dass dies nicht erlaubt sei. Die A. gab darüber hinaus ihrem angeleinten Hund Wasser. Infolge der von den Kindern auf dem Baumstamm verursachten Krafteinwirkung kam dieser in

> Bewegung und rollte beziehungsweise rutschte hangwärts bis zur Mitte des Weges. Die A. und die M. sahen diesen Vorgang, nachdem sie sich von den Stöcke legenden Kindern abgewandt hatten. Sie rannten dem einzeln liegenden, beziehungsweise schon rollenden Baumstamm entgegen und befahlen den Kindern, vom Baumstamm herunterzukommen. Einem oder zwei Kindern gelang es, abzusteigen und unverletzt, den Boden zu erreichen. Der rollende Baumstamm erfasste drei Kinder. Ein sechsjähriges Kind wurde von dem Baumstamm am Kopf getroffen und verstarb sofort. Zwei Kinder erlitten leichtere Verletzungen.

Das Landgericht Bad Kreuznach *(Urteil vom 32.5.2012, Az.: 1024 Js 6294/10 Ns. In: Thomas Böhm: Tödlicher Unfall beim Waldausflug. SchulRecht 1/2020, S. 68–71)* verwarnte A. und M. und behielt sich die Verurteilung zu einer Geldstrafe von 40 Tagessätzen zu 25 € hinsichtlich der A. und 20 Tagessätzen a 40 € hinsichtlich der M. vor. Zu Gunsten der A. wertete das Strafgericht das in unterlassenen Hinweisen und fehlenden Regeln für die Durchführung von Ausflügen in den Wald zum Ausdruck kommende fehlende Gefahrenbewusstsein im Kindergarten. Die A. wurde sowohl von der Kindergartenleitung als auch von dem Revierförster in eine Situation gelassen, in der sie besonders hohen Anforderungen ausgesetzt war, da sie mit einer neu eingestellten Kollegin losgeschickt wurde und der Revierförster sie nicht darüber informiert hatte, dass im Bereich der gepflanzten Setzlinge Baumstämme gelagert wurden.

Strafmildernd wirkte das Leiden unter dem Tod des Mädchens und den Verletzungen der beiden anderen Kinder. Außerdem hatte die Berichterstattung über die Tat eine breite Öffentlichkeit erreicht, und die Tat konnte ihr berufliches Fortkommen beeinträchtigen.

Zulasten der A. hat das Gericht berücksichtigt, dass sie hauptverantwortlich für den Verlauf des Ausflugs war. Die fehlende Ausbildung als Erzieherin wirkte nicht entlastend, da sie faktisch als Erzieherin tätig war.

Bei M. wirkte strafmildernd, dass sie erst seit einigen Tagen in dem Kindergarten tätig war und kurzfristig bei dem Ausflug für eine erkrankte Kollegin einspringen musste. Sie war zwar ausgebildete Erzieherin, wurde aber in den Waldausflug nicht eingewiesen. Die für A. geltenden Milderungsgründe gelten darüber hinaus auch für M.

Eine Informiertheit der Begleitpersonen über mögliche Gefahren und Absprachen hinsichtlich der Aufsicht sind Grundvoraussetzungen für die Vorbereitung gefährlicher Unternehmungen. Auch wenn die Anzahl der Aufsichtspersonen grundsätzlich ausreicht, um eine kontinuierliche Aufsicht zu gewährleisten, können gefährliche Situationen entstehen, wenn eine Aufsichtsperson der Situation nicht gewachsen ist und die andere ihr zur Hilfe kommen muss und damit die anvertrauten Kinder nicht mehr beaufsichtigen kann. Jeder Aufsichtspflichtige darf auf die Einhaltung von Verkehrssicherungspflichten durch die dafür Verantwortlichen nur dann vertrauen, wenn er selbst seinen Pflichten nachkommt.

F **Die Informationspflicht**

Eine 13-jährige Schülerin, die an Diabetes litt, klagte während einer Klassenfahrt über Übelkeit, Bauchschmerzen und Erbrechen. Mitschülerinnen hatten die begleitenden Lehrer mehrfach auf den sich verschlechternden Zustand der Schülerin hingewiesen. Die Schülerin wurde schließlich in eine Klinik gebracht, in der sie verstarb. Die Schülerin hatte Kontakt zu ihren Eltern, hatte diesen aber gesagt, sie habe sich nur einmal wegen des Essens übergeben, ihr gehe es gut. Die Eltern hatten der Schule bei der Anmeldung die Diabeteserkrankung mitgeteilt und die unterrichtenden Lehrer waren informiert. Die Fahrt, die nicht im Klassenverband, sondern als Studienfahrt organisiert wurde, wurde ausschließlich von Lehrkräften begleitet, die die Schülerin nicht unterrichteten. Zur Vorbereitung der Fahrt hatte eine Informationsveranstaltung stattgefunden, bei der die Teilnahme der Schüler freiwillig war und auf der die Lehrer nach Krankheiten gefragt hatten. Die Schülerin hatte entweder nicht teilgenommen oder sich nicht geäußert.

Während das Landgericht Mängel bei der Vorbereitung als nicht ursächlich angesehen hatte, da auch bei Kenntnis der Diabeteserkrankung die Lehrkräfte nicht zwingend den Schluss hätten ziehen müssen, die Schülerin müsse stationär in einem Krankenhaus behandelt werde, beurteilte das Oberlandesgericht Düsseldorf *(Beschluss vom 21.6.2023, Az.: WS 73/23)* das Verhalten als fahrlässige Tötung, da die Lehrer ihre Aufsichtspflicht verletzt hätten. Sie wären verpflichtet gewesen, sich hinreichend über mögliche Vorerkrankungen oder sonstige gesundheitliche Einschränkungen der Schüler zu informieren. Eine bloße mündliche Nachfrage sei weder geeignet noch ausreichend.

»Die Angeklagten hätten bei der Planung der Auslandsreise vielmehr den sichersten Weg beschreiten und bei allen Schülern Vorerkrankungen oder gesundheitliche Besonderheiten schriftlich abfragen müssen. Dies wäre ohne Weiteres, etwa im Zusammenhang mit der Abfrage, ob sich die Kinder in London in Kleingruppen bewegen dürfen, möglich gewesen. ... Zwar hätte ein medizinischer Laie nicht zwingend den Schluss auf eine sofortige stationäre Krankenhausaufnahme ziehen müssen, jedoch hätte aufgrund der typischen Symptomatik und der bei einer Überzuckerung im Zweifel schnell eintretenden potentiellen Lebensgefahr umgehend eine medizinische Abklärung des Gesundheitszustandes erfolgen müssen.« *(OLG Düsseldorf, a.a.O.).*

(Zum Vorwurf der fahrlässigen Tötung bei einem Badeunfall siehe III 5. e.)

b. Disziplinarrechtliche Konsequenzen

Während Haftung und Strafe immer einen eingetretenen Körper- oder Sachschaden voraussetzen, können disziplinarrechtliche Konsequenzen auch völlig unabhängig von einem Schaden eintreten. Liegen zureichende tatsächliche Anhaltspunkte vor, die den Verdacht eines Dienstvergehens rechtfertigen, leitet der Dienstvorgesetzte ein Disziplinarverfahren ein (§§ 17 ff. BDG). **92**

Disziplinarmaßnahmen setzen voraus, dass der betroffene Lehrer in einem beamtenrechtlichen Dienstverhältnis steht und die ihm obliegenden Dienstpflichten vorsätzlich oder fahrlässig verletzt hat (§ 47 Abs. 1 Satz 1 BeamtStG). Die vorsätzliche oder fahrlässige Nichterfüllung der Aufsichtspflicht stellt daher ein Dienstvergehen dar, auch wenn niemand zu Schaden gekommen ist. Auch die Unkenntnis der einschlägigen Vorschriften zur Aufsichtspflicht (etwa eines Wander- oder Schwimmerlasses) stellt Verschulden dar, da jeder Amtsträger verpflichtet ist, die zur Führung seines Amtes notwendigen Vorschriften- und Rechtskenntnisse zu erwerben. **93**

Form und Umfang der Vorermittlungen, die der Aufklärung des Sachverhaltes sowie aller Umstände, die für die Entscheidung über eine Disziplinarmaßnahme von Bedeutung sind, dienen, liegen im Ermessen des Dienstvorgesetzten. Es dürfen aber nicht nur belastende Tatsachen und Umstände ermittelt werden, sondern der Dienstvorgesetzte ist in gleicher Weise verpflichtet, entlastende Tatsachen zu ermitteln. **94**

Wird der Beamte aufgefordert, zu einem Vorfall einen Bericht zu verfassen oder mündlich bei der Schulaufsicht Stellung zu nehmen, weist das darauf hin, dass disziplinarrechtliche Maßnahmen in Betracht gezogen werden.

! In diesen Fällen ist es ratsam, sich vor der Abgabe eines Berichtes oder einer Stellungnahme beraten zu lassen.

Vom Beginn der Vorermittlungen an kann der Beamte einen Rechtsbeistand hinzuziehen.

95 Wird eine Disziplinarmaßnahme zusätzlich zu einer strafrechtlichen Sanktion ausgesprochen, liegt darin keine durch Art. 103 Abs. 3 GG – wonach niemand wegen derselben Tat aufgrund der allgemeinen Strafgesetze mehrmals bestraft werden darf – untersagte Doppelbestrafung, da die durch ein Gericht verhängte Strafe und die Disziplinarmaßnahme unterschiedliche Ziele verfolgen. Während die Strafe der Sühne und Vergeltung für begangenes Unrecht sowie der individuellen und kollektiven Abschreckung sowie Besserung dient, soll das Disziplinarrecht bewirken, dass die Beamten ihre dienstrechtlichen Pflichten beachten und das Vertrauen der Allgemeinheit in die Integrität des Beamtentums gewahrt bleibt.

Kommt es zu einem Strafverfahren, wird das Disziplinarverfahren bis zur Beendigung des Strafverfahrens ausgesetzt. Die tatsächlichen Feststellungen eines rechtskräftigen Urteils im Strafverfahren sind für die Schulaufsicht und die Verwaltungsgerichte bindend (§ 23 Abs. 1 BDG). Wegen der Auswirkungen des Strafverfahrens auf das Disziplinarverfahren sollte bereits bei den strafrechtlichen Ermittlungen ein Rechtsanwalt eingeschaltet werden, der die möglichen disziplinarrechtlichen Folgen mitberücksichtigt.

96 Noch vor Abschluss des Strafverfahrens können in schwerwiegenden Fällen vorläufige Maßnahmen wie eine Gehaltskürzung oder sogar eine Amtsenthebung angeordnet werden, gegen die der Betroffene aber mit einem Widerspruch und der Beantragung einstweiligen Rechtsschutzes beim Verwaltungsgericht vorgehen kann. Als Disziplinarmaßnahmen kommen der Verweis, die Geldbuße, die Gehaltskürzung, die Zurückstufung und die Entfernung aus dem Beamtenverhältnis in Betracht (§ 5 ff. BDG). Die Zuständigkeiten für diese

Maßnahmen und das Verfahren der Verfolgung von Dienstvergehen regeln die Landesdisziplinargesetze der Länder.

Jede Disziplinarmaßnahme muss dem Grundsatz der Verhältnismäßigkeit genügen, sie darf daher nicht außer Verhältnis zur Schwere der Pflichtverletzung stehen. Bei geringfügigeren Verstößen gegen die Aufsichtspflicht kommen daher formlose Hinweise, Ermahnungen und Belehrungen in Frage, bei denen es sich nicht um Disziplinarmaßnahmen handelt, die aber, wenn sie von einem Dienstvorgesetzten ausgesprochen werden, durchaus wirkungsvoll sein können und bei wiederholten Verstößen zur Begründung der Verhältnismäßigkeit einer Disziplinarmaßnahme beitragen. Es ist auch zu berücksichtigen, ob der Lehrer bisher zuverlässig und pflichtbewusst gearbeitet hat. **97**

Eintragungen in den Personalakten über einen Verweis sind nach zwei Jahren zu tilgen, über eine Geldbuße, eine Kürzung der Dienstbezüge und eine Kürzung des Ruhegehalts nach drei Jahren, über eine Rückstufung nach sieben Jahren. Nach Ablauf der Fristen dürfen diese Maßnahmen bei weiteren Disziplinarmaßnahmen nicht mehr berücksichtigt werden; der Beamte gilt als von der Disziplinarmaßnahme nicht betroffen (§ 16 BDG). **98**

c. Arbeitsrechtliche Konsequenzen

»Disziplinarrechtliche Sanktionen wie bei Pflichtverletzungen der Beamten kennt das Arbeitsrecht nicht. Wohl aber kann der Arbeitgeber eine Lehrkraft, die ihre Dienstpflichten verletzt, abmahnen. Mit der Abmahnung beanstandet er ein bestimmtes vertragswidriges Verhalten des Arbeitnehmers (Hinweisfunktion), fordert ihn zu einem künftig vertragsgemäßen Verhalten auf (Ermahnungsfunktion) und droht ihm für den Wiederholungsfall arbeitsrechtliche Konsequenzen an (Warnfunktion). Für die Abmahnung ist keine bestimmte Form vorgeschrieben; sie kann also schriftlich oder mündlich erklärt werden. **99**

Härteste Konsequenz einer Abmahnung ist die verhaltensbedingte Kündigung. Daraus folgt umgekehrt, dass nach dem Grundsatz der Verhältnismäßigkeit eine solche Kündigung nur gerechtfertigt ist, wenn ihr eine Abmahnung vorausgegangen ist.« *(Avenarius/Hanschmann, S. 636)*.

F **Das Einschließen**

Während der Vorführung eines Films zur Verkehrserziehung aßen Schüler einer 6. Klasse Mandarinen und warfen die Schalen auf den Boden. Der Aufforderung des Lehrers, die Schalen aufzuheben, folgten sie nicht, sondern verließen den Raum. Der Lehrer schloss den Raum, in dem sich noch fünf Schüler befanden, ab und ging zum Sekretariat, um den Schulleiter zu holen. Der Schulleiter hatte dem Lehrer bei einem früheren Vorfall das Einschließen von Schülern verboten.

Das Land mahnte den angestellten Lehrer ab, weil er es zugelassen habe, dass während des Unterrichts gegessen wurde. Wenige Tage später erteilte das Land eine zweite Abmahnung, da der Lehrer durch das Zurücklassen der fünf Schüler in einem abgeschlossenen Raum gegen seine Aufsichtspflicht verstoßen habe. Der Lehrer klagte gegen die Abmahnungen.

Das Arbeitsgericht Düsseldorf *(Urteil vom 17.5.2010, Az.: 12 Ca 927/10; SchulRecht 11–12/2014, S. 174 ff.)* hat das Land zur Entfernung der ersten Abmahnung aus der Personalakte verurteilt und die zweite Abmahnung bestätigt: »Das Land muss die erste Abmahnung aus der Personalakte entfernen, weil sie auf Tatsachen beruht, für die das Land den Beweis nicht angetreten ist. Das Land hat keinen Beweis dafür angeboten, dass der Lehrer bemerkt hat, dass Schüler der Klasse 6d in seinem Unterricht Speisen zu sich genommen haben. …

Der Lehrer hat keinen Anspruch auf Entfernen der zweiten Abmahnung aus seiner Personalakte. … Das Einsperren von Schülern in einem Raum ohne Lehrer verstößt gegen die Aufsichtspflicht. Der Lehrer hat die Schüler in dem Bühnensaal sich selbst überlassen, obwohl sie gerade in dieser Situation der Aufsicht bedurften. … Erstens waren die Schüler wegen der Auseinandersetzung mit dem Lehrer besonders gereizt und aggressiv. … Zweitens konzentrierten sich zu erwartende Aggressionen zwangsläufig auf die schwächeren anwesenden Schüler und das Mobiliar. … Drittens war es eine Folge des Einschließens, dass in einer Notsituation Hilfe nicht genauso schnell herbeigerufen werden konnte.«

4. Haftung der Schüler

a. Haftungsgrundlagen

Verständlicherweise richtet sich das Augenmerk der Lehrer und Schulleiter im Zusammenhang mit in der Schule auftretenden Personen- und Sachschäden vor allem auf die Frage einer Verletzung der Aufsichtspflicht und der sich möglicherweise daraus ergebenden Haftungsfolgen. Dabei gerät gelegentlich aus dem Blick, dass Schüler für von ihnen angerichtete Schäden auch persönlich haften können. **100**

Erste Voraussetzung für eine persönliche Haftung ist die Verschuldensfähigkeit. In jedem Fall verschuldensunfähig und damit für von ihnen angerichtete Schäden nicht haftbar sind gem. § 828 Abs. 1 BGB Kinder unter 7 Jahren. Diese Vorschrift dürfte aber nur für einige Schüler der ersten Grundschulklasse von Bedeutung sein. **101**

Schüler, die das 7., aber noch nicht das 18. Lebensjahr vollendet haben, sind gem. § 828 Abs. 2 BGB eingeschränkt verschuldensfähig. Sie haften für von ihnen angerichtete Schäden nicht, wenn ihnen die zur Erkenntnis ihrer Verantwortlichkeit erforderliche Einsicht fehlte. Entscheidend ist dabei nicht die typische Einsichtsfähigkeit eines Kindes oder Jugendlichen der jeweiligen Altersstufe, sondern die individuelle Einsichtsfähigkeit des jeweils Betroffenen. Die Einsichtsfähigkeit liegt vor, wenn ein bestimmter Schüler in einer konkreten Situation erkennen konnte, dass sein Handeln unrechtmäßig war und er daher in irgendeiner Form für die Folgen einstehen muss. Es kommt dagegen – anders als im Strafrecht – nicht darauf an, dass der Minderjährige auch individuell die Fähigkeit besitzt, sich dieser Einsicht gemäß zu verhalten.

Die Rechtsprechung stellt an die Einsichtsfähigkeit keine hohen Anforderungen. Sie setzt Einsichtsfähigkeit voraus, wenn die Erkenntnis einer allgemeinen Gefahr und eines allgemeinen Schadens bzw. das allgemeine Verständnis dafür, dass das Verhalten in irgendeiner Weise Verantwortung begründen kann, vorhanden sind. Bei Schülern, die nicht geistig behindert sind und die sich nicht in einer ganz ungewöhnlichen Situation befanden, ist daher in aller Regel von der Einsichtsfähigkeit auszugehen. Allerdings kann sich aus einer bestimmten Gruppensituation, in der das Verhalten der Kinder durch spielerische

Risikobereitschaft und Vermeidung des Vorwurfes der Ängstlichkeit stark beeinflusst wird, ergeben, dass es an der Erkennbarkeit der Gefährlichkeit des eigenen Tuns fehlt (*so OLG Oldenburg FamRZ 1991, 1050* im Falle einer Auseinandersetzung zwischen zwei Gruppen von 6- bis 8-jährigen Jungen, bei der ein 6 jähriger durch ein von einem 8-jährigen geworfenes Holzstück schwer am Auge verletzt wurde).

102 Ist die Zurechnungsfähigkeit gegeben, muss Verschulden vorliegen, um eine persönliche Haftung des Minderjährigen bejahen zu können. Bei der Prüfung des Verschuldens, also von Vorsatz oder Fahrlässigkeit, ist allgemein die Verstandesreife von Kindern der entsprechenden Altersgruppe zugrunde zu legen, nicht die individuelle Verstandesreife des jeweiligen Schülers. Ist zumindest fahrlässiges Handeln zu bejahen, haftet ein Schüler auch bei leichter Fahrlässigkeit für von ihm angerichtete Schäden in unbegrenzter Höhe.

Ab dem 18. Lebensjahr sind Schüler uneingeschränkt verschuldensfähig, also in vollem Umfang für die Folgen ihres Tuns verantwortlich. Bei geistig behinderten Schülern ist unabhängig von ihrem Alter in jedem Einzelfall die Einsichtsfähigkeit zu prüfen.

103 Verursachen mehrere Schüler gemeinsam einen Schaden, ist jeder für den gesamten Schaden verantwortlich. Lässt sich nicht ermitteln, wer von mehreren Beteiligten den Schaden durch seine Handlung verursacht hat, ist ebenfalls jeder für den gesamten Schaden verantwortlich, die Schüler haften als Gesamtschuldner (§§ 830, 840 BGB). Der Geschädigte kann jeden beteiligten Schüler auf die gesamte Schadenssumme in Anspruch nehmen. Er kann sich daher an denjenigen unter den Haftenden halten, bei dem er die (vor allem in finanzieller Hinsicht) besten Aussichten auf Erfolg erwartet. Auf diese Weise soll verhindert werden, dass der Geschädigte sich mit vielen Anspruchsgegnern auseinandersetzen muss. Leistet einer der mithaftenden Schüler Schadensersatz für den gesamten Schaden, stehen ihm Ausgleichsansprüche gegen die anderen Schüler zu.

B Fünf Schüler spielen in einem Raum einer Jugendherberge Tischtennis. Als ein Lehrer den Raum betritt, stellt er fest, dass die Schüler auf der Tischtennisplatte tanzen. Die Platte ist an einer Stelle gebrochen. Jeder der fünf beteiligten Schüler kann auf Ersatz des gesamten Schadens in Anspruch genommen werden.

b. Körperschaden eines Lehrers

Schädigen Schüler einen Lehrer oder andere zur Schule gehörende Personen 104
wie die Schulsekretärin oder den Hausmeister, tritt zunächst die gesetzliche Unfallversicherung für den Schaden ein. Bei Vorsatz oder grober Fahrlässigkeit kann sie Rückgriff beim Schüler nehmen (zu den Einzelheiten siehe unten »Körperschaden von Mitschülern«).

F **Der Abiturscherz**

Abiturienten holen eine Lehrerin zur Teilnahme an einem traditionellen 105
Abiturumzug zuhause mit einem Fahrzeug ab, auf dem ein Liegestuhl und eine Urlaubslandschaft mit einem mit grüner Grütze gefüllten Bassin aufgebaut sind. Als die Lehrerin sich weigert, in das Bassin zu steigen, wird sie von drei Schülern gepackt und gegen ihren Willen in das Bassin getaucht. Dabei ist ein Knacken im Knie zu hören und das rechte Bein verdreht. Als das Fahrzeug an der Schule ankommt und die Lehrerin herabsteigt, knickt ihr rechtes Bein weg. Es wird ein Kreuzbandabriss festgestellt, der zu einer längeren Dienstunfähigkeit der angestellten Lehrerin führt.

Das Landgericht Chemnitz *(Az.: 7 O 2598/01; SchulRecht 11–12/2003, S. 17 f.)* hat auf Grund einer Entscheidung des Oberlandesgerichts Dresden *(Az.: 6 U 2712/01; SchulRecht 11–12/2003, S. 17 f.)* die Schadensersatzklage gegen die Schüler abgewiesen:

> »Trotz des erfüllten objektiven Tatbestandes einer Körperverletzung an der Lehrerin haften die Schüler im Ergebnis zivilrechtlich nicht. ... Eine Haftung des Schädigers ist nur dann begründet, wenn sich nachweislich dessen Vorsatz nicht nur auf die Verletzungshandlung, sondern auf den dadurch bewirkten Verletzungserfolg bezogen hat. Diese Haftungsprivilegierung gilt insbesondere bei Schulunfällen *(vgl. BGH, Az.: VI ZR 34/02; SchulRecht 9/2003, S. 5 ff.)*. Dass es sich um einen solchen Schulunfall vorliegend handelt, ergibt sich nicht nur aus dem Vortrag beider Parteien selbst, sondern

insbesondere aus der Feststellung der Unfallkasse. Die als Lehrerin Geehrte befand sich nicht auf ihrem üblichen Arbeitsweg zur Schule, sondern war Beteiligte des Festumzuges, d. h. einer schulischen Veranstaltung.
Unter Berücksichtigung des haftungsprivilegierenden sozialrechtlichen Vorsatzbegriffes ließ sich letztlich aber zur Überzeugung des Gerichts nicht nachweisen, dass die Schüler der Lehrerin beim Hineindrücken in das Bassin eine Verletzung zufügen wollten. Vielmehr ergibt sich schon aus der Zeugenaussage der Lehrerin, dass die Schüler nur übermütig ihrer ehemaligen Lehrerin einen Streich spielen wollten, indem sie diese in das mit grüner Grütze gefüllte Kinderbassin auf dem Festwagen befördern wollten. Dass sich die Lehrerin hiergegen wehren wollte, erschließt sich von selbst. Daraus lässt sich aber kein Verletzungswille der Schüler herleiten. Einen solchen nahm auch die Lehrerin selbst nicht an. Diese hat den Festumzug vielmehr mit den Schülern gemeinsam auf ihrem Ehrenplatz fortgeführt, was sie mit Sicherheit nicht getan hätte, wenn sie davon ausgegangen wäre, dass die ihr persönlich bekannten Schüler sie ernsthaft verletzen wollten.«

Wenn Schüler mit Verletzungsvorsatz handeln, kann das Land nur dann Schadensersatz fordern, wenn der Angriff des Schülers ursächlich war für die Gesundheitsschädigung. Die Entwicklung einer zur Dienstunfähigkeit führenden psychischen Störung bei einer Lehrerin, die von einer Schülerin beleidigt wurde, einen Stoß vor die Brust erhielt und am Oberarm Kratzer und Prellungen erlitt, ist der Schülerin haftungsrechtlich nicht zurechenbar, da sie als Folge des Angriffs auf die Lehrerin für die Schülerin überhaupt nicht vorhersehbar war *(OLG Köln, Az.: 3 U 48/06; SchulRecht 1–2/2010, S. 15).*

c. Körperschäden von Mitschülern

106 Schüler unterstehen dem Schutz der gesetzlichen Unfallversicherung. Daher unterliegen körperliche Schädigungen, die während der Schulzeit aus tätlichen Auseinandersetzungen zwischen minderjährigen Mitschülern entstehen, grundsätzlich dem Versicherungsschutz und dem gesetzlichen Haftungsausschluss, es sei denn, im Einzelfall fehlte offensichtlich jeder Schulbezug oder die Tätlichkeiten sprengten den schülertypischen Rahmen durch ihre ungewöhnliche Brutalität. In Fällen schuluntypischer Brutalität entfällt der gesetzliche Unfallversicherungsschutz und die Beteiligten können unmittelbar gegeneinander zivilrechtliche Ansprüche – einschließlich eines Schmerzensgeldes – geltend machen. Auseinandersetzungen unter volljährigen Schülern sind dagegen nur versichert, wenn die Gründe für die Tätlichkeiten eindeutig aus dem Schulbesuch erwachsen sind.

Besteht Versicherungsschutz, kann der handelnde Schüler vom Verletzten nur dann ausnahmsweise unmittelbar in Anspruch genommen werden, wenn er vorsätzlich gehandelt hat. Bei vorsätzlichem Handeln besteht auch ein Anspruch auf Schmerzensgeld.

F **Das fliegende Sägeblatt**

Ein Lehrer verließ kurzzeitig den Unterrichtsraum. Ein 15 Jahre alter Schüler nahm eine auf dem Lehrertisch liegende Eisensäge an sich, verwendete sie wie einen Tennisschläger und schlug Kugeln aus Aluminiumfolie durch den Raum. Bei dem zweiten derart ausgeführten Schlag löste sich das Sägeblatt, schlug auf einem Tisch auf und traf einen 4 m entfernt sitzenden Mitschüler, der infolge des Unfalls das Sehvermögen auf dem rechten Auge verlor. **107**

Der verletzte Schüler erhält Leistungen der gesetzlichen Unfallversicherung und fordert vom Schadensverursacher Schadensersatz und Schmerzensgeld. Ein solcher Anspruch setzt vorsätzliches Handeln voraus. Der Bundesgerichtshof *(Az.: VI ZR 34/02; SchulRecht 9/2003, S. 5 ff.)* hatte zu entscheiden, ob sich dieser Vorsatz nur auf die Handlung oder auch auf die Verletzung beziehen muss.

Der Bundesgerichtshof hat entschieden, der Vorsatz müsse sich sowohl auf die Handlung als auch auf die Folgen beziehen, und hat diese Auffassung auch in späteren Entscheidungen *(Urteil vom 8.3.2012, Az.: III ZR 191/11; SchulRecht 6/2020, S. 166)* bestätigt: »Der Vorsatz des Schädigers muss mithin nicht nur die Verletzungshandlung, sondern auch den Verletzungserfolg umfassen.« Dabei genügt es, wenn der Täter die Folgen nicht bewusst angestrebt hat, sondern als möglich erkannt und billigend in Kauf genommen hat. »Der bedingt vorsätzlich handelnde Täter nimmt die Gefahr deshalb in Kauf, weil er, wenn er sein Ziel nicht anders erreichen kann, es auch durch das unerwünschte Mittel verwirklichen will.« *(BGH, a.a.O.)*.

Den Grund für diese Einschränkung der Haftung hat der Bundesgerichtshof darin gesehen, dass der Schädiger den Schutz durch die gesetzliche Unfallversicherung nicht schon dann verlieren soll, wenn er überhaupt eine Verletzungshandlung begangen hat, sondern nur dann, wenn er mit der Herbeiführung des Unfalls den Schaden in besonders vorwerfbarer Weise angerichtet hat, so dass eine Schadensabnahme durch die Versichertengemeinschaft als nicht mehr vertretbar erscheint. Eine persönliche Haftung ist nur gerechtfertigt, wenn ihm besonders schwerwiegende Vorwürfe gemacht werden können. Dies ist aber nicht der Fall, wenn er mit dem Eintritt eines größeren Schadens nicht gerechnet hat. Speziell für den Bereich der Schulunfälle hat der Bundesgerichtshof die Notwendigkeit einer solchen Sichtweise betont: »Spielereien und Raufereien von Kindern und Jugendlichen, bei denen die Zufügung von Schmerzen häufig gewollt ist oder zumindest billigend in Kauf genommen wird, gehören zu den typischen durch die Schulsituation bedingten Verhaltensweisen. Die Beteiligten beabsichtigen dabei in der Regel nicht, einander ernsthafte und dauerhafte Verletzungen zuzufügen, zu denen es gleichwohl gelegentlich kommen kann. Die Folgen solch typischer Schulunfälle sollen dem jeweiligen Schädiger aber durch die Unfallversicherung gerade abgenommen werden, nicht zuletzt im Interesse des Schulfriedens und des ungestörten Zusammenlebens von Lehrern und Schülern in der Schule.

Die Einbeziehung der Schüler in die Unfallversicherung soll zum einen den verletzten Schüler schützen, zum anderen aber auch den an der Verletzung schuldigen Mitschüler – von den Fällen des vorsätzlichen Handelns abgesehen – von seiner zivilrechtlichen Haftung freistellen, um ihn vor unter Umständen langzeitigen finanziellen Belastungen zu bewahren. Wollte man in den Fällen, in denen es durch die unglückliche Verkettung von Zufällen zu schwereren Verletzungen von Mitschülern kommt, bereits die vorsätzliche Tathandlung für die Entsperrung der Haftung ausreichen lassen, liefe das Haftungsprivileg gerade bei dieser Gruppe typischer Schulunfälle vielfach ins Leere. Dies kann nicht der Sinn der gesetzlichen Regelung sein. Dabei ist auch zu bedenken, dass der schädigende Schüler, dem das Haftungsprivileg nicht zugutekommt, nicht nur für die materiellen Personenschäden, sondern auch für den immateriellen

Schaden aufzukommen hat und ihm dadurch eine Belastung auferlegt wird, die diejenige durch die Inanspruchnahme des Sozialversicherungsträgers ganz erheblich übersteigen kann.«

Aufgrund der festgestellten Gesamtsituation hat der Bundesgerichtshof den Schluss gezogen, dass der Schüler weder mit dem konkreten Ablauf der Ereignisse noch damit rechnete, der Mitschüler könne eine schwere Augenverletzung erleiden und dadurch das Sehvermögen auf einem Auge verlieren.

Die Konsequenzen dieser Rechtsprechung verdeutlicht ein weiterer Fall. 108

F **Der Feuerwerkskörper**
Während einer Unterrichtspause auf dem Schulhof warf ein 13-jährige Schüler einen Feuerwerkskörper in Richtung einer Gruppe von Schülern. Der Feuerwerkskörper detonierte in der Nähe einer Schülerin, die einen Gehörschaden erlitt. Sie fordert von dem Schüler ein Schmerzensgeld.

Der Bundesgerichtshof *(Az.: VI ZR 163/03; SchulRecht 9/2004, S. 161 f.)* hat die Klage abgewiesen, da der Schüler den Unfall nicht vorsätzlich herbeigeführt habe, insbesondere liege kein Vorsatz hinsichtlich einer ernsthaften Verletzungsfolge vor:

»Die Verletzungshandlung war auch »schulbezogen«, sie beruhte auf der typischen Gefährdung aus engem schulischen Kontakt und ist nicht nur »bei Gelegenheit« des Schulbesuchs erfolgt. Der Vorfall ereignete sich während einer Unterrichtspause auf dem Schulhof und somit bestand eine enge räumliche und zeitliche Nähe zur Schule. Das Verhalten des Schülers ist durch die Übermütigkeit zu erklären, die Schüler während der Pausen auf dem Schulhof zeigen, und durch den Wunsch, seinen Mitschülern zu imponieren.«

Ebenfalls abgelehnt wurden Schmerzensgeldansprüche in einem Fall, in dem ein zehnjähriger Schüler während der Wartezeit auf den Schulbus einem Mitschüler ein Bein stellte, woraufhin sich der Mitschüler einen Arm brach *(LG Leipzig, Az.: 14 S 1502/00; SchulRecht 5/2004, S. 111 f.)* und einem Fall, in dem ein Schüler einer 8. Klasse beim Streit um einen Sitzplatz auf einer Bank während des Sportunterrichts einen Mitschüler durch einen Tritt in den Genitalbereich schwer verletzte *(OLG Celle, Az.: 9 U 24/99; SchulRecht 3/2004, S. 57)*.

Ein Schüler, der grundlos einem Mitschüler, der freundschaftlich mit einem anderen Schüler nach dem Ende der Pause vor dem Klassenraum rangelte, mehrere Tritte mit dem beschuhten Fuß gegen das rechte Bein versetzte, dabei das Kniegelenk traf und einen Kreuzbandriss verursachte, musste ebenfalls weder Schmerzensgeld noch Schadensersatz leisten, da er zwar vorsätzlich handelte, sich der Vorsatz aber nicht auf die Schadensfolge bezog *(OLG Hamm, Beschluss vom 8.4.2014, Az.: 9 U 29/14; SchulRecht 9–10/2014, S. 148).*

Im Fall eines dreizehnjährigen Schülers, der einen zwölfjährigen Mitschüler während einer Pause mit einem Judogriff zu Boden geworfen und ihm dadurch eine gravierende Schulterverletzung zugefügt hatte, lehnte das Oberlandesgericht Koblenz *(Beschluss vom 15.7.2013, Az.: 5 U 471/13; SchulRecht 6/2020, S. 167 f.)* einen Schmerzensgeldanspruch ab: »Rangeleien und Raufereien, bei denen die Zufügung von Schmerzen durchaus gewollt ist oder zumindest billigend in Kauf genommen wird, gehören in diesem Alter zu den typischen, auch durch die Schulsituation bedingten Verhaltensweisen. Die Beteiligten beabsichtigen dabei in der Regel nicht, einander ernsthafte oder gar dauerhafte Verletzungen zuzufügen, zu denen es gleichwohl gelegentlich kommen kann. .... (Es) deutet vielmehr alles darauf hin, dass der Angriff des Beklagten auf einer spontanen Eingebung beruhte, die bedauerlicherweise sofort in die Tat umgesetzt wurde, ohne sich über die möglichen Folgen irgendwelche Gedanken zu machen. Die außerordentlich bedauerliche Schädigung des Klägers war daher nicht vom Vorsatz des Beklagten umfasst.«

Ein Schmerzensgeldanspruch ist aber nicht in jedem Fall ausgeschlossen.

F **Die Augenverletzung**

Zwischen zwei Schülern kam es zu einer Rangelei, über die sich ein Mitschüler lustig machte. Als die Schüler nach dem Unterricht die Treppe in Richtung Pausenhof verließen, fühlte sich einer der Schüler von dem Mitschüler provoziert. Der 14-jährige Schüler schlug zweimal gegen das rechte Auge des Mitschülers, der dabei eine schwere Gehirnerschütterung und eine erhebliche Augenverletzung erlitt. Der Schüler musste operiert und stationär behandelt werden. Er forderte von dem Täter ein Schmerzensgeld von mindestens 20.000 €, da er seit dem Vorfall unter Doppelbildern, Einschlafstörungen und wiederkehrenden Kopfschmerzen leide.

Das Oberlandesgericht Hamm *(Urteil vom 8.11.2013, Az.: 26 U 31/13; SchulRecht 7–8/2014, S. 115 f.)* hat dem verletzten Schüler ein Schmerzensgeld in Höhe von 1000 € zugesprochen: »Es ist unstreitig, dass der Schüler dem Mitschüler aus reiner Wut zwei Schläge ins Gesicht versetzt hat. Eine vorsätzliche und rechtswidrige Körperverletzung lag mithin vor. Dies reicht aber bei einem Schulunfall nicht aus, um Ersatzansprüche zu begründen. Erforderlich ist vielmehr ein doppelter Vorsatz, der nicht nur die vorsätzliche Handlung, sondern auch die vorsätzlich herbeigeführte Schadensfolge erfordert.

Ebenso wie das Landgericht geht auch der Senat nicht davon aus, dass der Schüler die hier tatsächlich eingetretene schwere Folge beabsichtigt oder dies auch nur annähernd für möglich gehalten hat. Wegen seiner übergroßen Wut ist der Senat aber durchaus davon überzeugt, dass er dem Mitschüler ernstlich wehtun wollte und dabei nicht nur das erheblich blaue Auge, sondern auch die Gehirnerschütterung mindestens billig in Kauf genommen hat. Wer nämlich mit solch einer heftigen Wucht auf den Kopf zuschlägt, weiß auch mit 14 Jahren, dass dies nicht völlig ohne Folgen bleiben wird. Aufgrund des noch sehr jungen Alters und des entsprechenden Bildungsstandes hat der Schüler aber sicherlich nicht die tatsächlich eingetretene Folge auch nur annähernd vor Augen gehabt. …

Vor diesem Hintergrund hält der Senat ein Schmerzensgeld von 1000 € für angemessen, aber auch ausreichend, um den tatsächlich zurechenbaren Teil der Verletzungen zu entschädigen. Dabei ist nämlich auch zu berücksichtigen, dass es sich bei dem Schüler um ein Kind handelt, das wirtschaftlich noch nicht auf eigenen Beinen steht und über kein eigenes Einkommen verfügt. Es kommt hinzu, dass eine gewisse Genugtuungsfunktion auch schon über die strafrechtliche Verurteilung eingetreten ist.«

F **Der Stoß auf dem Flur**

Auf dem Flur kommt es zu einer Auseinandersetzung zwischen dem Schüler B. und dem Schüler K. Dabei versetzt der B. dem K. einen Stoß von hinten, so dass dieser zu Boden stürzt. Beim Abstützen der rechten Hand in abgewinkelter Haltung erleidet der K. einen Handbruch. Er fordert von B. Schmerzensgeld.

»Der Handbruch ist nicht durch einen gezielten Schlag oder Tritt verursacht worden. Er ist vielmehr beim Abstützen entstanden. Im Hinblick auf diesen Hergang kann nicht festgestellt werden, dass der B. vorsätzlich den Handbruch verursachen wollte. Im übrigen ist dem Vorfall auch eine Rangelei unter Schülern vorausgegangen. Im Hinblick darauf stellt sich das Eingreifen des B. nicht als eine von besonderer Brutalität oder Aggressivität getragene Verhaltensweise dar.« Das Landgericht Coburg *(Az.: 12 O 297/01; SchulRecht 11–12/2007, S. 131)* hat die Klage auf Schmerzensgeld mit dieser Begründung abgewiesen und entspricht damit der Rechtsprechung des Bundesgerichtshofs, der einem verletzten Schüler nur dann einen Schmerzensgeldanspruch gegen einen Mitschüler zuspricht, wenn sich der Vorsatz des Täters auf die Handlung und die Folgen seiner Handlung bezogen hat.

Die Haftungsprivilegierung kann auch Lehrern im Verhältnis zu Schülern zugutekommen.

F **Die Lehrerohrfeige**

Ein Lehrer ohrfeigt einen Schüler, der einen Mitschüler angegriffen hatte. Die Ohrfeige verursacht eine Trommelfellperforation mit Hörübertragungsverlust.

Das Landgericht und das Oberlandesgericht Frankfurt am Main *(Az.: 1 U 99/00; SchulRecht 3/2004, S. 57 f.)* haben die Klage des Schülers auf Schmerzensgeld abgewiesen:

> »Die Verletzung wurde dem Schüler von dem Lehrer nicht vorsätzlich zugefügt.... Zwar spricht das Ergebnis der Beweisaufnahme dafür, dass der Lehrer dem Schüler vorsätzlich eine Ohrfeige versetzte. Daraus folgt aber nicht, dass der Lehrer den Eintritt der Trommelfellperforation, derentwegen der Schüler Schmerzensgeld beansprucht, herbeiführen wollte oder zumindest billigend in Kauf nahm. Das behauptet selbst der Schüler nicht. Vielmehr hat der Lehrer die Trommelfellperforation nach Darstellung des Schülers fahrlässig herbeigeführt. Wegen fahrlässig verursachter Körperverletzung ist jedoch ein Anspruch auf Schmerzensgeld durch die §§ 104 Abs. 1 Satz 1, 105 Abs. 1 Satz 1 Sozialgesetzbuch (SGB) VII ausgeschlossen.

Die Verletzung des Schülers beruht auf einem Schulunfall, der dem Schutz der gesetzlichen Unfallversicherung unterliegt. Für den Versicherungsschutz ist ohne Bedeutung, ob die Verletzung auf einem Fehlverhalten des Lehrers beruht. Die in diesem Fall an sich bestehende Amtshaftung nach Artikel 34 GG, § 839 BGB wird bei einem fahrlässig verursachten Schulunfall durch die Leistungspflicht der Unfallversicherung verdrängt (§§ 104 Abs. 1 Satz 1, 105 Abs. 1 Satz 1 SGB VII). Diese Haftungsbeschränkung bezieht sich auf Ansprüche wegen Körperschäden einschließlich des Schmerzensgeldanspruches.
Danach ist der erhobene Schmerzensgeldanspruch selbst dann unbegründet, wenn das Handeln des Lehrers nicht wegen Nothilfe gerechtfertigt und somit rechtswidrig war.«

Unmittelbare Ansprüche eines verletzten Schülers gegen einen Mitschüler sind **109**
aber nicht in jedem Fall ausgeschlossen.

F **Der Karatetritt**

Schüler A. spielte mit einem Ball, den er sich aus der Turnhalle geholt hatte. Daraufhin kam Schüler K. zu ihm und sagte, mit dem Ball dürfe man nicht Fußball spielen. Daraufhin lief A. weg und K. hinter ihm her. Schüler B. wollte A. helfen und trat dem K. mit der Spitze bzw. dem Vollspann seines Fußes vor das Schienbein. Die Mutter des A. sagte vor Gericht als Zeugin, ihr Sohn habe ihr am Tage des Vorfalles gesagt, der B. habe den K. mit »einem Tritt wie bei Karate« getreten. K. erlitt durch den Tritt eine Tibiafraktur des rechten Schienbeins. B. war zur Tatzeit 7 Jahre und knapp 7 Monate alt. Die Haftpflichtversicherung des B. lehnte die Regulierung des Schadens wegen Vorsatz des B. ab.

Das Landgericht Koblenz *(Az.: 1.0.112/97; SchulRecht 4/2004, S. 88 f.)* hat B. verurteilt, an K. Schadensersatz und ein Schmerzensgeld in Höhe von 2.000 DM zu zahlen: »Für den 7 Jahre und 7 Monate alten B. greift bereits die gesetzliche Vermutung des § 828 Abs. 2 BGB, dass ein Jugendlicher ab dem 7. Lebensjahr die Fähigkeit zu der Erkenntnis hat, für ein gefährliches Handeln verantwortlich zu sein. Dass Tritte gegen das Schienbein gefährlich sind, weiß »jedes Kind«....

Der B. handelte auch schuldhaft. Er musste damit rechnen, dass sich jemand durch den Fußtritt gegen das Schienbein ernsthafte Verletzungen zuziehen kann.... Hinzu kommt hier noch der Umstand, dass der B. über besondere Kenntnisse verfügte, da er zu jener Zeit in einem Verein, der Kampfsport betreibt, war und die entsprechenden Griffe auch des öfteren angewendet hat.

Damit ist zugleich klargestellt, dass auch die eingetretenen Folgen der dem K. zugefügten Verletzung vom Vorsatz des B. erfasst sind.

Bei der Festsetzung der Höhe des Schmerzensgeldes ist auch mit zu berücksichtigen, dass sich die Körperverletzungshandlung aus einer Situation heraus entwickelt hatte, die der K. mitverursacht hatte. Er wollte dem A. einen Ball wegnehmen, der B. wollte dem A. helfen. Dem K ist daher ein anteiliges Mitverschulden anzulasten.«

Auch wenn eine unmittelbare Inanspruchnahme es Schädigers selten ist, da sich der Vorsatz auch auf die Verletzungsfolgen beziehen muss, besteht für den Unfallverursacher das Risiko, von der gesetzlichen Unfallversicherung im Wege des Regresses in Anspruch genommen zu werden, da es für diesen Rückgriff ausreicht, dass die Verletzungshandlung vorsätzlich erfolgte. Diese unterschiedliche Regelung der Ansprüche des Geschädigten und der Unfallversicherung gegen den Schadensverursacher begründet der Bundesgerichtshof *(Az.: VI ZR 34/02; SchulRecht 9/2003, S. 5 ff.)* folgendermaßen: »Eine Unterscheidung hinsichtlich des Vorsatzes zwischen dem Anspruch des Geschädigten und dem Anspruch des Sozialversicherungsträgers ist gerechtfertigt weil ... der in den §§ 104, 105 SGB VII im Vordergrund stehende Gedanke der Wahrung des Betriebsfriedens für den Anspruch der Sozialversicherungsträger nicht von ausschlaggebender Bedeutung ist. Die Geltendmachung des Anspruchs durch den Sozialversicherungsträger als außenstehendem Dritten belastet die betriebliche Zusammenarbeit in weitaus geringerem Maße als eine Auseinandersetzung unter den an dem Arbeitsunfall unmittelbar Beteiligten. Ob der Schädiger überhaupt in Anspruch genommen wird, steht zudem in gewissem Maß im Ermessen des Sozialversicherers. Nach § 110 Abs. 2 SGB VII kann dieser nach billigem Ermessen, insbesondere unter Berücksichtigung der wirtschaftlichen Verhältnisse des Schädigers, auf den Ersatzanspruch ganz oder teilweise verzichten.«

Schülern und Eltern sollte die Möglichkeit eines Regresses der gesetzlichen Unfallversicherung auch aus erzieherischen Gründen deutlich vor Augen geführt werden, zumal in diesen Fällen eine private Haftpflichtversicherung den Deckungsschutz verweigern wird.

F **Der Boxkampf**

Ein Schüler nimmt – als mitversicherte Person – die private Haftpflichtversicherung seines Vaters auf Gewährung von Deckungsschutz in Anspruch. Der (damals 15 Jahre 7 Monate alte) Schüler K. und der (rd. 2 Monate jüngere) Schüler L. gerieten in einem Schulzentrum verbal und mit Rempeleien aneinander. Nach der Schule trafen sich beide – in Anwesenheit diverser Mitschüler – im Bereich eines in der Nähe der Schule befindlichen Container-Abstellplatzes. Dort entwickelte sich eine Auseinandersetzung, bei der der K. den L mit der Faust im Gesicht traf. L fiel nach hinten und erlitt eine Orbitabodenfraktur links. Deswegen wurde er vom 6. – 12. Mai im Krankenhaus behandelt. Das gegen den K. eingeleitete Ermittlungsverfahren endete mit einer Verurteilung wegen vorsätzlicher Körperverletzung. Gegen den K. wurde ein Freizeitarrest verhängt.

Der Gemeindeunfallversicherungsverband (GUVV) erbrachte in Zusammenhang mit der Verletzung des L Leistungen an diesen und kündigte dem K. Rückgriff an. L hatte – anwaltlich vertreten – bereits die Zahlung eines Schmerzensgeldes in Höhe von 3.000,00 Euro verlangt. Die Haftpflichtversicherung lehnte den Antrag des K. ab, ihm Deckungsschutz zu gewähren, da er den Schaden vorsätzlich herbeigeführt habe. K. hat behauptet, er habe sich verteidigt, da er von L angegriffen worden sei. Um sich zu verteidigen, habe er einmal zurückgeschlagen. Dabei habe er L nicht im Gesicht treffen und einen Bruch herbeiführen wollen. Er habe L lediglich auf Distanz halten wollen. Auch sei er davon ausgegangen, dass der Streit verbal habe ausgeräumt werden können.

Das Oberlandesgericht Hamm *(Az.: 20 U 159/05; SchulRecht 5–6/2007, S. 61 f.)* hat die Klage abgewiesen und festgestellt, dem Schüler stehe kein Deckungsanspruch gegen seine private Haftpflichtversicherung zu:

»Der K. hat widerrechtlich gehandelt. Er kann sich nicht auf Notwehr (§ 227 BGB) berufen, da er und L sich zu einer Schlägerei verabredet hatten. Die Aussage des K., wonach er »die Angelegenheit verbal bereinigen« wollte, überzeugt nicht. Auch der Umstand, dass der K. die von ihm beabsichtigte »Besprechung« mit L nicht auf dem Schulgelände, sondern außerhalb abhalten wollte, lässt nur den Schluss zu, dass er in dem Bewusstsein zum Containerplatz gegangen ist, sich mit L zu schlagen.
Der K. hat den Schaden auch vorsätzlich herbeigeführt. Der vorsätzlich Handelnde muss den rechtswidrigen Erfolg voraussehen und in seinen Willen aufnehmen. ... In der Rechtsprechung ist wiederholt aus der Intensität und Heftigkeit eines Angriffs auf die Vorgänge im Innern des Täters und auf einen zumindest bedingten Vorsatz geschlossen worden, der sich auch auf Verletzungsfolgen erstreckte. Wer jemandem heftig mit der Faust ins Gesicht schlägt, nimmt in aller Regel zumindest billigend in Kauf, dass sein Gegner schwere Verletzungen davontragen kann. Für ein Handeln mit bedingtem Vorsatz ist nicht Voraussetzung, dass der Handelnde die Wirkungen seines Handelns im genauen Umfang und in Einzelheiten voraussieht. Der Senat schließt auch im vorliegenden Fall aus den Verletzungsfolgen und aus der Art und Weise der Ausführung der Verletzungshandlung auf einen bedingten Vorsatz des K. auch in Bezug auf die Verletzungsfolgen.«

Bei vorsätzlicher Herbeiführung des Schadens kommt die private Haftpflichtversicherung nicht für den Schaden auf. Der Täter hat daher den Rückgriffsanspruch der gesetzlichen Unfallversicherung persönlich zu befriedigen.

Ein solcher Rückgriffsanspruch ist aber an enge Voraussetzungen gebunden

F Die Augenverletzung

Die gesetzliche Unfallversicherung nimmt einen Schüler auf Erstattung von Kosten in Anspruch, die sie für die stationäre und ambulante Behandlung eines Schülers aufgewendet hat, nachdem dieser an einer Schulbushaltestelle durch einen aus 6 Metern Entfernung geworfenen Schneeball erheblich an einem Auge verletzt worden war.

Maßgeblich für die gesetzliche Regelung des Rückgriffs der gesetzlichen Unfallversicherung beim Schädiger, wenn dieser vorsätzlich gehandelt hat, sind präventive und erzieherische Gründe. »Diese sollen indes nur dann greifen, wenn der durch das Haftungsprivileg begünstigte Schüler den Unfall und damit die Aufwendungen des Sozialversicherungsträgers durch ein besonders zu missbilligendes Verhalten verursacht hat. ... Dafür reicht es nicht aus, dass Schneeballwerfen im Schulbereich möglicherweise regelmäßig verboten sein mag. ... (Vorsatz im Sinne eines Rückgriffsanspruchs liegt nur vor, wenn) das Werfen des Schneeballs als besonders verantwortungslos erscheint.« Eine auch subjektiv unentschuldbare Pflichtverletzung hat der Bundesgerichtshof verneint *(Az.: VI ZR 212/07; SchulRecht 7–8/2009, S. 83)*.

Ansprüche auf Schadensersatz und Schmerzensgeld können nicht nur Mit- **110**
schüler, sondern auch sonstige in den Schulbetrieb eingegliederte Personen geltend machen wie der Fall eines Hausmeisters zeigt, auf den ein 12-jähriger Sonderschüler auf dem Schulhof aus kürzester Entfernung mit einer Luftdruckpistole geschossen hat. Das Landgericht Saarbrücken *(LG Saarbrücken, Az.: 2 S 411/96; SchulRecht 3/1999, S. 38)* verurteilte den Schüler zur Zahlung eines Schmerzensgeldes. Außerdem musste er dem Arbeitgeber des Hausmeisters die Lohnkosten für die dreiwöchige Arbeitsunfähigkeit des Hausmeisters und dem Unfallversicherungsträgers dessen Aufwendungen erstatten.

Im Gegensatz zu Schadensersatz- und Schmerzensgeldansprüchen wegen einer Körperverletzung sind Ersatzansprüche wegen bei einem Unfall entstandener Sachschäden wesentlich leichter durchsetzbar.

F **Die Fahrradmanipulation**

Ein 13-jähriger Schüler löste Verschlüsse am Sattel und Vorderrädern eines an der Schule abgestellten Fahrrades eines Lehrers. Er wollte den Lehrer ärgern, aber nicht schädigen. Auf dem Heimweg stürzte der Lehrer und verletzte sich. Das Fahrrad wurde beschädigt.

Das Oberlandesgericht Schleswig-Holstein *(Az.: 7 U 118/98; Schul-Recht 6–8/2004, S. 137 f.)* lehnte die Schmerzensgeld- und Schadensersatzansprüche wegen des Körperschadens ab, verurteilte den Schüler aber zum Ersatz des Sachschadens, da der Schüler fahrlässig gehandelt habe und die zur Erkenntnis seiner Verantwortlichkeit erforderliche Einsicht besessen habe. Ansprüche auf

Schmerzensgeld und Ersatz der Körperschäden bestünden dagegen nicht, da kein Vorsatz im Hinblick auf diese Schäden vorliege.

Verletzen Schüler andere Schüler auf dem Schulweg, sind Schmerzensgeldansprüche nicht ausgeschlossen und muss sich der Vorsatz auch nicht auf die Folgen, sondern lediglich auf die Tat selbst beziehen (§ 104 Abs. 1 SGB VII). Etwas anderes gilt nur, wenn ein eindeutiger innerer Schulbezug besteht.

F **Die Schulbus-Tätlichkeit**

111 Zwei 15-jährige Schüler fuhren nach Schulschluss mit dem Bus nach Hause. Während der Fahrt kommt es zwischen beiden zu Streitigkeiten, da einer der beiden einen jüngeren Schüler beim Aussteigen behindert und von dem anderen daraufhin zur Rede gestellt wird. Als beide Schüler gemeinsam den Bus verlassen, kommt es zu einer tätlichen Auseinandersetzung, bei der einer der Schüler vom anderen zu Boden geworfen wird und schwere Verletzungen erleidet. Der verletzte Schüler verlangt ein Schmerzensgeld und Ersatz aller materiellen und immateriellen Schäden.

Der Bundesgerichtshof bejaht im Gegensatz zu den beiden voraufgegangenen Instanzen den Anspruch des geschädigten Schülers *(BGH, Az.: VI ZR 284/91; SPE 878 Nr. 51)*:

> »... wenn ein Schüler den anderen körperlich verletzt, [ist] für seine Befreiung von der Haftung ... darauf abzustellen, ob die Verletzungshandlung »schulbezogen« war, d. h. ob sie auf der typischen Gefährdung aus engem schulischen Kontakt beruht und deshalb einen inneren Bezug zum Besuch der Schule aufweist oder ob sie – im Sinne einer Verletzung bei der »Teilnahme am allgemeinen Verkehr« – nur »bei Gelegenheit« des Schulbesuchs erfolgt ist ...
> Die innere schulische Verbundenheit von Schädiger und Verletztem, die in dem Unfall zum Ausdruck kommen muss, erfordert ... stets, dass die konkrete Verletzungshandlung durch die Besonderheiten des Schulbetriebs geprägt wird, was in der Regel eine engere räumliche und zeitliche Nähe zu dem organisierten Betrieb der Schule voraussetzt. Dieser enge Zusammenhang wird nicht schon dadurch begründet, dass die Verletzung eines Schülers durch einen anderen noch die Auswirkung von Aggressionen ist, die der

Schädiger während des Schulunterrichts auf – und in der seither verflossenen Zeit noch nicht wieder abgebaut hat ... Ereignet sich die Verletzungshandlung erst in größerer räumlicher und zeitlicher Ferne zur Schule aus einem Anlass, der sie bei natürlicher Betrachtung nicht mehr als Ausdruck der Zusammenführung der Schädiger im Schulbetrieb erscheinen lässt, so greift die Haftungsablösung ... nicht ein. In solchem Fall ist ... die Verletzungshandlung entscheidend durch andere Gefahrenkreise als durch die Schulsituation ... bedingt oder begünstigt.
... zu den Reibereien der ... [Schüler ist es] nur und erst deshalb gekommen, weil der ... [geschädigte Schüler] einen jüngeren Schüler am Aussteigen gehindert und der ...[schädigende Schüler] ihn darauf angesprochen hat. Diese Begebenheit mag zwar typisch für das Verhalten von Jugendlichen bei gemeinsamer Busfahrt sein; sie weist aber keine engeren Bezüge mehr zu dem bereits geraume Zeit zurückliegenden gemeinsamen Schulbesuch der Parteien, zu ihrer Verbundenheit im Schulbetrieb und dessen besonderen Gefahren auf. Dies gilt erst recht für die aus dem Geplänkel im Bus hervorgegangene Rauferei der Parteien nach dem Aussteigen. Die dabei erfolgte Verletzung des Klägers stellt sich deshalb bei unbefangener Betrachtung nicht mehr als Verwirklichung schulspezifischer Gefahren, sondern als Folge einer Verhaltensweise dar, wie sie auch sonst im Alltag unter Jugendlichen ohne jeden Zusammenhang mit dem organisierten Betrieb von Schule und Ausbildung zu beobachten ist. In dem Unfall des Klägers hat sich demnach hier nicht ein Risiko aus dem spezifischen Gefahrenbereich der Schule, sondern eine Gefahr aus der Teilnahme am allgemeinen Verkehr verwirklicht.«

Auch bei Bestehen eines engen räumlichen und zeitlichen Zusammenhanges **112**
mit dem Schulbesuch sollte die Schule, insbesondere bei volljährigen Schülern, im Einzelfall offenkundigen Hinweisen nachgehen, dass eine körperliche Auseinandersetzung zwischen Schülern mit Verletzungsfolgen keinen inneren Bezug zum Schulbetrieb aufweist, da bei einem Fehlen des Schulbezuges auch Verletzungen im schulischen Bereich zu unmittelbaren Ansprüchen gegen den Schädiger führen können. Bei tätlichen Auseinandersetzungen aus privaten Motiven ist auch das Alter der beteiligten Schüler zu berücksichtigen. Ein Versicherungsschutz wird bei jüngeren Schülern unter anderem wegen der

Gruppenzwänge angenommen, die auch bei auf privaten Motiven beruhenden Auseinandersetzungen eine erhebliche Rolle spielen.

Verletzen Schüler ihre Mitschüler vorsätzlich, machen sie sich strafbar, und im Fall eines Totschlags können die Angehörigen einen Schmerzensgeldanspruch haben.

F **Der Messerstich**

Während einer Klassenfahrt einer Berufsschule kam es zu Auseinandersetzungen zwischen zwei 17-jährigen Schülern. Als sich die beteiligten Schüler an einem freien Abend begegneten, rief der Schüler A. dem anderen zu: »Komm doch her, wenn du was willst.« Daraufhin lief der Schüler M. auf A. zu, sprang ihn mit angewinkeltem linkem Bein an und schlug ihm mit der Hand in den Rücken oder die Seite. Im selben Moment stach A. dem M. mit einem Messer in den rechten Oberschenkel, zog das Messer heraus und stach gezielt in Richtung des Halses. Der zweite Stich führte zum Tod des Schülers M.

Das Landgericht Bonn *(Urteil vom 29.10.2015, Az.: I – 2 O 574/12; SchulRecht 5–6/2016, S. 74 ff.)* hat den Schüler A. zur Zahlung eines Schmerzensgeldes an die Eltern und die Schwester des M. in Höhe von jeweils 20.000,00 EUR und Schadensersatz verurteilt: »Aufgrund dieses Geschehens hat die Strafkammer des Landgerichts Bochum bei dem Amtsgericht Recklinghausen den A. wegen Totschlags zu einer Jugendstrafe von vier Jahren und drei Monaten verurteilt.

Ein Zivilgericht kann sich zum Zweck seiner eigenen Überzeugungsbildung, ob sich ein bestimmtes Geschehen zugetragen hat, auf ein dazu ergangenes Strafurteil stützen. ... Bei der Bemessung des Schmerzensgeldes ist in erster Linie die Ausgleichsfunktion zu beachten. Insoweit kommt es auf die Höhe und das Maß der Lebensbeeinträchtigungen sowie die Art und Dauer der erlittenen Schäden an. Hat der Geschädigte eine vorsätzliche, gefährliche Körperverletzung erlitten, tritt bei erheblichen und vorsätzlichen körperlichen Misshandlungen die Ausgleichsfunktion hinter die ebenfalls bei der Bemessung des Schmerzensgeldes zu berücksichtigende Genugtuungsfunktion zurück. Billig im Sinne des § 253 BGB ist im Fall der Verletzung der körperlichen Unversehrtheit einer Person nur eine Geldentschädigung, die dem überragenden Stellenwert des Grundrechts aus Art. 2 Abs. 2 Satz eins Grundgesetz Rechnung trägt. Das Gesetz beabsichtigt mit der Bezugnahme auf den Billigkeitsgedanken

(»billige Entschädigung in Geld«), gerade das Rechtsgefühl der Bevölkerung bei der Bemessung des Schmerzensgeldes mit einzubeziehen.

Hinterbliebene haben nur in eng begrenzten Ausnahmefällen einen eigenen Schmerzensgeldanspruch nach Tötung eines nahen Angehörigen. Die Ersatzpflicht greift nur unter der Voraussetzung ein, dass über die normale seelische Erschütterung hinaus eine traumatische Schädigung der physischen oder psychischen Gesundheit eingetreten ist, die medizinisch fassbar ist und Krankheitswert besitzt.«

d. Körperschäden schulfremder Personen

Schädigen Schüler schulfremde Personen, indem sie z. B. durch einen Steinwurf einen Passanten verletzen, ohne dass eine Aufsichtspflichtverletzung der Schule vorliegt, haften sie nach den allgemeinen zivilrechtlichen Haftungsgrundsätzen. Neben der Zurechnungsfähigkeit (s. o.) muss ein schuldhaftes, also vorsätzliches oder fahrlässiges Verhalten gegeben sein. Der Geschädigte kann dann unmittelbar gegen den Schüler Schadensersatz und Schmerzensgeldansprüche geltend machen. **113**

F **Der Fangriemen**

Bei einem Schülerskikurs befestigt ein 15-jähriger Schüler den Fangriemen nicht, obwohl er von der aufsichtführenden Lehrkraft vorher ausdrücklich darauf hingewiesen worden ist. Ein Ski entgleitet ihm und verletzt eine fremde Skifahrerin schwer.

Hier liegt keine Verletzung der Aufsichtspflicht der Schule vor, daher muss der Schüler den Schaden (z. B. eine lebenslange Rente) selbst tragen, wenn er keine private Haftpflichtversicherung abgeschlossen hat, da die gesetzliche Unfallversicherung nicht eintritt (die verletzte Skifahrerin gehört nicht zur Schule) und die Eltern des Schülers in dieser Situation ihre Aufsichtspflicht von vornherein nicht verletzt haben können.

Es empfiehlt sich daher vor einer Skifreizeit mit den Eltern bzw. volljährigen Schülern den Abschluss einer befristeten Haftpflichtversicherung für alle teilnehmenden Schüler zu vereinbaren. Die entstehenden Kosten sind von den

Eltern bzw. den volljährigen Schülern und nicht vom Schulträger zu tragen, da diese Versicherung ein privates Risiko abdeckt.

F **Die Tanzshow**

Eine Schülerin wurde von der Schulleitung beauftragt, während einer öffentlichen Tanzshow von Schülern aus Anlass eines Schuljubiläums, die Tanzshow auf Video zu dokumentieren. Eine zahlende Zuschauerin, die nicht zur Schule gehörte, wurde verletzt, als die Schülerin ein vom Schulträger aufgebautes technisches Gerät versehentlich umstieß. Die verletzte Zuschauerin forderte 10.000 Euro Schmerzensgeld und Schadensersatz in Höhe von ca. 400 Euro.

Das Landgericht Coburg *(Az.: 12 O 459/05; SchulRecht 9–10/2007, S. 105 f.)* hat den Schulträger und die Schülerin verurteilt, 500 Euro Schmerzensgeld und 203,96 Euro Schadensersatz zu zahlen. Zwischen der Zuschauerin und dem Schulträger ist ein Vertrag zustande gekommen und der Schulträger muss sich das Verhalten der Schülerin zurechnen lassen, da die Schülerin im Auftrag der Schulleitung die Tanzshow dokumentieren sollte. Die Schülerin selbst hat den Schaden fahrlässig herbeigeführt.

Die gesamtschuldnerische Haftung bedeutet, dass der Schulträger und die Schülerin jeweils auf die gesamte Summe haften und untereinander einen Ausgleich herbeiführen müssen. Der Schulträger dürfte daher wohl mit befreiender Wirkung für die Schülerin die gesamte Summe gezahlt haben. Die Verletzte konnte keine schwerwiegenden und langdauernden Verletzungen nachweisen, daher erhielt sie nur einen geringen Teil des geforderten Schmerzensgeldes und einen Teil des Schadensersatzes. Die gesetzliche Unfallversicherung kam für den Schaden nicht auf, da die Zuschauerin keine Schulangehörige war. Über ein Schmerzensgeld und den Schadensersatz war daher nach den allgemeinen haftungsrechtlichen Regeln zu entscheiden.

e. Sachschäden

114 Bei Sachschäden kommt es nicht darauf an, ob der Schaden bei einem Mitschüler, Lehrer, unbeteiligtem Dritten wie einem Passanten oder beim Schulträger, etwa durch Beschädigung eines Stuhles, eingetreten ist. Liegt keine Verletzung der Aufsichtspflicht durch die Schule vor, haftet der Schüler selbst unmittelbar für den angerichteten Schaden, auch wenn er ihn nur leicht fahrlässig angerichtet hat.

»Die in der Praxis gelegentlich angewandte Kollektivhaftung der Klasse für einen Schaden, dessen Verursacher ersichtlich der Klasse angehört, sich aber nicht meldet und nicht zu ermitteln ist, ist unzulässig. ... Falls jedoch mehrere Schüler durch eine gemeinschaftlich begangene unerlaubte Handlung einen Schaden verursacht haben, kann jeder Beteiligte nach § 830 BGB zum Ersatz des gesamten Schadens herangezogen werden *(Avenarius/Hanschmann, S. 546).*

Die Höhe des Schadensersatzes hängt davon ab, was erforderlich ist, um den vor dem schädigenden Ereignis bestehenden Zustand wiederherzustellen. Ist eine Sache so beschädigt oder zerstört worden, dass eine Reparatur unmöglich ist, ist der Wiederbeschaffungswert zu ersetzen, also der Wert auf der Basis des ursprünglichen Anschaffungspreises, der wirtschaftlichen Lebens- und der tatsächlichen Nutzungsdauer.

Sofern Sachen der Mitschüler, Lehrer oder des Schulträgers beschädigt werden, sollten die Schüler – allein schon aus erzieherischen Gründen – von betroffenen Lehrern, Mitschülern oder dem Schulträger zur Verantwortung gezogen werden.

Die Schule kann dem Geschädigten persönliche Daten des Schädigers wie Name und Anschrift oder eigene Feststellungen zum Tathergang zur Verfügung stellen, wenn das für die Durchsetzung der Ansprüche des Geschädigten erforderlich ist.

Die Tatsache, dass die Schüler selbst häufig nicht über die finanziellen Mittel verfügen, um den Schaden ersetzen zu können, sollte kein Hinderungsgrund bei der rechtlichen Geltendmachung des Schadensersatzes sein, da viele Schüler privat haftpflichtversichert sind und ein unversicherter Schüler persönlich für den Schaden aufkommen muss, sobald er über ein eigenes Einkommen verfügt. Ein rechtskräftig festgestellter Anspruch verjährt grundsätzlich erst nach 30 Jahren (§ 197 Abs. 1 BGB). Wurde kein Titel erwirkt, verjähren Ansprüche aus der Verletzung des Eigentums nach zehn Jahren (§ 199 Abs. 3 BGB). Erfahrungsgemäß werden aber in vielen Fällen die Eltern bereit sein, den Schaden zu ersetzen. Aus Sicht der Schule und des Schulträgers sollte zudem bedacht werden, dass folgenlos mögliche oder nur mit geringfügigen schulischen Ordnungsmaßnahmen geahndete Sachbeschädigungen das Entstehen einer Tendenz zu allgemeinem Vandalismus an einer Schule erleichtern können.

F **Die Vandalen**

Ein 12-jähriger Schüler ist Mitversicherter einer von seinem Vater abgeschlossenen Privathaftpflichtversicherung. Die private Haftpflichtversicherung verweigert die Deckung eines Schadens in Höhe von 124.799,15 DM, den unter anderem dieser Schüler im Gebäude der von ihm besuchten Schule angerichtet hat. An einem Samstagnachmittag waren der Schüler, ein ebenfalls 12-jähriger Mitschüler und ein 10-jähriger Schüler durch ein Fenster in die Schule eingestiegen. In der Schule zerschlugen sie Gegenstände und warfen Lebensmittel und anderes auf den Boden. Außerdem verstopften sie im ersten und zweiten Obergeschoss die Abflüsse diverser Waschbecken und öffneten die Wasserhähne, wodurch es zu erheblichen Überschwemmungsschäden kam.
Die Haftpflichtversicherung des Schülers verweigert die Deckung, da der Schüler den Schadensfall vorsätzlich herbeigeführt habe.

Das Oberlandesgericht Düsseldorf *(Az.: 4 U 46/00; SchulRecht 11–12/2002, S. 194 f.)* hat die Klage auf Gewährung von Versicherungsschutz abgewiesen, da die Haftpflichtversicherung bei einem vorsätzlich verursachten Schaden nicht verpflichtet sei, für den Schaden aufzukommen.

»Daran, dass der Schüler wusste, etwas Verbotenes zu tun, für das er zur Verantwortung gezogen werden konnte, gibt es angesichts des Alters des Klägers von 12 Jahren sowie des Umstandes, dass er als Schüler einer Realschule keine ins Auge springenden intellektuellen Defizite aufgewiesen haben kann, keinen Zweifel.
Der Schüler hat den Schaden, für den er in Anspruch genommen wird, bewusst und gewollt herbeigeführt. … Es war alles auch für den Schüler unverkennbar auf die Verursachung eines ganz erheblichen Schadens angelegt. Der Vorsatz des Schülers richtete sich daher auch auf das Ausmaß der eingetretenen Schäden (»Schadenfolge«), wobei die Auswirkungen nicht im

Einzelnen, sondern nur im Großen und Ganzen vorhergesehen und gewollt sein müssen. Bedingter Vorsatz würde sogar ausgereicht haben.
Dem Schüler hat es auch nicht an der Fähigkeit gefehlt, sein Verhalten zu steuern. Eine »fast« zwanghafte Sucht nach Anerkennung (so das Vorbringen der Klägerseite in der Berufung) und eine leichte Verführbarkeit schließen die Steuerungsfähigkeit nicht aus, sondern führen allenfalls zu einer Einschränkung der freien Willensbestimmung, die den Vorsatz unberührt lässt. Angesichts des Umstandes, dass das Geschehen hier weit über einen missglückten »Dummen-Jungen-Streich« hinausgeht, können entgegen dem Appell des Schülers auch Billigkeitsgründe nicht dazu führen, der Privathaftpflichtversicherung den Einwand aus § 152 VVG (Verweigerung des Deckungsschutzes bei vorsätzlichem Handeln) abzuschneiden.«

III. Aufsichtspflicht und schulische Handlungsfelder

III. Aufsichtspflicht und schulische Handlungsfelder

1. Unterricht

a. Vor Unterrichtsbeginn und nach Unterrichtsende

Schüler sind eine angemessene Zeit vor Beginn und nach Beendigung des Unterrichts zu beaufsichtigen. Als angemessen werden in den Verwaltungsvorschriften der meisten Länder jeweils 15 Minuten vor Beginn und nach dem Ende des Unterrichts angesehen. Treffen z. B. die Schulbusse 15 Minuten vor Unterrichtsbeginn ein, setzt in der Regel dann auch die Aufsichtspflicht ein. Bei Fahrschülern kann sich die Aufsichtsdauer aber auch auf 30 Minuten verlängern. **115**

! Es empfiehlt sich, Schüler und Eltern von Zeit zu Zeit darauf hinzuweisen, dass die Aufsichtspflicht erst eine angemessene Zeit vor dem tatsächlichen Unterricht der jeweiligen Schüler beginnt.

Die bloße Tatsache, dass Eltern ihre Kinder zu einer bestimmten Zeit lange vor Unterrichtsbeginn zur Schule bringen oder nach Unterrichtsende von dort abholen, löst nicht zwangsläufig eine Aufsichtspflicht der Schule aus. Entscheidend ist in vielen Fällen das Eintreffen bzw. Abfahren der Fahrschüler, die zu bestimmten Zeiten ankommen oder abfahren müssen bzw. das gewöhnliche Eintreffen einer größeren Schülerzahl, nicht aber die Arbeitszeit einiger Eltern oder deren private Planungen.

F **Die medizinische Versorgung**

Ein Kind des ersten Schuljahres leidet an Diabetes. Die Eltern fordern von den Lehrerinnen, dass sie die erforderliche Messung des Blutzuckerspiegels unterstützen, indem sie auf einer Skala den Wert der Blutzuckermessung ablesen, da das Kind nicht lesen kann. Außerdem sollen sie darauf achten, dass das Kind der Messung entsprechend Nahrung zu sich nimmt. Die Eltern erklären schriftlich, im Falle eines Fehlers der Lehrer auf jeden Schadensersatzanspruch zu verzichten. **116**

Vergleichbare Fälle treten auch auf, wenn ein Schüler zu bestimmten Zeiten Medikamente einnehmen muss und die Eltern von den Lehrern erwarten, dass sie die pünktliche Einnahme der richtigen Dosis kontrollieren. Bei Klassenfahrten machen Eltern gelegentlich die Teilnahme des Kindes davon abhängig, dass eine medizinisch notwendige Kontrolle und Versorgung sichergestellt werden kann.

Lehrer sind aufgrund ihrer beruflichen Qualifikation nicht in der Lage und aufgrund ihrer in Gesetzen und Dienstordnungen festgelegten Dienstpflichten und ihres Berufsbildes auch nicht verpflichtet, eine medizinische Versorgung von Schülern vorzunehmen. Das gilt auch, wenn es sich nicht um körperliche Eingriffe, sondern um kontrollierende Maßnahmen, wie das Ablesen bestimmter Messwerte handelt. Die Eltern müssen die notwendige medizinische Versorgung ihrer Kinder sicherstellen, indem sie z. B. das Ablesen von Messinstrumenten üben, bzw. bei Klassenfahrten als Begleitpersonen mitfahren oder eine aus schulischer Sicht zumutbare Begleitperson benennen.

Die Zusage der Eltern, auf Schadensersatz und Schmerzensgeldansprüche zu verzichten, ist – falls sie überhaupt rechtlich verbindlich sein sollte – wertlos, da Lehrer für fahrlässig im Dienst angerichtete Schäden ohnehin nicht haften, die Regelungen zur gesetzlichen Unfallversicherung Schmerzensgeldansprüche bei fahrlässigem Lehrerhandeln ausschließen und die Eltern den Regressanspruch des Trägers der gesetzlichen Unfallversicherung gegen Lehrer bei grob fahrlässigem Handeln nicht unterbinden können.

b. Verlassen des Unterrichtsraumes durch Schüler oder Lehrer

Schüler verlassen gelegentlich gegen den Willen des Lehrers den Unterrichtsraum oder werden vom Lehrer von der laufenden Unterrichtsstunde ausgeschlossen.

F **Die Verweisung aus der Klasse**

117 Wegen fortwährender Störung des Unterrichtes wird ein Schüler aus dem Unterrichtsraum verwiesen.

Die Unbedenklichkeit dieser Maßnahme hängt von den Umständen des Einzelfalles ab. Die Kontinuität der Aufsicht ist gewährleistet, wenn der aus dem Klassenraum verwiesene Schüler jederzeit damit rechnen muss, dass seine

Anwesenheit vor der Tür kontrolliert wird, und er nicht weiß, wann er wieder zur Rückkehr in den Klassenraum aufgefordert wird. Verstöße gegen die kontinuierliche Aufsicht lägen beispielsweise vor, wenn Schüler aus Erfahrung wüssten, dass ihr weiteres Verhalten nicht kontrolliert wird oder wenn sie ausdrücklich aufgefordert werden, bis zum Ende der Unterrichtsstunde nicht zurückzukehren.

Liegen keine Anzeichen für eine besondere Gefahrenlage vor, ist die Maßnahme unter dem Gesichtspunkt der präventiven Aufsichtsführung unbedenklich. Handelt es sich dagegen um einen Schüler, der zu Kurzschlussreaktionen neigt oder wegen eines unkontrollierten Wutanfalles im Klassenraum aus dem Raum verwiesen wurde, liegen besondere Gefahren vor, die gegen ein bloßes Verweisen aus dem Raum sprechen. Das Gleiche gilt auch, wenn sich bereits andere Schüler auf dem Flur befinden. Die aktive Aufsichtsführung erfordert die stichprobenartige Kontrolle des Verhaltens eines hinausgestellten Schülers. Bei besonderen Gefahrenlagen kann den Erfordernissen einer aktiven Aufsichtsführung beispielsweise durch das Offenlassen der Tür oder durch die Übergabe eines Schülers an die in der Nachbarklasse unterrichtende Lehrkraft – selbstverständlich nur im Einverständnis mit dieser – genügt werden.

Besteht die Gefahr, dass ein Schüler außerhalb des Klassenraumes größeren Schaden anrichtet als in der Klasse, hängt es vom Alter und der konkreten emotionalen Situation des Schülers ab, ob er an anderer Stelle in der Schule, z. B. im Lehrerzimmer beaufsichtigt wird oder ob er nach Hause geschickt wird. Grundschulkinder dürfen nicht vorzeitig nach Hause geschickt werden. Bei Schülern weiterführender Schulen ist eine solche Maßnahme, die in der Regel von der Schulleitung angeordnet werden muss, grundsätzlich zulässig. Ihre Rechtmäßigkeit im Einzelfall hängt von den konkreten Umständen der jeweiligen Situation ab. Dabei ist zum Beispiel zu berücksichtigen, ob ein Schüler unbeaufsichtigt eventuell größeres Unheil stiften kann, als wenn er in der Klasse verbleibt. Kann er weder in der Klasse verbleiben, noch außerhalb der Klasse angemessen beaufsichtigt werden, sollte er eventuell nach Hause geschickt werden.« Die Annahme, diese Sanktion sei rechtswidrig, weil der Schüler daran gehindert werde, seine Schulpflicht zu erfüllen und sein Recht auf Bildung wahrzunehmen, geht fehl. Die Schulpflicht verlangt mehr als physische Präsenz, sie verlangt Mitwirkung. Wer den Unterricht stört, handelt der Schulpflicht zuwider … Die Lehrkraft, die den Schüler in einem solchen Fall heimschickt und ihm dadurch sein Fehlverhalten vor Augen führt, beeinträchtigt daher nicht den mit der Schulpflicht zu erreichenden Zweck, sondern fördert ihn.« *(Avenarius/Hanschmann, S. 626 f.)*. Bei Grundschülern sind die Eltern vorher zu benachrichtigen, in jedem Fall sind besondere Gefahrenlagen zu berücksichtigen, und die Entscheidung bedarf der Zustimmung des Schulleiters, wenn nicht nur die vom jeweiligen Lehrer selbst erteilten Stunden betroffen sind.

Seiner Verweisung aus dem Klassenraum kann ein Schüler selbstverständlich nicht seinen Anspruch auf Unterricht entgegenhalten, da sein eigener Anspruch auf Unterricht ihm nicht das Recht verleiht, den Unterrichtsanspruch seiner Mitschüler zu gefährden oder zunichte zu machen.

118 Wird ein Schüler nach Hause geschickt, weil er beispielsweise Unterrichtsmaterial vergessen hat, befindet er sich zwar auf dem Schulweg, sodass grundsätzlich keine Aufsichtsverpflichtung besteht. Bei Grundschülern ist aber zu bedenken, dass sie nur zu den im Stundenplan vorgesehenen Zeiten nach Hause geschickt werden dürfen. Bei Schülern weiterführender Schulen ist die Zulässigkeit einer solchen Maßnahme abhängig von den Umständen des Einzelfalles wie dem Alter des Schülers, der Länge des Schulweges, der Wahrscheinlichkeit, Zutritt zur Wohnung zu erhalten und etwaigen Hinweisen darauf, dass der Schüler vielleicht wegen einer vorausgegangenen heftigen Auseinandersetzung mit dem Lehrer nicht nach Hause gehen oder nicht wieder zur Schule zurückkehren wird.

F **Der enteilende Schüler**

119 Ein Schüler verlässt plötzlich den Klassenraum und läuft aus dem Schulgebäude.

In dieser Situation ist zunächst die Frage zu klären, ob dieses Verhalten des Schülers vorhersehbar war (präventive Aufsicht) und hätte verhindert werden können (aktive Aufsicht).

Hat ein Schüler den Klassenraum schon einmal ohne Erlaubnis verlassen, wird man ihm beispielsweise einen Sitzplatz in möglichst großer Entfernung von der Tür zuweisen. Je nach Alter des Schülers kann es Lehrern auch zumutbar sein, ihn festzuhalten. Das schließt auch eine »Verfolgung« des Schülers im Schulgebäude ein, falls die Situation in der Klasse das zulässt.

Ist es mit zumutbaren Mitteln nicht möglich, den Schüler am Verlassen des Klassenraumes und des Schulgebäudes zu hindern, hat der Lehrer zunächst die Aufsicht über seine Klasse wahrzunehmen. Das unerlaubte Verlassen des Klassenraumes und des Schulgebäudes durch einen Schüler stellt dann keine Aufsichtspflichtverletzung des Lehrers dar.

Lehrer dürfen den Klassenraum nur im Ausnahmefall bei zwingender Notwen- **120**
digkeit verlassen. Eltern, die während der Unterrichtszeit ein Gespräch wünschen oder Telefonanrufe stellen in aller Regel keinen zwingenden Grund dar. Fehlen Lehrmittel, z. B. eine Landkarte oder anderes Anschauungsmaterial, ist zu prüfen, ob ein Schüler beauftragt werden kann, den Gegenstand zu holen. Entschließt sich der Lehrer, den Klassenraum kurzzeitig zu verlassen, darf in dieser Situation in der Klasse keine besondere Gefahrenlage wie ungewöhnliche Unruhe oder Streit zwischen Schülern gegeben sein, und der Lehrer sollte erwägen, dem Klassensprecher oder einem anderen Schüler die Aufsichtsführung zu übertragen.

c. Mitwirkung schulfremder Personen im Unterricht

Die Mitwirkung schulfremder Personen im Unterricht kann auf eine kurze **121**
Zeit beschränkt sein, wenn beispielsweise Eltern in einer Unterrichtsstunde aus ihrem Berufsalltag berichten oder ein Berufsberater in die Schule kommt, sie kann aber auch auf längere Dauer angelegt sein, wenn entsprechende landesrechtliche Regelungen vorsehen, dass Eltern vorwiegend in Grund- und Sonderschulen in geeigneten Unterrichtsbereichen mitarbeiten oder in allen Schulformen und Schulstufen bei außerunterrichtlichen Schulveranstaltungen und Angeboten im Ganztagsbereich tätig werden können.

Bei einer kurzzeitigen Mitarbeit schulfremder Personen ist in der Regel davon auszugehen, dass ein aufsichtführender Lehrer anwesend sein muss. Je nach Alter und Verantwortungsbewusstsein der Schülergruppe und Erfahrung der eingeladenen Person im Umgang mit Schülergruppen kann der Lehrer den Unterricht aber auch für eine gewisse Zeit verlassen.

Auch bei einer dauerhaften Mitarbeit von Eltern im Unterricht bleibt die Gesamtverantwortung beim Lehrer, der daher auch eine ausreichende Aufsicht sicherstellen muss. In Abhängigkeit von der konkreten Situation kann dabei den mitarbeitenden Eltern die Aufsicht in zunehmendem Maße zur selbstständigen Wahrnehmung übertragen werden. Stichprobenartige Kontrollen und intensives Nachfragen nach der Unterrichts- und Aufsichtssituation bleiben aber wegen der Gesamtverantwortung des Lehrers in jedem Fall unverzichtbar.

d. Unterrichtsausfall/Freistunden

122 Bei Unterrichtsausfall und in Freistunden besteht die Aufsichtspflicht der Schule fort. Schüler der Primarstufe müssen in diesen Zeiten beaufsichtigt werden. Sie dürfen das Schulgelände nicht verlassen und nur mit dem ausdrücklichen Einverständnis der Eltern vorzeitig nach Hause entlassen werden.

Allerdings können die Eltern nicht durch ein generelles Einverständnis die Schule von ihrer Aufsichtspflicht befreien. Eltern können daher nicht generell zustimmen, dass ihr Kind z. B. bei »Hitzefrei« nach Hause geschickt wird, vielmehr sind die Eltern von der Schule zu informieren, sobald absehbar ist, dass in den nächsten Tagen wegen großer Hitze Unterricht ausfallen wird. Die Eltern sind dann rechtzeitig informiert und können sich darauf einstellen, dass ihr Kind vorzeitig nach Hause kommen wird. Wird ein Rundrufsystem praktiziert, bei dem jeweils klassenweise vereinbart ist, welche Eltern eine Nachricht der Schule telefonisch weitergeben, muss sichergestellt sein, dass die Schule über eine mögliche Unterbrechung der Informationskette informiert wird. Bestehen Zweifel, ob ein Grundschulkind bei kurzfristigem Unterrichtsausfall zu Hause erwartet wird, muss es in der Schule beaufsichtigt werden.

123 Bei Schülern der Sekundarstufe I ist davon auszugehen, dass den älteren Schülern, also denen der 9. und 10. Klasse, das Verlassen des Schulgeländes gestattet werden kann.

> »Ihnen kann das Verlassen des Schulgeländes in der Mittagspause [und entsprechend in Freistunden sowie bei Unterrichtsausfall] gestattet werden, wenn dies für die Schüler selbst oder für Dritte nicht mit besonderen Gefahren oder Nachteilen verbunden ist … Bei Schülern der angesprochenen Alters- bzw. Klassenstufe darf die Schule grundsätzlich bereits ein solches Maß an geistiger und charakterlicher Entwicklung voraussetzen, dass die Schüler – auch ohne entsprechende ausdrückliche Erlaubnis der Eltern – die Mittagspause eigenverantwortlich außerhalb des Schulgeländes verbringen

können, ohne sich selbst oder andere durch unverständiges oder unberechenbares Verhalten zu gefährden.« *(VGH Baden-Württemberg, Az.: 9 S 592/86; SPE 140 Nr. 9).*

Bei jüngeren Schülern kann – je nach landesrechtlicher Regelung – durch Konferenzbeschluss und mit dem schriftlichen Einverständnis der Eltern das Verlassen des Schulgeländes gestattet werden.

Minderjährigen Schülern der Sekundarstufe II kann durch Konferenzbeschluss das Verlassen des Schulgeländes gestattet werden. Volljährige Schüler dürfen das Schulgrundstück in diesen Zeiten auch ohne Konferenzbeschluss verlassen.

In allen Fällen, in denen ein Verlassen des Schulgrundstücks erlaubt wird, entfallen die Aufsichtspflicht der Schule und der Schutz der gesetzlichen Unfallversicherung.

2. Unterrichtsweg

Unterrichtswege sind alle Wege zwischen den Orten schulischer Veranstal- **124**
tungen – etwa dem Schulgebäude und einem Sportplatz – sowie die Wege, die Schüler im Auftrag eines Lehrers zurücklegen, z. B. um Einkäufe für den Hauswirtschaftsunterricht zu erledigen. Auf Unterrichtswegen besteht eine Aufsichtspflicht der Schule. Einige Länder schreiben vor, dass Grundschüler auf allen Unterrichtswegen zu beaufsichtigen sind. Existieren keine Vorschriften, liegt es im Ermessen des zur Aufsichtsführung verpflichteten Lehrers zu entscheiden, ob Schüler allein oder in Gruppen Unterrichtswege ohne Begleitung zurücklegen können.

Werden Schüler zum Ort einer Schulveranstaltung bestellt, so dass sie unmittelbar von zu Hause beispielsweise zum Sportplatz gehen, handelt es sich nicht um einen Unterrichts-, sondern um einen Schulweg. Gleiches gilt, wenn Schüler von einem Unterrichtsort, z. B. dem Schwimmbad, nach Hause entlassen werden. Auf Schulwegen besteht keine Aufsichtspflicht der Schule. Beobachtet ein Lehrer aber Schüler seiner Schule auf dem Schulweg bei gefährlichem Verhalten, ist er wegen des engen zeitlichen und räumlichen Zusammenhangs mit der Schule und seiner Fürsorgepflicht für die Schüler verpflichtet, einzugreifen, wenn ihm das möglich und zumutbar ist. Bestehen allerdings wegen des Alters der Schüler oder wegen besonderer Gefahren auf dem Weg Bedenken, die Schüler einen Schulweg allein zurücklegen zu lassen, müssen sie zur Schule bestellt und von dort zum Unterrichtsort begleitet werden, bzw. zur Schule gebracht und erst dort wieder auf den ihnen vertrauten Schulweg entlassen werden.

Auch wenn es in einem konkreten Fall unbedenklich ist, die Schüler beispielsweise zur ersten Stunde zum Sportplatz zu bestellen, muss der unterrichtende Lehrer 15 Minuten vor Unterrichtsbeginn am Sportplatz sein, um die vor Beginn des Unterrichts vorgeschriebene Aufsicht führen zu können.

F **Der Unterrichtsweg über das Fahrzeugdach**

Die 3. Klasse einer Grundschule in einer Großstadt legt den gut einen Kilometer langen Weg zwischen Schule und Schwimmbad zur Erteilung des Schwimmunterrichtes ohne Begleitung eines Lehrers zurück. Ein Schüler klettert auf das Dach eines geparkten Pkws und verursacht erhebliche Lackschäden.

Das Landgericht Hamburg *(LG Hamburg, Az.: 303 O 174/90)* ist zu folgender Entscheidung gekommen:

> Grundsätzlich bedürfen »... Kinder in dem Alter des Schülers nicht ... ständiger Beaufsichtigung ..., vielmehr ist es bei Kindern in dem fraglichen Alter ohne weiteres zulässig, sie in dem angestammten Wohnviertel allein im Freien spielen zu lassen und ihnen dabei eine räumliche Bewegungsfreiheit einzuräumen, die eine jederzeitige unmittelbare Beaufsichtigung nicht mehr gestattet ...
> Dieser Sachverhalt ist jedoch mit dem vorliegenden Fall in mehrerer Hinsicht nicht vergleichbar: Zum einen ist zu beachten, dass ... der Weg, den die Schüler im Streitfall zurückgelegt haben, Bestandteil des Unterrichts war, es sich also insoweit um eine schulische Veranstaltung handelte, nicht aber etwa um Freizeitausübung der Kinder. Dabei ist zu berücksichtigen, dass erfahrungsgemäß der Umstand, dass Schüler während der eigentlichen Schulzeit unbeaufsichtigt sind, sie in besonderem Maße zu unkontrollierten und unsachgemäßen Handlungen verleitet. Dies gilt um so mehr, wenn

die Schüler mehrere Unterrichtsstunden bereits hinter sich haben, in denen sie ihren natürlichen Bewegungsdrang bezähmen mussten. Hinzu kommt, dass gerade bei Schülern im Alter von etwa 10 Jahren in derartigen Fällen vermehrt damit zu rechnen ist, dass sie einander durch an sich verbotene Handlungen imponieren wollen und gegenseitig zu derartigen Handlungen animieren und hochschaukeln. Von daher ist in Fällen, in denen Schüler nach mehreren Stunden Unterricht geschlossen einen Weg zurücklegen, die Gefahr, dass Schäden an Sachen Dritter entstehen, gegenüber dem normalen Freizeitgebrauch gleichaltriger Schüler im Freien erheblich erhöht.
Zwar stellt es nach der Rechtsprechung generell keine Verletzung der Aufsichtspflicht der Eltern oder der Schule dar, wenn die Schüler nach dem Schluss des Unterrichts ohne Aufsicht die Schule verlassen und den Heimweg antreten können. Auch dabei können grundsätzlich ähnliche Effekte auftreten, dass nämlich der gestaute Bewegungsdrang befriedigt wird und durch die Gruppenbildung eine Veranlassung zu an sich verbotenem Handeln gegeben sein kann. Der Unterschied zum Streitfall liegt jedoch darin, dass nach Schulschluss erfahrungsgemäß der Weg in kleineren Gruppen angetreten wird, wogegen auf einem »Unterrichtsweg« die Besonderheit gerade darin liegt, dass durch die Fortsetzung des Unterrichts an anderer Stelle praktisch die ganze Klasse geschlossen unbeaufsichtigt den Weg zurücklegen muss … Die hierin liegende Steigerung der Gefahr unkontrollierter Handlungen durch die Schüler im Alter von 9/10 Jahren bedeutet nach Überzeugung der Kammer [des Gerichts], dass hier eine Aufsicht erforderlich ist. Diese [den Lehrern] … obliegende Aufsichtspflicht ist im Streitfall verletzt worden. Diese Pflichtverletzung erfolgte auch unter Außerachtlassung der im Verkehr erforderlichen Sorgfalt. Insbesondere wird [die Schule] … nicht von ihrer Aufsichtspflicht dadurch entbunden, dass aufgrund haushaltsrechtlicher Vorgaben im Stellenplan möglicherweise hinreichend Lehrer zur Beaufsichtigung der Klassen während solcher Wege nicht zur Verfügung stehen.«

Dem geschädigten Kfz-Eigentümer steht daher ein Schadensersatzanspruch gegen das Land als Dienstherrn des Lehrers zu.

Ein möglicher Rückgriff des Landes auf Lehrer oder Schulleiter hängt von 125
den weiteren Umständen des Falles ab. War der Schulleiter damit einverstanden oder hatte er wissentlich geduldet, dass die Schüler der 3. Klasse diesen

Unterrichtsweg selbstständig zurücklegten, trifft ihn ein Organisationsverschulden. Hat der Sportlehrer dagegen eigenmächtig eine entsprechende Entscheidung getroffen, hat er durch schuldhaftes Verhalten seine Aufsichtspflicht verletzt.

Wie bei Aufsichtssituationen generell sollte auch in diesem Fall eine vorschnelle Verallgemeinerung vermieden werden. Auf Unterrichtswegen kann unter Umständen auf eine Beaufsichtigung verzichtet werden. Das Gericht hätte möglicherweise bei einem kurzen Unterrichtsweg in einer ländlichen Gegend und Schülern einer 6. Klasse anders entschieden.

Bei Grundschülern ist in der Regel von der Beaufsichtigung auf Unterrichtswegen auszugehen. In einigen Bundesländern ist eine solche Beaufsichtigung in Verwaltungsvorschriften ausdrücklich vorgeschrieben, während die Beaufsichtigung der Schüler weiterführender Schulen auf Unterrichtswegen davon abhängt, ob keine besonderen Gefahren zu erwarten sind. Da mit dem selbstständigen Zurücklegen eines Unterrichtsweges kein besonderes pädagogisches Ziel wie etwa die Selbstständigkeit, sondern lediglich eine Verminderung der Aufsichtsaufgaben angestrebt wird, sind die Anforderungen an die Gefahrenfreiheit des Unterrichtsweges hoch anzusetzen.

3. Schülerlotsendienst

126 Aufgabe der Schülerlotsen bzw. der auch gelegentlich eingesetzten Elternlotsen ist die Sicherung des Schulweges. Erleiden Lotsen bei ihrem Einsatz einen Körperschaden, stehen sie unter dem Schutz der gesetzlichen Unfallversicherung. Verursachen sie Schäden, tritt die Staatshaftung des Landes ein. Außerdem muss der Schulträger eine angemessene Haftpflichtversicherung für die Lotsen abschließen.

4. Pausenaufsicht

»Wie die Pausenaufsicht in einer Schule zu organisieren ist, hängt von den Umständen des Einzelfalles ab, wobei insbesondere Größe und Übersichtlichkeit des Schulgeländes, Zahl der Schüler und deren Alter sowie naheliegende Gefahrenquellen von Bedeutung sind.« *(Hanseatisches Oberlandesgericht, Az.: 1 U 110/98; SchulRecht 6–8/1999, S. 89).* 127

Wird ein Pausenhof von mehreren Schulen in einem Schulzentrum genutzt, muss die Aufsichtsregelung zwischen den Schulen abgestimmt werden. Die Aufsichtspflicht erstreckt sich in einem Schulzentrum auf die gesamte Einrichtung und auf alle Schüler, unbeschadet der Schulzugehörigkeit des aufsichtführenden Lehrers *(Verwaltungsvorschriften zu § 57 Abs. 1 SchulG NRW; die Rechtslage in anderen Bundesländern ist damit vergleichbar).* Lehrer können daher bei der Pausenhofaufsicht auch Schülern anderer Schulen verbindliche Weisungen erteilen. 128

F **Die Kastanienwürfe**

Schüler einer weiterführenden Schule bewarfen während der Pause vom Schulhof aus einen vorbeifahrenden Pkw mit Kastanien. 129

Die beiden aufsichtführenden Lehrer hielten sich im hinteren Bereich des Schulgeländes auf.

»Damit genügten sie unter den vorliegenden Umständen ihrer Aufsichtspflicht. Sie waren nicht verpflichtet, auch den vorderen Bereich des Schulgeländes, auf welchem sich der Kastanienbaum befindet, unter ständiger und dauernder Aufsicht zu halten. [Es ist unzumutbar] … allein deswegen, weil am Schulhof eine öffentliche Straße vorbeiführt und sich ein Kastanienbaum mit reifen Kastanien auf dem Gelände befindet, soviel Pausenaufsichtspersonal aufzubieten, dass jeder Schüler zu jeder Zeit an jeder Stelle des Schulhofes gesehen und kontrolliert werden kann, dass er nicht mit Kastanien auf schulfremde Personen oder fremde Sachen wirft …

Aber selbst wenn man annimmt, es sei im Bereich des Kastanienbaumes eine besondere Aufsicht erforderlich gewesen, steht damit noch nicht fest, dass es dann nicht zu dem Vorfall gekommen wäre. Es besteht auch keine

Vermutung dafür, dass der oder die Schüler sich nicht so, wie geschehen, verhalten hätten, wenn eine Aufsichtsperson im Bereich der Kastanie zugegen gewesen wäre. Es kann auch keine Rede davon sein, dass die Aufsichtsperson sofort hätte einschreiten und so einen nennenswerten Schaden verhindern können. Es entspricht nämlich der Lebenserfahrung und kann nicht ausgeschlossen werden, dass ein Kind schnell zu einem Stein oder – wie hier – einer Kastanie greift und über das Schulgelände hinauswirft. Ein derartiges Ereignis spielt sich regelmäßig so schnell ab, dass ein Eingreifen selbst einer im Bereich des Kastanienbaumes befindlichen Aufsichtsperson nicht rechtzeitig möglich gewesen wäre. Unter diesen Umständen fehlt es auch an dem erforderlichen Ursachenzusammenhang zwischen einer – in diesem Zusammenhang unterstellten – Verletzung der Aufsichtspflicht und dem Schadenseintritt.« *(LG Aachen, Az.: 4 O 319/91).* (Zu Steinwürfen während der Pause siehe I 7. c.)

F **Der Wurf mit dem Tuschepinsel**

130 Nach dem Werkunterricht in einem Werkraum, der sich im Untergeschoss des Schulgebäudes befand, hatte ein zehnjähriger Schüler während der 12-Uhr-Pause den Waschraum vor der Toilette im Erdgeschoss des Schulgebäudes aufgesucht, um sich die Hände zu waschen und dann auf den Pausenhof hinauszugehen. Vor dem Waschraum befand sich u. a. ein 14-jähriger Schüler, der mit einem Tuschkastenpinsel nach dem zehnjährigen Schüler warf und ihn in das rechte Auge traf.

Zur Zeit des Vorfalls waren weder der auf dem Flur zur Aufsicht eingeteilte Lehrer, der die Fluraufsicht zu Beginn der 12-Uhr-Pause bereits beendet und sich in das Lehrerzimmer begeben hatte, noch der Werkstattlehrer, der sich noch im Werkraum befand, in der Nähe.

Das Oberlandesgericht *(OLG Bremen, Az.: 3 U 68/75; SPE 140 Nr. 6 und SPE a. F. VI F I 23 ff.)* beurteilte den Vorgang folgendermaßen:

»Die Tatsache, dass der Lehrer seine Aufsicht im Flur schon beendet und das Lehrerzimmer aufgesucht hatte, gereicht ihm nicht zum Verschulden. Denn nach den an der Schule … getroffenen Regelungen für die Pausenaufsicht brauchte er nur solange im Flur zu bleiben, bis alle Schüler der auf diesem

Flur befindlichen Klassen das Gebäude verlassen hatten und auf den Pausenhof gegangen waren. Es kann nicht ausgeschlossen werden, dass diese Voraussetzung bereits eingetreten war … [Es] ist davon auszugehen, dass sich zur Zeit des Zwischenfalls, bei dem der Kläger am Auge verletzt wurde, nur wenige Schüler im Gebäude befanden, und zwar zuletzt nur noch der Kläger [der verletzte Schüler] selbst und [ein] Zeuge … Die übrigen Schüler, die vorher in der Nähe gewesen sein sollen, können dorthin gelangt sein, nachdem die Klassenräume und der Flur des Erdgeschosses bereits von allen Schülern verlassen worden waren. Denn es besteht zunächst die Möglichkeit, dass es sich um Klassenkameraden des Klägers handelte, die mit ihm – anscheinend erst verspätet – aus dem Werkraum im Kellergeschoss in die Pause entlassen worden waren und zunächst die Toilette und den Waschraum im Erdgeschoss aufgesucht hatten, oder um Schüler, die sich mit oder ohne Erlaubnis des die Aufsicht führenden Lehrers nach Pausenbeginn wieder in das Gebäude begeben hatten. Es steht jedoch nur ein Schüler namentlich fest, der nicht zur Klassengemeinschaft … [des verletzten Schülers] gehörte, nämlich der Schüler … [der den Tuschpinsel geworfen hat]. Danach ist durchaus möglich, dass vorher im Flur des Erdgeschosses einschließlich Toilette und Waschraum und in den der Aufsicht des Lehrers … unterstehenden Klassenräumen kein Schüler mehr gewesen war, so dass der Lehrer … seine Aufsicht als beendet ansehen und ins Lehrerzimmer gehen konnte. Nähere Feststellungen lassen sich nicht treffen, da der … [Lehrer] keine zuverlässige Erinnerung mehr an die Vorgänge jenes Tages hat und deshalb nur noch angeben konnte, wie er die Aufsicht regelmäßig gehandhabt hat. Die von ihm eingeräumte Tatsache, dass er den Werkraum im Kellergeschoss nicht kontrolliert habe, gereicht ihm nicht zum Verschulden, da der Werkraum im Kellergeschoss nach seiner glaubhaften Aussage nicht zu dem ihm zugewiesenen Aufsichtsbereich gehörte, sondern der jeweilige Werklehrer die Pflicht hatte, die von ihm unterrichteten Schüler beim Verlassen des Gebäudes und Aufsuchen des Schulhofs zu beaufsichtigen.

Die durch diese Ungewissheit verbleibenden Zweifel gehen zu Lasten des **131**
Klägers [des verletzten Schülers], der für die Amtspflichtverletzung beweispflichtig ist, auf die er seinen Anspruch stützt.

Es kann auch nicht festgestellt werden, dass eine schuldhafte Amtspflichtverletzung seitens des Werkstattlehrers für den Schaden … ursächlich geworden ist … Es ist nämlich nicht auszuschließen, dass die Verletzung des Klägers auch dann eingetreten wäre, wenn der Werkstattlehrer in angemessener und zumutbarer Weise seiner Aufsichtspflicht nachgekommen wäre. Denn, da sich der Werkraum im Kellergeschoss, die Toilette mit Waschraum aber im Erdgeschoss des Schulgebäudes befindet, ist es einem Lehrer allein nicht möglich, gleichzeitig alle Schüler zu beobachten, während sie den Werkraum verlassen und zum Teil unmittelbar dem Ausgang zum Hof zustreben, zum anderen Teil aber zuerst die Toilette im Erdgeschoss aufsuchen, sich unterschiedlich lange darin aufhalten und dann auf den Hof hinauslaufen. Der Zwischenfall hätte sich also von dem Werkstattlehrer unbemerkt in dem Waschraum vor der Toilette ereignen können, während der Werklehrer den Flur des Kellergeschosses oder den Treppenbereich beobachtete …

132 Der Senat [des OLG] vermag auch nicht eine Amtspflichtverletzung der Schulleitung darin zu sehen, dass sie nicht Vorsorge für ein dichteres im Einzelfall wirksameres Aufsichtsnetz getroffen hat … [Den Anforderungen an die Aufsichtspflicht] ist durch die von der Schulleitung getroffene Regelung für die Pausenaufsicht Genüge getan, dass sich zum Pausenbeginn und zum Pausenende, wenn die Schüler aus den Klassen auf den Hof oder vom Hof zurück in die Klassen strömen, je ein Lehrer auf jedem Flur aufhält und im Übrigen zwei Lehrer auf dem Pausenhof die Aufsicht führen. Die Tatsache, dass einzelne Schüler auch während der Pause mit Genehmigung des die Pausenaufsicht führenden Lehrers – möglicherweise auch ohne von ihm bemerkt zu werden – das Gebäude betreten konnten, erforderte keine dauernde Aufsichtsperson auf den Schulfluren während der Pausen, solange es bei Einzelfällen blieb. Denn allein das Gefühl eines Schülers, dem Aufsicht führenden Lehrer, den er um die Erlaubnis gebeten hat, bekannt zu sein, bewirkt regelmäßig ein gewisses Gefühl, unter Kontrolle zu stehen. Dass das Schulgebäude während der Hofpausen häufig von Schülern in größerer Zahl betreten worden ist, sodass eine Aufsicht auf den Fluren während der gesamten Pausenzeit geboten gewesen wäre, ist dem Vortrag des Klägers [des verletzten Schülers] nicht zu entnehmen.«

F **Die Schulhofprügelei**

Während der Aufsicht auf dem Schulhof bemerkt eine Lehrerin, dass zwei 133
Schüler einer 8. Klasse sich prügeln. Ihre Aufforderung, die Auseinandersetzung sofort zu beenden, befolgen die beiden Schüler nicht. Die Lehrerin greift daraufhin nicht ein, sondern holt einen ebenfalls Aufsicht führenden Kollegen, der gerade einen anderen Teil des Schulhofes beobachtet, zu Hilfe.

Jeder Aufsicht führende Lehrer hat die Verpflichtung, die ihm anvertrauten Schüler vor Schaden zu bewahren. Sollte dazu ein körperliches Eingreifen wie das Festhalten oder Wegziehen eines Schülers erforderlich und angemessen sein, ist dieser körperliche Einsatz, falls dabei ein Schüler verletzt wird, in der Regel durch Notwehr, Nothilfe oder Notstand gerechtfertigt.

Für die Beurteilung einer möglichen Verletzung der Aufsichtspflicht ist aber nicht entscheidend, ob Lehrer berechtigt sind, einzugreifen, sondern ob sie dazu verpflichtet sind. Grundsätzlich besteht eine solche Verpflichtung, sie setzt allerdings wie alle Aufsichtsmaßnahmen die Zumutbarkeit voraus. Ob im konkreten Fall ein körperliches Eingreifen verlangt werden kann, hängt unter anderem vom Alter und der Zahl der beteiligten Schüler, der Aggressivität der Auseinandersetzung und den körperlichen Möglichkeiten des Lehrers sowie der Gefahr, selbst nicht ganz unerhebliche Verletzungen zu erleiden, ab.

Im obigen Fall ist davon auszugehen, dass es der Lehrerin nicht zumutbar ist, bei einer Schlägerei zwischen Schülern einer 8. Klasse körperlich einzugreifen. Sie ist daher ihrer Aufsichtspflicht nachgekommen, indem sie einen Kollegen zu Hilfe gerufen hat.

F **Das Verlassen des Schulhofes**

Während der Pause auf dem Schulhof gelingt es immer wieder einzelnen 134
Schülern, das Gelände unbemerkt von den Aufsichtspersonen zu verlassen, indem sie durch die dichte Bepflanzung kriechen, die den Schulhof an einer Seite begrenzt. Ein Schüler, der das Gelände auf diese Weise verlassen hat, wird von einem Pkw angefahren.

Lediglich Schülern der Sekundarstufe II kann unter bestimmten Bedingungen das Verlassen des Schulgeländes während der Unterrichtspausen gestattet werden. Bei Schülern der Primarstufe und der Sekundarstufe I gehört es zur Aufsichtspflicht, ein Verlassen des Schulhofes zu verhindern. Die Erfüllung dieser Verpflichtung kann aber je nach den baulichen und örtlichen Gegebenheiten schwierig sein. Im geschilderten Fall kommt es immer wieder vor, dass Schüler das Gelände verlassen. Allerdings erfordert dies Verlassen einige Anstrengung, um das natürliche Hindernis der dichten Bepflanzung zu überwinden. Außerdem handelt es sich um einzelne Schüler und nicht um ganze Gruppen. Die Schule kann daher den Schulträger zwar um eine bessere Sicherung – etwa durch einen Zaun – bitten, eine dichte Bepflanzung dürfte aber als Hindernis in der Regel ausreichend sein. Die aufsichtführenden Lehrer müssen daher dieser Gefahrenstelle ihre besondere Aufmerksamkeit widmen und gegen das verbotswidrige Verhalten der Schüler mit erzieherischen Einwirkungen und Ordnungsmaßnahmen vorgehen, unter Umständen muss die Aufsicht auch vorübergehend oder dauerhaft verstärkt werden.

! Die Erforderlichkeit bestimmter Maßnahmen hängt dabei nicht von dem – unerreichbaren – Ziel ab, mit Sicherheit ein Verlassen des Schulhofes zu verhindern, sondern von dem Ziel, das Verlassen zu erschweren, sodass Schüler nur mit erheblichem Aufwand das Schulgelände unbefugt verlassen können.

135 Diese realistischen Anforderungen an eine Aufsicht, die das unerlaubte Verlassen des Schulhofes verhindern soll, legten auch das LG Hamburg und das Hanseatische Oberlandesgericht im Fall zugrunde, in dem sich vier noch nicht siebenjährige Schüler vom Schulhof entfernten und ein Auto mit Steinen bewarfen:

> »Zunächst vermag der von Klägerseite (des Autofahrers, dessen Wagen beschädigt wurde) angedeutete Schluss, bereits der Umstand, dass die Kinder sich hätten absetzen können, indiziere eine mangelhafte Aufsicht, nicht zu überzeugen. Es kann der Schule nicht angesonnen werden, ständig so viele Lehrer zur Aufsicht einzusetzen, dass ein »Entkommen« der Schüler gänzlich unmöglich wird – das wäre mit einem gänzlich unverhältnismäßigem Aufwand verbunden, denn um mehrere hundert junge Schüler wirklich

perfekt und lückenlos zu überwachen, müsste vermutlich zumindest das gesamte Lehrerkollegium zum Einsatz kommen....Ferner liegt es durchaus nicht nahe, dass Kinder entgegen einem ausdrücklichen Verbot ohne konkreten Anlass einen Zaun übersteigen, sich durch ein Gebüsch arbeiten und dann grundlos mit Steinen nach Autos werfen .... Nimmt man hinzu, dass die Fläche des Schulhofes allenfalls kurzzeitig ohne Aufsicht gewesen sein kann, ... so kann zusammenfassend nicht festgestellt werden, dass die Pausenaufsichtsregelung unzureichend war.« *(LG Hamburg, Az.: 303 O 59/98; SchulRecht 6–8/1999, S. 88).*

Das Gericht warnt aber auch vor der Annahme, damit sei die Schule von weiteren Bemühungen um Maßnahmen, die das unerlaubte Verlassen des Schulhofes sicherstellen sollen, entbunden: »Der Schule sei aber mit auf den Weg gegeben, dass in Anbetracht des Vorfalls (des unerlaubten Verlassens des Schulhofes und der anschließenden Steinwürfe auf Autos) in Zukunft womöglich eine andere Bewertung geboten und die ununterbrochene Beaufsichtigung angezeigt sein könnte.« *(LG Hamburg, a. a. O.).*

5. Unterrichtsfächer

a. Gefahrgeneigte Fächer

Für besonders gefahrgeneigte Unterrichtsfächer wie Sport, naturwissenschaft- **136**
lichen und technischen Unterricht geben die Richtlinien für diese Fächer in der Regel auch Hinweise zur Sicherheit im Unterricht. Die Richtlinien zur Sicherheit im naturwissenschaftlichen Unterricht beruhen auf einem Beschluss der Kultusministerkonferenz. Sie enthalten nicht nur Vorgaben für das Verhalten des unterrichtenden Lehrers, sondern dienen auch der Sicherheitserziehung der Schüler, die lernen sollen, mit gefährlichen Stoffen, Strahlen und Werkzeugen sicher und verantwortungsbewusst umzugehen. Auch die Träger der gesetzlichen Unfallversicherung haben Richtlinien und Merkblätter etwa zum Umgang mit Maschinen oder elektrischen Anlagen herausgegeben, die für die Schulen verbindlich sind. Auf diese fachbezogenen Hinweise kann hier nicht im Einzelnen eingegangen werden. Sie verdeutlichen aber auch die grundlegende

Tatsache, dass der Bildungs- und Erziehungsauftrag der Schule und die Erfüllung der Aufsichtspflicht nicht unabhängig voneinander zu erfüllen sind oder sogar im Widerspruch zueinander stehen, sondern dass Fachkenntnis, Erziehung zu verantwortungsbewusstem und sozialem Verhalten sowie zu Ordnung und Sorgfalt am Arbeitsplatz, insbesondere im Werk- und Technikunterricht, und Aufsichtspflicht unmittelbar miteinander verbunden sind.

Erleiden Schüler im Unterricht einen Körperschaden, stehen sie unter dem Schutz der gesetzlichen Unfallversicherung. Unmittelbare Ansprüche gegen Lehrer setzen ein vorsätzliches Handeln der Lehrer im Hinblick auf ihr Handeln und die Schädigung voraus.

F **Die Stichflamme**

Bei einem Experiment im Chemieunterricht mit Brennspiritus erleidet ein Schüler Verbrennungen. Es lässt sich nicht aufklären, ob in Fehler der Lehrerin oder Fehlverhalten von Schülern zu dem Unfall geführt hat.

Das Landgericht Osnabrück *(Urteil vom 16.1.2015, Az.: 5 O 596/14; SchulRecht 3–4/2016, S. 51 ff.)* hat einen Schmerzensgeldanspruch des Schülers verneint, da weder festgestellt werden konnte, dass die Lehrerin die Verletzungshandlung (Explosion der Spiritusflasche) noch den Verletzungserfolg (Verletzung des Schülers) billigend in Kauf genommen hat.

b. Internetnutzung

137 Bei der Arbeit mit Internetzugang im Unterricht oder der Gewährung eines Internetzuganges für die Schüler außerhalb des Unterrichts sind die Vorschriften des jeweiligen Landes und das Nutzungskonzept der Schule zu beachten und die zur Vermeidung unerlaubter oder sogar strafbarer Nutzungen vorgesehenen technischen Vorkehrungen regelmäßig auf ihre Wirksamkeit zu überprüfen. Von Lehrern werden keine Expertenkenntnisse im Hinblick auf technische Missbrauchsmöglichkeiten erwartet, sondern vor allem eine Aufsicht, die Hinweise auf missbräuchliches Nutzungsverhalten wahrnimmt und ihnen nachgeht.

c. Schulgottesdienst

Der Schulgottesdienst ist kein Unterricht, aber eine schulische Veranstaltung. 138 Dem Charakter einer schulischen Veranstaltung steht nicht entgegen, dass die Teilnahme freiwillig ist. Das ist auch bei anderen Schulveranstaltungen wie bestimmten Arbeitsgemeinschaften oder einem Schulfest der Fall. Der Schulgottesdienst unterliegt daher der schulischen Aufsichtspflicht. Lehrkräfte, die zur Aufsicht während des Gottesdienstes eingeteilt sind, können die Übernahme dieser Verpflichtung nicht unter Hinweis auf ihre Glaubensfreiheit ablehnen, da sie nicht zur Teilnahme am Gottesdienst, sondern lediglich zur Anwesenheit zum Zwecke der Aufsichtsführung verpflichtet sind.

Für die Anforderungen an die Aufsicht auf dem Weg vom Schulgottesdienst zur Schule gelten die allgemeinen Kriterien der Aufsicht auf Unterrichtswegen. Es hängt daher von der Länge und Gefährlichkeit des Weges sowie dem Alter der Schüler ab, ob der Weg beaufsichtigt werden muss.

d. Sportunterricht

Sportlehrer müssen in der Regel die Sportstätte als erste betreten und als letzte 139 verlassen. Beim Sportunterricht kann eine kontinuierliche Aufsicht auch dann gewährleistet sein, wenn Schüler in einzelnen Gruppen ohne ständige Anwesenheit des Lehrers Sport treiben. Der Lehrer muss die Schüler aber an eigenverantwortliches Handeln gewöhnt haben, das Alter und das Verantwortungsbewusstsein der Schüler muss freieres Handeln ermöglichen und der Lehrer muss die einzelnen Gruppen immer wieder stichprobenartig kontrollieren.

Unabhängig von einzelnen Übungen und Sportarten stellt sich im Sportunterricht das Problem, zwischen den mit jeder sportlichen Aktivität verbundenen allgemeinen Gefahren und den besonderen Gefahren im Einzelfall zu unterscheiden, die durch Hilfestellungen abgewendet werden können oder im Einzelfall sogar die Befreiung eines Schülers von einer Übung erfordern können.

Die Gefahren, die beispielsweise durch die individuelle Konstitution oder Gesundheitssituation von Schülern entstehen, müssen erkennbar sein. Keine Aufsichtspflichtverletzung hat die Rechtsprechung daher in einer Situation angenommen, in der eine Schülerin bei erhöhten Ozonwerten und schwülwarmem

Wetter bei einem 100-Meter-Lauf zusammenbrach, da Leistungskontrollen in Sportdisziplinen mit kurzfristiger Belastung auch bei erhöhten Ozonwerten keine Aufsichtspflichtverletzung darstellen *(OLG Brandenburg, Urteil vom 28.4.2009, Az.: 2 U 40/05; SchulRecht 1–2/2011, S. 11 f.).*

F **Die Turnmatte**

Eine Grundschülerin einer ersten Klasse wurde durch eine umfallende, gerade zuvor von mehreren Schülern unsachgemäß hochkant aufgestellte Weichbodenmatte mit einem Gewicht von 130 kg am Bein verletzt. Das Aufstellen der Matte war vorher geübt worden. Die Schülerin forderte von dem Sportlehrer Schmerzensgeld.

Das Oberlandesgericht Frankfurt am Main *(Urteil vom 14.3.2013, Az.: 1 U 200/12; SchulRecht 11–12/2014, S. 176 f.)* hat die Klage abgewiesen:

> »Für die Annahme, dass der Lehrer, den bei der Schülerin bedauerlicherweise eingetretenen Verletzungserfolg billigend in Kauf genommen hätte, vermag der Senat den tatsächlichen Umständen, unter denen es zu dem Unfall kam, keinen Anknüpfungspunkt zu entnehmen. Es kommt für die vorliegend rechtlich zu beurteilende Unfallsituation nicht darauf an, ob überhaupt eine Pflichtverletzung des Lehrers anzunehmen wäre. Dass er an einer anderen Stelle der Turnhalle andere Sportgeräte entgegennahm, statt – wie die Schülerin meint – sich in unmittelbarer Nähe des Ortes aufzuhalten, an dem die Erstklässler die für sie zweifellos unhandlichen, 130 kg schweren Weichbodenmatten wegräumten und dazu hochkant stellten, ist ihm nach Einschätzung des Senats nicht vorzuwerfen.
>
> Der Lehrer hat im Rahmen des Sportunterrichts vor dem Unfalltag mit den Kindern eingeübt, wie eine Weichbodenmatte längsseits an der Turnhallenwand aufzustellen sei und das hierbei den Schülern auch erklärt wurde, dass die Matte keinesfalls hochkant aufgestellt werden darf. Vor dem Hintergrund dieses Übens begegnet der Senat der Wertung der Schülerin mit erheblicher Skepsis, dass es per se nicht die Aufgabe von Erstklässlern sei, Turnmatten ohne jegliche Unterstützung eines Lehrers wegzuräumen; was auch Erstklässler mit der ihrem Alter eigenen körperlichen Konstitution beim Umgang mit den von ihnen benutzten Sportgeräten zuzumuten ist, ist eine

Frage des Einübens des Umgangs mit einer solchen Situation, und ein solches Einüben hat unstreitig stattgefunden. … Der Lehrer reagierte unverzüglich, als er wahrnahm, dass die hochkant aufgestellte Matte am Umfallen war.«

Aus der Tatsache, dass Schüler zu Schaden gekommen sind, darf nicht der Schluss gezogen werden, es müsse eine Verletzung der Aufsichtspflicht vorgelegen haben.

F **Die Kletterwand**

Eine Schule führte ein Projekt zur Bewegungsförderung der Schüler durch. In der Turnhalle waren ein Hindernisparcours, ein Reck, ein Barren, verschiedene Böcke sowie ein schräg an der Wand montiertes Klettergerüst aufgebaut worden. Eine achtjährige Schülerin kletterte an dem Klettergerüst, rutschte von der dritten Sprosse ab, verhakte sich mit dem Arm und erlitt einen komplizierten Armbruch. Die Eltern forderten 9000 € Schmerzensgeld wegen Verletzung der Aufsichtspflicht, da sich bei dem Sturz keine Aufsichtsperson in der Nähe der Kletterwand aufgehalten habe.

Das Landgericht Bonn *(Az.: 1 O 231/17; SchulRecht 1/2020, S. 7 f.)* hat die Klage abgewiesen. Es hatten sich vier Aufsichtspersonen – zwei Sportlehrer, die Klassenlehrerin und eine weitere Lehrerin – in der Turnhalle aufgehalten. Die Schüler konnten angesichts von vier Aufsichtspersonen nicht das Gefühl haben, unbeaufsichtigt zu sein. Es handelte sich um Grundschüler und der Parcours in der Turnhalle stellte eine besondere Gefahrenlage dar. Die Anzahl von vier Aufsichtspersonen in der Turnhalle, unter denen sich zwei Sportlehrer befanden, wurde der besonderen Gefahrenlage gerecht. Bei Grundschülern reichen bloße Belehrungen nur selten aus. Es sind ständige Kontrollen der Befolgung eigener Anordnungen erforderlich. Außerdem muss der Aufsichtsführende sich bei konkreten Gefahrensituationen an die Gefahrenstelle begeben, um bei einem Fehlverhalten der Schüler sofort eingreifen zu können.

Unter die Sprossenwand waren Turnmatten gelegt worden, eine Lehrerin hatte sich in der Nähe der Sprossenwand aufgehalten, die Klassenlehrerin hatte von der Mitte der Sporthalle aus Aufsicht geführt, und zwei weitere Lehrer führten an anderen Stellen der Halle Aufsicht. Die Benutzung der Sprossenwand war den Schülern gestattet worden, und die Schülerin hatte sie ordnungsgemäß benutzt. Auch das Erreichen der dritten Sprosse stellte keine verbotene

Benutzung oder besondere Gefahrenlage dar. Die Lehrerin, die sich in der Nähe der Sprossenwand aufhielt, und die Klassenlehrerin hatten daher keinerlei Veranlassung, einzugreifen und der Schülerin die Nutzung der Sprossenwand zu verbieten. Das Erreichen der dritten Sprosse erforderte auch keine Hilfestellung oder eine andere unmittelbare Form des aktiven Eingreifens. Die aktiv geführte Aufsicht entsprach damit der Gefahrenlage. Die aufsichtführenden Lehrer haben ihre Aufsichtspflicht korrekt erfüllt. Sie haben weder fahrlässig noch vorsätzlich gegen ihre Aufsichtspflicht verstoßen.

F **Die Ohrringe**

140 Eine Schülerin trägt Ohrringe. Die Sportlehrerin untersagt ihr aus Sicherheitsgründen das Tragen der Ohrringe im Sportunterricht. Daraufhin reichen die Erziehungsberechtigten ein ärztliches Attest ein, in dem dringend empfohlen wird, der Schülerin das Tragen der Ohrringe im Sportunterricht zu gestatten, da die mit dem Herausnehmen und Wiedereinsetzen verbundenen Reize vorhandene chronische Ekzeme beider Ohrläppchen verschlimmern würden. Zusätzlich geben die Eltern der Schule gegenüber eine schriftliche Erklärung ab, in der sie die Verantwortung dafür übernahmen, dass ihre Tochter im Sportunterricht die Ohrringe trägt.

Das ärztliche Attest weist auf langfristig bestehende mögliche gesundheitliche Probleme bei Herausnahme der Ohrringe hin. Eine langfristige Befreiung der Schülerin vom Sportunterricht kommt nicht in Betracht, da die Verpflichtung zur Unterrichtsteilnahme Vorrang hat und Schüler nicht durch ein gesundheitsgefährdendes Verhalten ihre Teilnahme am Unterricht unmöglich machen dürfen. Ein Tragen der Ohrringe ist ebenfalls ausgeschlossen, da die Sicherheit der teilnehmenden Schülerin und anderer Schüler höher zu bewerten ist als »gesundheitliche Gefahren«, die wohl eher in Unannehmlichkeiten bestehen dürften, die im Vergleich zu den möglichen Verletzungsfolgen durch das Tragen von Schmuck im Sportunterricht gering wiegen.

Eine Erklärung der Erziehungsberechtigten oder volljährigen Schüler, die Verantwortung in vollem Umfang übernehmen zu wollen, ist bedeutungslos, da Eltern und Schüler die Gefahrenlage im Sportunterricht nicht zutreffend einschätzen können und Lehrer nicht durch eine Erklärung von der Erfüllung ihrer Dienstpflicht zur Aufsichtsführung entbinden können.

Ein Überkleben, z. B. von Ohrsteckern, kann durch Beschluss einer Fachkonferenz auch dann abgelehnt werden, wenn Verwaltungsvorschriften diese Möglichkeit der Gefahrenabwendung zulassen *(VG Potsdam, Az.: 2 L 532/97; SchulRecht 2/2001, S. 37 f.)*. Werden Ohrstecker während einer Heilungszeit nach dem Stechen von Ohrlöchern getragen, kann die Schule Schüler für diese Zeit, in der Regel etwa vier Wochen, vom Unterricht ausschließen. »Im Übrigen bleibt es dem Schüler unbenommen, den Ohrstecker für die gesamte noch laufende Schulzeit ganz zu entfernen, das Loch zuwachsen zu lassen und sich das Ohrloch in entsprechend langen Ferienzeiten erneut stechen zu lassen.« (VG Potsdam, a. a. O.). Die Ausführungen zum Schmuck gelten auch für das Piercing. Schüler haben diesen Schmuck grundsätzlich zu entfernen. Ist das unmöglich, muss er überklebt werden, oder es muss durch andere vorbeugende Maßnahmen eine Gefährdung durch den Schmuck ausgeschlossen werden. Bei Infektionsgefahr ist ein Ausschluss für begrenzte Zeit vom Sportunterricht möglich, ohne dass daraus Ansprüche auf eine bestimmte Leistungsbewertung oder einen Verzicht auf die Leistungsbewertung abgeleitet werden könnten *(VG Potsdam, a. a. O.)*.

e. Schwimmen und Wassersport

Die Bereiche »Schwimmen« und »Wassersport« sollen im Folgenden ausführlicher dargestellt werden, da mit diesen Unterrichtsgegenständen bzw. Aktivitäten häufig auch Lehrer befasst werden, die nicht als Sportlehrer ausgebildet sind.

Wegen der außerordentlich großen Gefahren beim Schwimmunterricht haben **141**
die Länder Aufsichtspflicht und Sicherheitsmaßnahmen für diesen Teilbereich des Unterrichtes und für außerunterrichtlichen Schulsport in ausführlichen Verwaltungsvorschriften geregelt. So darf ein Lehrer nicht zugleich Schwimmer und Nichtschwimmer in einem öffentlichen Badebetrieb mit Publikumsverkehr oder bei Anwesenheit mehrerer Schulklassen unterrichten, und große Gruppen sind zu teilen, wenn die Sicherheit anders nicht gewährleistet werden kann. Die »Schwimmerlasse« beziehen sich in der Regel auch auf Boot- und

Wassersportarten wie Kanu, Rudern, Wasserski, Segeln und Segelsurfen sowie auf Sporttauchen mit Presslufttauchgeräten.

142 Alle Lehrer, die in diesen Bereichen tätig werden, sind verpflichtet, die entsprechenden Vorschriften zu kennen, da jeder staatliche Amtsträger die zur Führung seines Amtes notwendigen Rechts- und Verwaltungskenntnisse besitzen oder sich verschaffen muss. Rechtsunkenntnis stellt ein Verschulden dar *(BGH, Az.: III ZR 202/94)*.

143 Führen Schulen und Sportvereine gemeinsame Veranstaltungen wie freiwillige Schülersportgemeinschaften als Schulveranstaltungen durch, gelten die Regelungen der Erlasse.

Zu den Regelungen gehören beispielsweise die Anforderungen an die allgemeine und sportartspezifische Rettungsfähigkeit der Lehrkräfte, die von den Schülern zu erfüllenden Voraussetzungen wie z. B. der Besitz des Deutschen Jugendschwimmabzeichens und die Festlegung bestimmter Verhaltensweisen während des Schwimmunterrichtes bzw. der Ausübung einer Wassersportart. Die genaue Kenntnis und strikte Befolgung der Vorschriften des jeweiligen Landes sollte für jeden in diesen Bereichen tätigen Lehrer selbstverständlich sein.

144 Beim Schwimmunterricht und beim Besuch eines Schwimmbades genügen vorherige Belehrungen über das Verhalten im Bad nicht den Anforderungen an eine aktive Aufsichtsführung. Insbesondere bei jüngeren Schülern muss die Aufsicht führende Lehrkraft dafür sorgen, dass kein Kind vor ihr in die Schwimmhalle geht. Auch wiederholte und eindringliche Belehrungen über die Gefahren des Schwimmbadbesuches können bei jüngeren Schülern keine entsprechenden Verhaltensweisen sicherstellen und die – sei es auch nur um zwei Minuten – verspätete Anwesenheit der Lehrkraft in der Schwimmhalle rechtfertigen *(LG Rottweil, Az.: 1 Ns 84/71; SPE a. F. VI H II S. 101 ff.)*.

Unabhängig von den konkreten Landesregelungen sollen im Folgenden einige typische Probleme kurz angesprochen werden:

145 Das in eine Hallen- oder Freibad vorhandene Aufsichtspersonal kann Lehrer nicht von der eigenen Aufsichtspflicht entlasten oder gar befreien. Badeordnungen schließen zum Teil die Übernahme von Aufsichtsaufgaben über

Gruppen durch das Aufsichtspersonal aus. Gibt es einen solchen Ausschluss nicht, scheitert die Übernahme von Aufsichtsaufgaben an den sonstigen Pflichten des Personals wie der Beaufsichtigung des öffentlichen Badebetriebes oder der Wartung technischer Anlagen, die eine dauerhafte Erfüllung der Aufsichtspflicht über eine Gruppe ausschließen. Auch wenn Badeaufsichtspersonal sich bereit erklärt, Aufsichtsaufgaben zu übernehmen, bleibt die Gesamtverantwortung bei den Lehrkräften.

> »... die Lehrer tragen selbst dann die Verantwortung, wenn der Schwimmmeister des Bades eine Gruppe übernimmt ... Dieser Verpflichtung der Lehrer, die mit den ihnen anvertrauten Kindern Schwimmen als Teil des Schulunterrichts üben, entspricht die Organisation des Unterrichts in dem Bad.« *(OLG Frankfurt am Main, Az.: 1 W 32/80).* »Beim Schwimmunterricht in einem öffentlichen Bad hat der Schwimmmeister keine zusätzliche Überwachungspflicht. Er erfüllt seine allgemeine Aufsichtspflicht, wenn er in einem Notfall in der Lage ist, sofort Hilfe zu leisten.« *(OLG Frankfurt am Main, Az.: 1 U 154/81).*

Beim Schwimmunterricht ist die Gefahr schwerer und sogar tödlicher Unfälle **146** besonders groß. Tödliche Unfälle erfordern immer auch die Prüfung einer strafbaren fahrlässigen Tötung. Wie die folgende Fallschilderung zeigt, führt aber selbst eine vorliegende Verletzung der Aufsichtspflicht nicht zwangsläufig zu einer Verurteilung wegen fahrlässiger Tötung, da auch der Ursachenzusammenhang zwischen Aufsichtspflichtverletzung und Todesfall gegeben sein muss. Dabei wird der Ursachenzusammenhang im Strafrecht nicht wie bei der Haftung mit der Möglichkeit der Widerlegung vermutet, sondern es darf nicht auszuschließen sein, dass sich der Unfall auch bei Erfüllung der Aufsichtspflicht ereignet hätte.

Nehmen Schüler bei einer Wanderung oder Fahrt am öffentlichen, beaufsich- **147** tigten Badebetrieb teil, müssen die begleitenden Lehrer nach den Vorschriften der Länder in der Regel über die Rettungsfähigkeit verfügen.

! Soll im Rahmen einer Klassenfahrt ein Schwimmbad aufgesucht bzw. den Schülern das Schwimmen gestattet werden, muss die schriftliche Zustimmung der Eltern eingeholt werden. Die Eltern sollten auch schriftlich bestätigen, dass ihr Kind schwimmen kann (dabei sollte ein Nachweis verlangt werden, wie es die Vorschriften der Länder in der Regel auch fordern) und ob persönliche Eigenheiten oder körperliche Probleme eine besondere Beaufsichtigung erfordern.

F **Die Therme**

Eine 3. Klasse unternimmt begleitet von der Klassenlehrerin und einigen Müttern einen Wandertag in eine Therme. Die Eltern eines Schülers geben eine schriftliche Einverständniserklärung für die Teilnahme ihres Kindes ab, weisen aber darauf hin, das Kind sei Nichtschwimmer. Die Lehrerin sagt dem Kind, es solle sich auf einen Sprudelsitz in einem Bereich setzen, in dem das Kind nicht mehr stehen kann und lässt es dort wegen eines Problems mit anderen Kindern an einer Wasserrutsche für kurze Zeit unbeaufsichtigt. Nach Einschalten eines Strömungskanals ertrinkt das Kind dort.

Das Amtsgericht Waren (Müritz) *(Az.: 731 Js 14152/98; SchulRecht 5/2003, S. 96 ff.)* hat die Lehrerin wegen fahrlässiger Tötung zu einer Freiheitsstrafe von sechs Monaten zur Bewährung verurteilt. Der Lehrerin wurde insbesondere vorgeworfen, sich nicht vor dem Besuch mit dem Bad vertraut gemacht zu haben, Warnhinweise übersehen zu haben und das Kind einer ungeeigneten Stelle zugewiesen und dort allein gelassen zu haben. Mildernd wurde ihr großes Engagement für die Klasse, die Unachtsamkeit der anderen Begleitpersonen, eine teilweise irreführende Beschilderung der Therme und eine langjährige beanstandungsfreie Tätigkeit gewertet.

148 Verlangen Vorschriften die Rettungsfähigkeit einer Lehrkraft, ist damit nicht lediglich eine entsprechende Bescheinigung gemeint, sondern die Lehrkraft muss tatsächlich in der Lage sein, eine Person unter den für den Erwerb der Rettungsfähigkeit geforderten Bedingungen retten zu können. Es kommt also entscheidend nicht auf das Vorliegen eines formalen Nachweises, sondern auf die tatsächlich gegebene Rettungsfähigkeit an.

Arbeiten Schulen mit kommerziellen Einrichtungen wie einer Surf-Schule oder Vereinen zusammen, die Ausbilder stellen, können diese Ausbilder nur die Aufgabe erfüllen, die Lehrkräfte sportfachlich zu unterstützen. Die Verantwortung für die Aufsicht und Sicherheit der Lerngruppe liegt weiterhin bei den

Lehrkräften, sodass nach den Vorschriften der meisten Länder mindestens eine Lehrkraft die Voraussetzungen für das Betreiben der jeweiligen Wassersportart erfüllen muss.

! Die Schulen sollten sich die Qualifikation und die Rettungsfähigkeit der Ausbilder im Rahmen eines schriftlichen Vertrages bestätigen lassen.

6. Erlebnispädagogische Unternehmungen

Zu diesem Bereich zählen in der Regel mit besonderen Gefahren verbundene **149**
Aktivitäten wie Drachenfliegen, Wildwasserfahrten, alpine Unternehmungen und Abenteuer-Ferienlager. Die Teilnahme der Schüler an derartigen Aktivitäten setzt eine schriftliche Einverständniserklärung der Erziehungsberechtigten voraus, da Eltern allein aufgrund des schulischen Bildungs- und Erziehungsauftrags nicht verpflichtet werden können, ihre Kinder an nicht zum Sportunterricht gehörenden gefährlichen Aktivitäten teilnehmen zu lassen. Aus der erhöhten Gefahrenlage ergeben sich besondere Aufsichts- und Sorgfaltspflichten. Zur Begrenzung des Risikos sind die notwendigen Vorkehrungen zu treffen und die persönlichen Voraussetzungen der Teilnehmer, insbesondere ihre sportliche oder unsportliche Verfassung sowie ihre Unerfahrenheit oder Unbeholfenheit müssen bereits bei der Planung berücksichtigt werden *(OLG Frankfurt am Main, Az.: 15 U 197/91)*. Schüler sollten insbesondere nicht überredet werden, Dinge zu tun, vor denen sie erkennbar Angst haben.

F **Die Klettermaxe**

Eine Schule plant mehrere Klassenfahrten unter erlebnispädagogischen Gesichtspunkten. Es sollen eine Kanu- und eine Segeltour durchgeführt werden, und eine Klasse soll an Kletteraktionen teilnehmen. Ein Sportlehrer möchte zudem mit einer Klasse an einem Tag eine Kletterhalle aufsuchen. Die Lehrer haben für die Schule Verträge mit Veranstaltern dieser Aktivitäten abgeschlossen. Da sie selbst über keine Qualifikationen in den genannten Bereichen verfügen, gehen sie davon aus, die Schüler seien von ihnen in der Unterkunft und auf den Wegen zu den Unternehmungen zu beaufsichtigen, während der Aktivitäten bestehe dagegen ausschließlich eine Aufsichtspflicht der Veranstalter.

Die Lehrer tragen die Verantwortung für die Planung und Durchführung der Fahrten, und der Schulleiter hat vor der Genehmigung zu prüfen, ob sie dieser Verantwortung gerecht geworden sind. Lehrer müssen daher z. B. das Einverständnis der Eltern bei gefährlichen Unternehmungen wie einer Kanu- und Segeltour einholen, eine Erklärung der Eltern zu möglichen gesundheitlichen Einschränkungen, die bei sportlichen Aktivitäten der Schüler zu beachten sind und beim Wassersport eine Bestätigung der Schwimmfähigkeit, die in der Regel durch das Deutsche Jugendschwimmabzeichen (Bronze) nachzuweisen ist.

Bei den mit Veranstaltern geschlossenen Verträgen ist insbesondere auf die Qualifikation des eingesetzten Personals zu achten. Gibt es keine Vorgaben in Verwaltungsvorschriften und ist man sich nicht sicher, ob die genannten Qualifikationen ausreichen, sollte man sich bei Sport- und Fachverbänden erkundigen. Grundsätzlich ist davon auszugehen, dass die Anforderungen an fachkundiges Personal über die in Verwaltungsvorschriften vorgegebenen Anforderungen an Lehrer, die sportliche Aktivitäten durchführen, hinausgehen müssen. Man darf sich nicht mit mündlichen Erklärungen oder Aussagen in einem Prospekt zufriedengeben, sondern muss die Anforderungen an die Qualifikation des Personals zum Vertragsbestandteil machen. Neben der Qualifikation ist auch zu prüfen, ob die Anzahl der Betreuer ausreicht.

Auch während der erlebnispädagogischen Unternehmungen haben die begleitenden Lehrer ihre Aufsichtspflicht zu erfüllen. Sie dürfen sich daher während dieser Zeiten nicht zurückziehen, sondern müssen die Gruppe ständig begleiten oder von Gruppe zu Gruppe wechseln. Im Vorfeld sollten sie mit den fachkundigen Personen des Veranstalters über den Ablauf und Besonderheiten der Gruppe oder einzelner Schüler sprechen und dabei die Betreuer z. B. auf besonders schwierige Schüler hinweisen. Befinden sich in einer Klasse Schüler, die einzeln oder in der Gruppe eine Gefahr für sich und andere darstellen können, ist auch die Bildung und Zusammensetzung von Gruppen mit den fachlichen Betreuern abzustimmen. Das Personal des Veranstalters sollte Lehrer auch auf mögliche Situationen hinweisen, in denen ein Eingreifen durch die aufsichtführenden Lehrer nicht notwendig ist, obwohl sie für fachlich Unkundige zu gefährlich zu sein scheinen.

Während der Aktivitäten sind sie für die allgemeine Disziplin verantwortlich und müssen das Fachpersonal ggf. bei der Durchsetzung von Anweisungen und der Einhaltung der Disziplin unterstützen. Auch wenn sie besondere Gefahren, die nur eine fachlich geschulte Person erkennen kann, nicht erkennen können, sind sie doch verpflichtet zu beobachten, ob sich nicht auch für Laien erkennbare Gefahren abzeichnen und dann einzugreifen, um die Gefahr abzuwenden. So ist es auch für Laien offensichtlich – und zudem in der Regel in Verwaltungsvorschriften vorgegeben –, dass beim Segeln, Kanufahren und anderen Wassersportarten eine Rettungsweste zu tragen ist.

Handelt es sich nicht um eine mehrtägige Fahrt, sondern um eine Unternehmung am Vor- oder Nachmittag, wie etwa bei einem Ausflug zu einer Kletterhalle, sollte der Lehrer sich vorher einen Eindruck von den Räumlichkeiten und der Organisation verschaffen, da er sich in eine Sportstätte begibt, die sich von schulischen Sporthallen beispielsweise durch die Anwesenheit vieler Gruppen und Personen auf engem Raum, großen Lärm, Musik oder eine unübersichtliche räumliche Gestaltung unterscheiden kann. Außerdem muss der Lehrer sich während der Aktivität ohne Mühe orientieren können und daher Ein- und Ausgänge, Lage der Toiletten, Aufenthaltsräume des Personals des Veranstalters und die Länge der zurückzulegenden Wege kennen.

Die Zusammenarbeit mit professionellen Veranstaltern eröffnet den Schülern neue sportliche Möglichkeiten und Erlebnisräume und entlastet Lehrer – teilweise – von der inhaltlichen Gestaltung einer Klassenfahrt oder eines Ausflugs. Sie entbindet Lehrer aber nicht von ihrer Gesamtverantwortung und Aufsichtspflicht bei schulischen Veranstaltungen, sondern gestaltet die Aufsichtspflicht lediglich in besonderer Weise.

Bei erlebnispädagogischen Unternehmungen sind die Risiken und Ziele der Aktivitäten sorgfältig gegeneinander abzuwägen. Größeren Risiken muss daher auch ein wichtiges pädagogisches Ziel entsprechen.

7. Betriebspraktikum

150 Eine kontinuierliche Aufsicht durch die Schule ist während eines Betriebspraktikums nicht möglich. Vielmehr obliegt dem Betrieb, der Schüler im Rahmen eines Praktikums beschäftigt, eine besondere Fürsorgepflicht *(ArbG Braunschweig, Az.: 1 Ca 1155/88)*. Die Aufsichtspflicht der Schule erlischt aber nicht vollständig. Der Lehrer, der die am Praktikum teilnehmenden Schüler betreut, muss, um den Erfordernissen der präventiven und aktiven Aufsichtsführung zu genügen, vor Beginn des Praktikums und durch Stichproben während des Praktikums feststellen, ob der Betrieb den Schüler angemessen betreut und der Schüler den Anforderungen eines Praktikums gewachsen ist und sich in den Betrieb einfügt, also beispielsweise die Weisungen befolgt, die ihm erteilt werden.

151 ! Der Schulleiter sollte beim Schulträger nachfragen, ob dieser seiner Verpflichtung, für die am Praktikum, einer Betriebserkundung oder einer ähnlichen Schulveranstaltung teilnehmenden Schüler eine Haftpflichtversicherung abzuschließen, nachgekommen ist.

Verursachen Schüler schuldhaft einen Schaden am Eigentum des Unternehmens, haftet der Schulträger, für den die Versicherung der Gemeinden und Gemeindeverbände eintritt. Wird das Eigentum eines Kunden des Unternehmens geschädigt, wird zunächst geprüft, ob die Betriebshaftpflichtversicherung des Unternehmens für den Schaden aufkommt. Hat der Unternehmer eine solche Versicherung nicht abgeschlossen oder tritt sie aus anderen Gründen nicht ein, kommt die vom Schulträger abgeschlossene Haftpflichtversicherung für den Schaden auf.

Einige Gemeindeversicherungsverbände bieten Schülern eine freiwillige Schülerzusatzversicherung an, die eine Unfall-, eine Sachschaden- und eine Haftpflichtversicherung umfasst. Diese Versicherungen decken Bereiche ab, die im Zusammenhang mit der Schule, aber nicht unter dem Schutz der gesetzlichen Unfallversicherung stehen.

8. Klassenfahrten

Die Durchführung von mehrtägigen Klassenfahrten ist eine Dienstpflicht der Lehrer. Bei mehrtägigen Veranstaltungen sind in der Regel mehrere Begleitpersonen einzusetzen. Gehören Schülerinnen zu der Schülergruppe, muss eine Begleitperson eine Lehrerin sein. Einige Länder lassen Ausnahmen von dieser Vorgabe für Grundschulen zu. Die Begleitpersonen müssen in derselben Unterkunft wie die Schüler übernachten. **152**

Bei Klassenfahrten werden häufig weitere Begleitpersonen, vorwiegend Eltern oder ältere bzw. ehemalige Schüler, eingesetzt.

! Die mit der Leitung der Fahrt beauftragte Lehrkraft muss die grundsätzliche Eignung einer Begleitperson feststellen (s. oben Kapitel I 2 »Übertragung von Aufsichtsaufgaben«).

Dabei ist neben der generellen Eignung als Aufsichtsperson auch der besondere Charakter der Veranstaltung zu berücksichtigen. Bei Auslandsfahrten können beispielsweise Sprachkenntnisse und frühere Aufenthalte im Gastland von Bedeutung sein. Bei geplanten sportlichen Aktivitäten sind Erfahrungen mit der jeweiligen Sportart wichtig. Es gibt aber keine festgelegten Kriterien, so dass der Leiter der Veranstaltung sein Auswahlermessen auf Grund seiner Einschätzung des im Gespräch ermittelten Gesamtbildes ausüben kann. Er muss seine Entscheidung aber nachvollziehbar unter Aufsichtsgesichtspunkten begründen können.

Ist bei einer Schülergruppe auf Grund ihres Verhaltens in der Schule mit Disziplinschwierigkeiten zu rechnen, kann eine ganztägige Veranstaltung dem für die mehrtägige Fahrt verantwortlichen Lehrer unter Umständen eine bessere Entscheidungsgrundlage für die Anzahl und Art der notwendigen Begleitpersonen verschaffen. Gehen schwere Verstöße gegen die schulische Ordnung immer wieder von bestimmten Schülern aus, sollte auch ein Ausschluss dieser Schüler von der mehrtägigen Fahrt in Erwägung gezogen werden.

Während einer mehrtägigen Fahrt stellen die Übernachtungen die Aufsichtführenden häufig vor besondere Probleme. Die Aufsichtspersonen müssen in **153** derselben Unterkunft wie die Schüler übernachten, und Schüler und Schülerinnen sind in getrennten Räumen unterzubringen.

Zur festgesetzten Schlafenszeit müssen die Aufsichtführenden feststellen, dass alle Schüler ihre Schlafräume aufgesucht haben. Hat es bis dahin keine Anzeichen für eine besondere Gefahrenlage wie in die Schlafräume geschmuggelten Alkohol, Verabredungen für die Nacht oder eine allgemeine Disziplinlosigkeit gegeben, sollten die Aufsichtspersonen bis gegen 23.00 Uhr die Ruhe in den Schlafräumen mehrfach kontrollieren. Gibt es keine Anzeichen für eine Gefahrenlage, wird damit dem Erfordernis einer aktiven Aufsichtsführung genügt. Das Bundessozialgericht *(BSG, Az.: 2 RU 44/94)* hat im Zusammenhang mit einem nächtlichen Schulunfall ebenso wie offenbar der Träger der gesetzlichen Unfallversicherung das Verhalten eines aufsichtführenden Lehrers akzeptiert, der gegen 23.30 Uhr den Jungentrakt abgeschlossen und verlassen hatte, den Schülern aber noch gestattet hatte, gemeinsam Musik zu hören.

Entsteht dagegen erhebliche Unruhe in den Schlafräumen oder begeben sich die Schüler offensichtlich in andere Schlafräume, muss dieses Verhalten unterbunden und müssen die Kontrollen so lange fortgesetzt werden, bis die Gefahr nicht mehr besteht. Diese Verpflichtung ergibt sich aus dem Zusammenhang von präventiver und aktiver Aufsicht und dem Erfordernis einer kontinuierlichen Aufsicht. Da eine wiederholte Unterbrechung der Nachtruhe den Begleitpersonen aber über mehrere Tage hinweg nicht zugemutet werden kann, kann im Wiederholungsfall ein Abbruch der Fahrt erwogen werden.

Gehen Schüler während einer Klassenfahrt persönlichen Verrichtungen nach oder entfernen sie sich aus dem Aufsichtsbereich der Lehrer, verlieren sie den Schutz der gesetzlichen Unfallversicherung. Entsteht dagegen durch eine unzureichende Aufsicht eine Gefahrenlage, besteht Unfallversicherungsschutz. Lehrer müssen im Rahmen des Möglichen für die Anwesenheit aller Schüler in der Unterkunft sorgen. Das Hessische Landessozialgericht *(Az.: L 3 U 154/05; SchulRecht 1–2/2008, S. 12)* hat daher den Unfallversicherungsschutz einer Schülerin bejaht, die nach einem durch fehlerhafte Aufsichtsführung ermöglichten Strandspaziergang um 23.30 Uhr von einem Pkw angefahren worden war.

Der Gesetzgeber geht von einem grundsätzlichen Alkoholverbot bei Schulveranstaltungen aus. Einige Länder eröffnen aber die Möglichkeit, Ausnahmen durch Konferenzbeschlüsse zuzulassen. Liegen die erforderlichen Konferenzbeschlüsse in Übereinstimmung mit den gesetzlichen Grundlagen und bei minderjährigen Schülern die Einwilligung der Eltern vor, ist es eine pädagogische Frage, aus welchem Anlass und in welcher Form Lehrer Schülern während einer Klassenfahrt den Konsum von Alkohol gestatten.

F **Die vorzeitige Heimkehr**

Ein 14-jähriger Schüler hat eine Klassenfahrt so erheblich gestört, dass **154**
die begleitenden Lehrerinnen nach Rücksprache mit der Schulleiterin und telefonischer Benachrichtigung der Eltern den Schüler zum Bahnhof begleiten und in den Zug setzen.

Bei der Vorbereitung einer Klassenfahrt sollte man von den Eltern eine schriftliche Bestätigung einholen, dass sie zur Kenntnis genommen haben, dass ihr Kind bei schwerwiegendem Fehlverhalten von der weiteren Teilnahme ausgeschlossen und nach Hause geschickt werden kann. Diese Erklärung hat aber nur die Bedeutung einer Klarstellung, da die Möglichkeit des Ausschlusses nicht auf der Erklärung der Eltern, sondern auf den gesetzlichen Grundlagen des Ausschlusses von schulischen Veranstaltungen beruht.

Schon vor Beginn einer Fahrt können Schüler wegen Fehlverhaltens von der Teilnahme ausgeschlossen werden. Auch ein Ausschluss aus Gründen der Gefahrenabwehr ist denkbar. Der Verfassungsgerichtshof des Saarlandes *(Az.: Lv 9/08; SchulRecht 5–6/2009, S. 58 f.)* hat den Ausschluss eines Schülers mit Aufmerksamkeits-Defizit-Syndrom von einem Schullandheimaufenthalt als rechtmäßig angesehen, da er der Gefahrenabwehr nicht nur gegenüber den Mitschülern, sondern auch den Schüler selbst betreffend diene. Der Ausschluss von einer Klassenfahrt hat für den grundrechtlich geschützten Anspruch auf Zugang zu den Schulen eine geringere Bedeutung als der Ausschluss vom Unterricht. Soll der Ausschluss als Mittel der Gefahrenabwehr auch dem Schutz des seelisch behinderten Schülers dienen, ergibt sich schon daraus, dass dem Schüler keine schweren Nachteile durch den Ausschluss drohen.

Die durch den Ausschluss von der weiteren Teilnahme notwendige Rückfahrt unterliegt nicht der Aufsichtspflicht der Schule. Im Einzelfall können die Umstände aber eine Begleitung erfordern. Die Eltern sind verpflichtet, ihr Kind am Ort der Schulveranstaltung abzuholen. Auf die grundsätzliche Pflicht, das Kind abzuholen, sollten die Eltern vor Beginn der Veranstaltung zur Klarstellung schriftlich hingewiesen werden.

F **Elternpflicht und Aufsicht**

Ein Schüler erkrankt während einer Klassenfahrt im Ausland. Ein Lehrer begleitet ihn in das Krankenhaus und bleibt auch dort. Die Mutter des Schülers fliegt an den Ort der Klassenfahrt, betreut ihr Kind und kehrt mit ihm zwei Tage nach dem Ende der Klassenfahrt nach Hause zurück. Sie fordert vom Schulträger die Erstattung ihrer Aufwendungen, da sie eine Aufgabe der Schule wahrgenommen habe.

Das Oberverwaltungsgericht Nordrhein-Westfalen *(Az.: 19 A 993/07; SchulRecht 3–4/2011, S. 32)* hat die Klage abgewiesen:

> »Eltern sind nicht nur zivilrechtlich gegenüber ihrem minderjährigen Kind, sondern, wenn es Schüler einer Schule ist, auch dieser gegenüber öffentlich-rechtlich zur Aufsicht über das Kind verpflichtet. Diese schulrechtliche Aufsichtspflicht findet ihre Grundlage im Schulverhältnis, aus dem sich für alle Beteiligte Rechte und Pflichten ergeben, für die Eltern insbesondere die Pflicht zum vertrauensvollen und partnerschaftlichen Zusammenwirken mit der Schule bei der Verwirklichung der Bildungs- und Erziehungsziele. Bestandteil dieses vertrauensvollen und partnerschaftlichen Zusammenwirkens mit der Schule ist unter anderem die Pflicht der Eltern, ihr Kind von der Schule in ihre alleinige Obhut zurückzuübernehmen, sobald seine Teilnahmepflicht am Unterricht oder an einer sonstigen Schulveranstaltung endet und soweit ihnen dies nach den tatsächlichen Umständen möglich und zumutbar ist. … (Es ist daher die) ureigene Aufgabe der Eltern ihr während einer Klassenfahrt erkranktes, minderjähriges Kind sobald als möglich zu betreuen und zu beaufsichtigen und hierzu erforderlichenfalls an den Zielort der Klassenfahrt zu reisen sowie auch für die Rückreise zu sorgen … Ergänzend weist der Senat darauf hin, dass die vorstehenden Grundsätze entsprechend gelten, wenn ein minderjähriger Schüler während einer Klassenfahrt

durch eine Schulordnungsmaßnahme von der weiteren Teilnahme ausgeschlossen ist.«

Weigern sich die Eltern, das Kind am Ort der Schulveranstaltung abzuholen, und ist es nicht möglich, den Schüler unbegleitet nach Hause zu schicken, müssen die Eltern auch die Kosten der Begleitperson übernehmen. Eine Begleitung kann erforderlich sein, wenn der Schüler auf Grund seines Alters nicht in der Lage ist, die Strecke sicher zurückzulegen, weil er z. B. auf Bahnhöfen umsteigen muss, oder wenn er sich in einer Ausnahmesituation befindet, weil er beispielsweise auf den Ausschluss außerordentlich aggressiv reagiert.

Um dem Erfordernis der kontinuierlichen Aufsicht zu genügen, müssen **155**
Begleitpersonen bei Wegen, die während der Klassenfahrt zurückgelegt werden, den Platz innerhalb der Gruppe von Zeit zu Zeit wechseln, also je nach Situation einen Standort an der Spitze, am Ende oder mitten in der Gruppe einnehmen.

Ebenso wie in der Schule widerspräche während einer mehrtägigen Fahrt die **156**
Forderung nach einer möglichst lückenlosen Aufsicht dem schulischen Erziehungsauftrag zur Selbstständigkeit und Eigenverantwortlichkeit.

F **Der gefährliche Parkplatz II**

Zwei Lehrerinnen unternahmen mit 25 Schülern der Klassen 3, 4 und 5 einen biologischen Unterrichtsgang. Die Gruppe pausierte auf einem großen, mit Bänken ausgestatteten Parkplatz an der Rückseite eines Supermarktes. An der Vorderseite des Supermarktes befand sich ein kleiner Parkplatz, der für die Lehrerinnen nicht einsehbar war. An der Seite des Gebäudes waren die Eingänge zu öffentlichen Toiletten.

Einige Schüler suchten – was erlaubt worden war – die öffentlichen Toiletten auf. Ansonsten erhielten die Schüler die Anweisung, sich bei den Bänken aufzuhalten. Ein 12-jähriger Schüler entfernte sich mit einigen anderen Schülern von der Gruppe und begab sich auf den »kleinen Parkplatz«. Dort nahm er einen Einkaufswagen und beschädigte ein parkendes Auto. Die Lehrerinnen bemerkten nach wenigen Minuten das Fehlen der Schüler und gingen nachschauen, als sie sahen, dass weitere Schüler sich in Richtung des kleinen Parkplatzes bewegten.

In seiner Entscheidung zu diesem Fall berücksichtigt das Landgericht Itzehoe *(Az.: 7 O 485/82; SPE a. F. VI F V S. 107–110)* sowohl den Erziehungsauftrag der Schule als auch die Anforderungen an die Aufsichtspflicht:

> »Bei Schülern der Klassenstufen drei, vier und fünf durften die Lehrkräfte auch ohne entgegenstehende konkrete Anhaltspunkte davon ausgehen, dass diese die Erlaubnis, die Toiletten aufzusuchen, nicht heimlich entgegen der Anweisung überschreiten und sich auf den nicht einsehbaren Parkplatz begeben. Eine allgemeine Beobachtung der Schüler war nach Erteilung der Anweisung, bei den Bänken zu bleiben, als ausreichend anzusehen ... Eine lückenlose Beaufsichtigung ohne jeglichen persönlichen Freiraum würde die an die Aufsichtspersonen zu stellenden Anforderungen bei Schulwanderungen, Ausflügen und Unterrichtsgängen in die freie Natur zum einen überziehen und zum anderen dem mit derartigen Ausflügen neben dem reinen Unterrichtszweck verfolgten schulischen Ziel, die Kinder auch zu mitverantwortlichen Menschen zu erziehen, widersprechen ...
> Etwas anderes muss lediglich dann gelten, wenn konkrete Anhaltspunkte dafür vorliegen, dass Schüler sich über die Anweisungen der Lehrkräfte hinwegsetzen. Als dieser Fall eintrat, haben die Lehrkräfte jedoch sofort reagiert, indem sie den Schülern, die sich in Richtung des kleinen Parkplatzes entfernten, nachgegangen sind, sobald sie dies bemerkt haben.«

157 Sollen während einer mehrtägigen Klassenfahrt auch besonders gefährliche Unternehmungen wie Wanderungen im Hochgebirge oder im Watt, Skilaufen, Radfahren, Reiten, Surfen oder Segeln durchgeführt werden, sind die diese Bereiche regelnden Verwaltungsvorschriften genau zu beachten.

! In jedem Fall müssen ausführliche Informationen bei den zuständigen Stellen über die für die jeweilige Aktivität wichtige Situation wie das Wetter oder die Eigenarten eines Geländes oder Gewässers eingeholt werden.

158 Alkohol und Rauchen stellen die Lehrer während einer Klassenfahrt immer wieder vor besondere Probleme, da die Schüler häufig im privaten Bereich diese beiden Suchtstoffe gelegentlich oder regelmäßig konsumieren. Lehrer müssen in diesen Fällen sowohl das Gesetz zum Schutze der Jugend (JuSchG) als auch die einschlägigen schulrechtlichen Vorschriften beachten. Nach dem Jugendschutzgesetz dürfen Branntwein und branntweinhaltige Getränke nicht an Personen unter 18 Jahren abgegeben werden. Zu diesen Getränken gehören auch Mixgetränke wie Cola-Rum. Andere alkoholische Getränke dürfen an Jugendliche erst ab 16 Jahren ausgeschenkt oder abgegeben werden. Jugendlichen bis zum 16. Lebensjahr dürfen Lehrer den Alkoholgenuss nicht gestatten.

Kindern und Jugendlichen unter 18 Jahren ist das Rauchen in der Öffentlichkeit untersagt.

Die meisten Länder haben den Alkoholgenuss während schulischer Veranstal- **159**
tungen in Verwaltungsvorschriften geregelt und beispielsweise den Alkoholgenuss von der Vollendung des 16. Lebensjahres, dem Besuch der gymnasialen Oberstufe oder einer berufsbildenden Schule sowie der Zustimmung des Schulleiters oder der Schulkonferenz abhängig gemacht.

Bei Klassenfahrten kann Schülern, falls das schriftliche Einverständnis der **160**
Eltern vorliegt, gestattet werden, in einem bestimmten räumlichen Bereich und während einer festgelegten Zeit selbstständig in der Regel in kleinen Gruppen Unternehmungen durchzuführen. In dieser Zeit besteht keine Aufsichtspflicht der Schule. Auch bei Vorliegen des grundsätzlichen Einverständnisses der Eltern gehört es aber zur Aufsichtspflicht der Begleitpersonen, die Entscheidung über solche selbstständigen Unternehmungen erst nach Prüfung der konkreten Umstände zu treffen. Zu den möglichen Gefahren können dabei beispielsweise eine unerwartet große Disziplinlosigkeit der Schülergruppe oder umfangreiche Straßenbauarbeiten im ausgewählten Ort gehören. In keinem Fall besteht auf Grund der Einverständniserklärung der Erziehungsberechtigten ein Anspruch der Schüler auf unbeaufsichtigte Aktivitäten.

F **Der Diebstahl**

Während einer Klassenfahrt verlassen zwei 13-jährige Schüler am Nach- **161**
mittag den Klassenverband. Einer der beiden wird beim Diebstahl im Supermarkt erwischt.

Zunächst ist zu prüfen, ob eine kontinuierliche Aufsicht gewährleistet war. Mussten die Schüler sich beaufsichtigt fühlen, hängt eine Entscheidung vom

Kriterium der präventiven Aufsichtsführung und damit von der Frage ab, ob es Anzeichen dafür gab, dass die beiden Schüler den Klassenverband verlassen wollten oder sogar Anzeichen dafür, dass ein Diebstahl geplant war. Ein Verstoß gegen die präventive Aufsicht, also gegen die Verpflichtung, sich darum zu bemühen, mögliche Gefahren vorausschauend zu erfassen, läge nur vor, wenn entsprechenden Hinweisen auf eventuelle Diebstahlspläne nicht nachgegangen worden wäre.

9. Fiskalisches Handeln am Beispiel der Klassenfahrten

162 Fiskalisches Handeln meint das Handeln eines Trägers von Hoheitsgewalt auf dem Gebiet des Privatrechts. Im dienstlichen Zusammenhang handeln Lehrer nur sehr selten – und wenn dann in der Regel im Zusammenhang mit Klassenfahrten – privatrechtlich. Schulleiter werden dagegen häufiger privatrechtlich tätig.

F **Der teure Schullandheimaufenthalt**

Ein Lehrer meldete seine Klasse bei einem Schullandheim für einen einwöchigen Aufenthalt an und unterzeichnete die formularmäßige Anmeldung mit eigenem Namen. Eine Genehmigung der Fahrt durch den Schulleiter lag nicht vor. Ein Tag der geplanten Fahrt fiel in die Ferien. Eine später durchgeführte Befragung der Eltern ergab, dass die für eine Klassenfahrt erforderliche Zahl von Anmeldungen nicht zustande kommen würde. Der Lehrer sagte daraufhin kurzfristig den geplanten Aufenthalt ab und wurde vom Schullandheim wegen der Ausfallkosten in Anspruch genommen.

Bei Vertragsabschlüssen handeln Lehrer und Schulleiter in der Regel nicht für ihren Dienstherrn, das Land, sondern für den Schulträger als Träger des Sachaufwandes der Schulen. Vereinzelt wird in der Rechtsprechung auch die Auffassung vertreten, der Lehrer handle als Vertreter der Eltern *(VGH Hessen, Az.: 7 UE 299/99, SPE 770 Nr. 27)*. Soll ein Vertrag zwischen dem Schulträger und einem anderen Vertragspartner, z. B. einem Beherbergungs- oder

Beförderungsunternehmen zustande kommen, setzt das voraus, dass der Lehrer oder Schulleiter vom Schulträger zum Vertragsabschluss bevollmächtigt wurde und nach außen als Vertreter des Schulträgers aufgetreten ist. Fehlt es an einer ausdrücklich oder stillschweigend erteilten Vollmacht, wird der Lehrer oder Schulleiter selbst Vertragspartner. Im obigen Fall fehlte es an der Genehmigung des Schulleiters, der als Vertreter des Schulträgers den Lehrer hätte bevollmächtigen müssen. Der Lehrer wird daher selbst Vertragspartner des Schullandheimes und muss für die Ausfallkosten aufkommen.

Der Lehrer kann vom Land nicht unter Hinweis auf die Fürsorgepflicht des 163
Dienstherrn eine Übernahme der Ausfallkosten verlangen.

> »Ein solcher Fürsorgeanspruch gegenüber dem Dienstherrn ist ... nicht gegeben, wenn der Beamte – wie hier – entgegen einschlägigen Verwaltungsvorschriften handelt und dadurch einen finanziellen Nachteil erleidet, weil er zivilrechtlich zur Erstattung eines bestimmten Betrages – hier der Ausfallkosten – verpflichtet wird ... Der wesentliche Verstoß des Klägers [des Lehrers] im Zusammenhang mit dem beabsichtigten Schullandheimaufenthalt liegt darin, dass er entgegen Nr.... des Erlasses des... Kultusministers ... nicht die dort vorgesehene Anerkennung des Aufenthaltes als Schulveranstaltung vom Regierungspräsidenten veranlasst hat.« *(VGH Hessen, Az.: 1 UE 1032/84; SPE 304 Nr. 12).*

Kommt ein Vertrag zwischen dem Schulträger und einem Vertragspartner zustande, weil ein Lehrer vom Schulträger bevollmächtigt und nach außen erkennbar als Vertreter der Schule bzw. des Schulträgers aufgetreten ist, und ergeben sich dann finanzielle Ansprüche – etwa wie im obigen Fall Ausfallkosten, weil die Fahrt zu spät abgesagt wurde – richten sich diese Ansprüche nicht gegen den Lehrer oder Schulleiter, sondern gegen den Schulträger. Der Schulträger kann sich dann an das Land als Dienstherrn des Lehrers wenden. Liegt ein Verschulden des Lehrers vor, tritt das Land für den Schaden ein. Ein Rückgriff beim Lehrer ist wie bei hoheitlichem Handeln aber nur bei grober Fahrlässigkeit und Vorsatz möglich. Für leicht fahrlässig begangene Fehler im Zusammenhang mit Vertragsabschlüssen haften Lehrer daher nicht.

10. Klassen- und Schulfeste

F **Die gefährliche Torwand**

164 Eine Schülerin einer Grundschule nahm zusammen mit ihrem den Kindergarten besuchenden Bruder und ihrer Mutter an einem »Grillfest für die ganze Familie« teil, zu dem die Elternsprecherin der Klasse schriftlich eingeladen hatte. Die Durchführung der Feier war bei einer Klassenelternversammlung mit Zustimmung der Klassenlehrerin als Jahresabschlussfest für die Schüler der Klasse und deren Angehörige beschlossen worden und fand auf dem Sportplatz der Ortsgemeinde statt Während der Veranstaltung führte die Lehrerin, die als einzige Lehrkraft anwesend war, Spiele mit den Kindern durch. Helfer aus der Elternschaft verkauften Speisen und Getränke. Gegen Ende des Festes, als die Lehrerin auf dem Fußballfeld ein Völkerballspiel beaufsichtigte und die Mutter der Schülerin sich an einem Bratwurststand aufhielt, ging der 5 Jahre und 9 Monate alte Bruder der Schülerin zu einer 25 Meter entfernten tragbaren Fußballtorwand, die in hohem Gras auf einem Grünstreifen außerhalb des Fußballfeldes stand. Zu Beginn des Festes hatte die Torwand auf einer Böschung am Rande des Sportplatzgeländes gelegen. Wegen ihres Gewichts konnte sie nur von mehreren Erwachsenen aufgestellt werden. Der Junge kletterte an der stehenden Torwand hoch. Dabei kippte die nicht gesicherte Torwand um. Der Junge erlitt einen Oberschenkelspiralbruch. Es ist nicht zu ermitteln, wer die Torwand an dieser Stelle aufgestellt hat.

Der Junge fordert vom Land wegen einer Aufsichtspflichtverletzung der Lehrerin ein Schmerzensgeld und die Haftung des Landes für sämtliche künftige materielle und immaterielle Schäden.

Das Fest war eine schulische Veranstaltung.

Das Landgericht und das Oberlandesgericht *(Oberlandesgericht Koblenz, Az.: 1 U 1654/96; SchulRecht 2/2001, S. 30–32)* haben die Klage abgewiesen:

»Für alle Festteilnehmer war offensichtlich, dass die als einzige Lehrkraft anwesende Lehrerin nur die Aufsichtsverantwortung für die Schüler und

sonstige teilnehmende Kinder übernommen hatte, die sich an den von ihr organisierten Spielen beteiligten. Kinder, die wie der verletzte Junge nicht am Spielprogramm teilnahmen, standen unter der Obhut und Beaufsichtigung der sie begleitenden und primär verantwortlichen Erziehungsberechtigten. … Der Unfall ist auch nicht auf Verletzung von Organisations- oder Verkehrssicherungspflichten der Lehrerin oder mithelfender Eltern zurückzuführen. Nach dem Ergebnis der Beweisaufnahme hat sich die Lehrerin bei Beginn des Festes vom sicheren Zustand des Sportplatzes und seiner Einrichtungen überzeugt … das Fußballtor lag zu Beginn des Festes in ungefährlichem Zustand auf einer Böschung am Rande des Sportplatzgeländes. … Es ist davon auszugehen, dass die Fußballtorwand erst im Laufe des Festes von Erwachsenen aufgestellt worden sein muss. Dies geschah – soweit feststellbar – ohne Wissen und Mitwirkung der Lehrerin oder mithelfender Eltern.
Die Lehrerin musste als Mitveranstalterin des Klassenfestes angesichts der Vielzahl anwesender aufsichtspflichtiger Eltern das an sich ungefährliche Veranstaltungsgelände während der Veranstaltung nicht fortlaufend überwachen oder der Aufsichtskräfte für eine Überwachung organisieren. Dies gilt auch im Hinblick auf die Torwand.
Das Maß der Organisationspflichten des Veranstalters eines schulischen Klassenfestes richtet sich nämlich nach dem Kreis der Teilnehmer. Hier waren nicht lediglich Schüler und deren Geschwister zu der Veranstaltung eingeladen. Teilnehmer waren vielmehr Kinder in Begleitung ihrer aufsichtspflichtigen Eltern oder sonst verantwortlicher Familienmitglieder. …
In Gegenwart einer Vielzahl von Erziehungsberechtigten auf dem Sportplatzgelände brauchten die veranstaltende Lehrerin und die ihr helfenden Eltern nicht damit zu rechnen, dass entweder andere Eltern oder erwachsene Festteilnehmer vor deren Augen die Fußballtorwand auf einen Seitenstreifen neben den Sportplatz transportieren, dort ungesichert aufstellen und später achtlos stehen lassen würden. …
Anhaltspunkte dafür, dass der Lehrerin oder mithelfenden Eltern das Fehlverhalten der für den Unfall verantwortlichen Erwachsenen auffallen musste, sind nicht ersichtlich.«

Nehmen an einem Klassenfest ausschließlich Schüler teil, müssen Lehrer **165**
jeden teilnehmenden Schüler wie bei anderen schulischen Veranstaltungen

beaufsichtigen. Gehören Eltern, Geschwister und Freunde zum Teilnehmerkreis, tragen nicht mehr die Lehrer die alleinige Verantwortung, sondern die Eltern haben die ihren Kindern und von ihnen mitgebrachten minderjährigen Personen gegenüber bestehende Aufsichtspflicht zu erfüllen.

Im Übrigen gilt für die Aufsicht bei Klassen- und Schulfesten wie bei anderen Aufsichtssituationen auch, dass nur die Gefahren abgewendet werden können und müssen, die den aufsichtführenden Lehrern hätten auffallen müssen und mit denen sie unter Berücksichtigung des Veranstaltungsortes und der Art der Teilnehmer hätten rechnen müssen.

11. Veranstaltungen der Schülervertretung

F **Die Podiumsdiskussion**

166 Die Schülervertretung einer Schule bittet den Schulleiter um die Genehmigung der Durchführung einer einmal wöchentlich stattfindenden Arbeitsgemeinschaft in den Räumen der Schule und einer einmaligen nachmittäglichen politischen Podiumsdiskussion in der Aula der Schule. Der Schulleiter gestattet die Benutzung der Schulräume und erklärt beide Veranstaltungen zu schulischen Veranstaltungen. Eine Aufsicht durch Lehrer ordnet er in beiden Fällen nicht an.

Eine Schulveranstaltung ist eine Veranstaltung, die im inneren Zusammenhang mit dem Schulbesuch steht und in den organisatorischen Verantwortungsbereich der Schule fällt. Um Streitfälle zu vermeiden, sollte der Schulleiter eine Veranstaltung, welche die genannten Kriterien nach seiner Auffassung erfüllt, ausdrücklich zur Schulveranstaltung erklären. Bei Schulveranstaltungen ist in jedem Fall auch die Frage der Aufsicht zu regeln. Eine Entscheidung über die Notwendigkeit einer Aufsicht durch Lehrer kann bei Veranstaltungen der Schülervertretung, die zu Schulveranstaltungen erklärt wurden, nur im Einzelfall anhand der generell bei Aufsichtssituationen zu beachtenden Kriterien getroffen werden. Dabei ist die Art der Veranstaltung ebenso zu berücksichtigen wie die Zahl und das Alter der teilnehmenden Schüler. So spricht bei einem

Schülerfest allein schon die große Zahl der teilnehmenden Schüler unabhängig von ihrem Alter für die Notwendigkeit einer Aufsicht durch Lehrer.

Bei einer regelmäßig stattfindenden Arbeitsgemeinschaft, an der nur eine **167**
verhältnismäßig geringe Zahl zumeist älterer Schüler teilnimmt, wird eine Beaufsichtigung durch Lehrer in der Regel nicht notwendig sein. Es genügt die Anwesenheit des Hausmeisters im Gebäude, um die Interessen des Schulträgers an einem kontrollierten Zugang zum Gebäude und einer pfleglichen Nutzung der Räumlichkeiten zu wahren.

Bei einer Veranstaltung, an der zahlreiche Schüler teilnehmen und bei der Aus- **168**
einandersetzungen nicht auszuschließen sind, die über den verbalen Bereich hinausgehen, muss der Schulleiter für eine geeignete Aufsicht sorgen. Geschieht das nicht, kann ihm ein Organisationsverschulden vorgeworfen werden.

12. Schulbushaltestelle

In den meisten Fällen besteht keine Aufsichtspflicht der Schule an Schulbus- **169**
haltestellen. Ebenso wie die Aufsicht im Schulbus in den Verantwortungsbereich des Schulträgers und ggf. des Busunternehmers fällt, ist normalerweise der Schulträger für die Sicherheit der Schulbushaltestellen verantwortlich. Die Schule hat eine Aufsichtspflicht, wenn die Schulbushaltestelle auf dem Schulgrundstück liegt. Eine Aufsichtspflicht der Schule kann auch bestehen bei einer besonderen Gefahrenlage und einer geringen Entfernung zwischen Schule und Schulbushaltestelle. Das Verfahren zur Feststellung der Aufsichtspflicht regeln Verwaltungsvorschriften der Länder. Der Rechtsprechung des Bundesgerichtshofs zufolge ist es für den geforderten Schulbezug unschädlich, wenn es sich bei dem »Schulbus« um ein öffentliches Verkehrsmittel handelt. Ob in anderen Regelwerken, z. B. zur Schülerbeförderung, der Begriff des »Schulbusses« enger gefasst und von öffentlichen Verkehrsmitteln unterschieden wird, ist für das Verständnis der Aufsichtsproblematik unerheblich *(OVG Rheinland-Pfalz, Az.: 2 B 11864/03; SchulRecht 5/2004, S. 105 ff.)*. Für die Beurteilung eines unmittelbaren Angrenzens an das Schulgrundstück kommt es entscheidend darauf an, ob der Gefahrenbereich »Schulbushaltestelle« noch einen hinreichenden »Schulbezug« aufweist, die Gefahrenquelle also noch durch den

Schulbetrieb und seine Vor- oder Nachwirkungen geprägt wird, ohne dass es auf eine parzellenscharfe Betrachtungsweise ankommt *(OVG Rheinland-Pfalz, a. a. O.).*

F **Der entfernte Klassenraum**

Die Lehrer einer Sekundarschule sind verpflichtet, Aufsicht an einer Schulbushaltestelle zu führen. Der zur Aufsicht ab 12.30 Uhr eingeteilte Lehrer befindet sich etwa 2 1/2 Minuten nach dem Schellen auf direktem Weg von seinem Unterrichtsraum zur Haltestelle, als eine 11-jährige Schülerin im allgemeinen Gedränge an der Haltestelle vor einen einfahrenden Bus fällt und schwer verletzt wird.

Der Lehrer konnte bei pünktlichem Unterrichtsende (Unterrichtsende nach Stundenplan 12.30 Uhr) nicht vor allen Schülern an der Bushaltestelle sein, da sein Unterrichtsraum weiter vom Ausgang entfernt lag als andere Klassenräume.

Im vorliegenden Fall fehlt eine kontinuierliche Aufsicht. Angesichts der großen Gefahren an einer Schulbushaltestelle muss die Aufsicht mit dem Eintreffen der ersten Schüler an der Haltestelle gewährleistet sein. Außerdem erfordert die Gefahrenlage eine aktive Aufsicht, die es dem Lehrer ermöglicht, die Schüler bei Einfahrt der Busse von der Straße fernzuhalten und am Betreten der Straße zu hindern.

Für den zur Aufsicht eingeteilten Lehrer war es offensichtlich, dass er angesichts der Lage seines Unterrichtsraumes bei pünktlichem Ende des Unterrichtes die Anforderungen an die Aufsichtsführung nicht erfüllen konnte. Er hätte den Schulleiter daher sofort auf den Fehler bei der Erstellung des Aufsichtsplanes aufmerksam machen müssen.

170 Ob den Schulleiter ein Organisationsverschulden trifft, ist in der Rechtsprechung und der juristischen Literatur umstritten. Für ein Organisationsverschulden spricht die Verpflichtung, bei der Erstellung von Aufsichtsplänen stets auch mit zu bedenken, wie schnell der eingeteilte Lehrer den Aufsichtsort erreichen kann. Das gilt ganz besonders bei der Aufsicht an äußerst gefährlichen Stellen wie einer Schulbushaltestelle. Gegen ein Organisationsverschulden spricht, dass es sich um einen Fehler handelt, der bei der Erstellung eines

Aufsichtsplanes verhältnismäßig leicht unterlaufen kann und dass der Fehler für den Schulleiter nicht wie für den Lehrer offensichtlich war und zudem bei einer Mitteilung des Lehrers an den Schulleiter hätte vermieden werden können.

F **Die Verlegung der Schulbushaltestelle**

Die Haltestelle eines Schulbusses befand sich unmittelbar an einer Grundschule und wurde von einer Aufsichtsperson der Schule beaufsichtigt. Wegen Bauarbeiten wurde die Haltestelle 400 m weiter in Richtung Ortsmitte verlegt. Eine Aufsichtsperson der Schule wurde dafür nicht mehr abgestellt. **171**

Die provisorische Schulbushaltestelle war nicht ausreichend gesichert. Der Schulleiter hatte die Gemeinde auf Gefahrenpunkte auf dem Weg zwischen Schulbushaltestelle und Schule aufmerksam gemacht, ohne dass eine Abhilfe erfolgt wäre.

Eine Schülerin wird bei einem Unfall an der Schulbushaltestelle verletzt und fordert ein Schmerzensgeld.

Dieser Fall wirft unter dem Gesichtspunkt der Aufsichtspflicht im Wesentlichen zwei Fragen auf:

- Hätte die Schule an der verlegten Schulbushaltestelle Aufsicht führen müssen?
- Reichten die Hinweise des Schulleiters an den Schulträger aus?

Für den Schmerzensgeldanspruch kommt es entscheidend darauf an, ob es sich um einen Schulunfall gehandelt hat (zu Schulunfällen siehe unten Kapitel IV).

Der Bundesgerichtshof *(BGH, Az.: III ZR 47/80; SPE 704 Nr. 6 und SPE a. F. II H I S. 155 ff.)* hat eine Verletzung der Aufsichtspflicht durch den Schulleiter bejaht: **172**

> Dem Schulträger obliegt »... die Amtspflicht, Schulbushaltestellen möglichst gefahrlos einzurichten und zu sichern ... [die Schule hat] die Einhaltung dieser Verpflichtung zu überwachen. Sie muss, wenn die Haltestellen den genannten Anforderungen nicht genügen, die bestehende Gefahrenlage beseitigen lassen. Diese Pflicht bestand auch im vorliegenden Fall für die der

Schule nächstgelegene Schulbushaltestelle … Die Bediensteten des beklagten Landes [Schulleiter und Lehrer] hatten … ihre Verantwortung für die Gefahrenbeseitigung auch erkannt; denn sie hatten, solange sich die Schulbushaltestelle an ihrem eigentlichen Platz an der Schule befand, selbst für eine Beaufsichtigung gesorgt … Die Verpflichtung …, bei dem Schulträger auf die Beseitigung der Gefahrenlage hinzuwirken, war … nicht deshalb entfallen, weil die Schulbushaltestelle wegen Straßenbauarbeiten um 400 m in das Ortsinnere verlegt worden war. Auch diese – entferntere – Schulbushaltestelle war dem Schulbetrieb räumlich und funktionell noch so zugeordnet, dass vor allem die dort wartenden jüngeren Schulkinder vor den beim Ein- und Aussteigen auftretenden Gefahren bewahrt werden mussten. Dazu bestand hier insbesondere deshalb eine dringende Notwendigkeit, weil die Haltestelle grobe und offensichtliche Sicherheitsmängel aufwies …

173 Bei dieser Sachlage hätte … [die Schule] dafür sorgen müssen, dass die Gemeinde als Schulträger ihrer Verpflichtung zur Gefahrenbeseitigung nachkommt. Dies hat sie pflichtwidrig unterlassen. Insbesondere stellte das Schreiben des Schulleiters an den Bürgermeister … keine ausreichende Maßnahme dar, um die Gemeinde zur Sicherung der Haltestelle zu veranlassen. In dem Schreiben wird nur darauf hingewiesen, dass die Schüler wegen der Verlegung der Bushaltestelle teilweise zu spät kämen und der Weg von der Haltestelle zur Schule an zwei verkehrsgefährlichen Straßenecken vorbeiführte. Auf die hier maßgebliche Gefahr beim Warten und Einsteigen der Schüler in den Schulbus und auf die entscheidende Tatsache, dass die Schule ihre bisherige Aufsicht über die wartenden und einsteigenden Schüler eingestellt hatte, wird in diesem Schreiben nicht hingewiesen. Die Schulverwaltung hätte bei ordnungsgemäßer Wahrnehmung ihrer Überwachungspflichten in den gut zehn Monaten, die zwischen der Verlegung der Schulbushaltestelle und dem Unfall … lagen, erkennen müssen, dass die Gemeinde weder auf diesen Brief hin noch aus eigenem Entschluss Sicherungsvorkehrungen treffen würde. Sie hätte daher die Notwendigkeit für ein wirkungsvolles Eingreifen sehen und entsprechende Aufsichtsmaßnahmen ergreifen müssen.«

Trotz der Verletzung der Aufsichtspflicht besteht aber kein Schmerzensgeldanspruch und ist auch eine unmittelbare Haftung ausgeschlossen, da es sich um einen Schulunfall im Sinne der gesetzlichen Unfallversicherung gehandelt hat.

13. Schulbus

Schüler, die in einem Schulbus transportiert werden, befinden sich auf dem **174**
Schulweg. Es besteht daher keine Aufsichtspflicht der Schule. Zuständig für die Aufsicht im Schulbus sind allenfalls der Schulträger und der Busunternehmer.

Gefährden Schüler sich oder andere in erheblichem Maße während des Schul- **175**
bustransportes oder beschädigen sie den Schulbus, können sie vom Schulträger oder dem Busunternehmer, für den in akuten Fällen der Busfahrer handelt, vorübergehend oder dauerhaft von der Beförderung ausgeschlossen werden.

F **Der gefährliche Fahrgast**

Ein elfjähriger Schüler gefährdete Mitschüler, die Sicherheit des Schülertransportes und das Eigentum des Busunternehmers durch Lärmen, Wechseln des Sitzplatzes und Prügeleien während der Fahrt mit dem Schulbus. Ermahnungen durch die Schule, die Benachrichtigung der Eltern und ein Verweis aus dem Bus durch den Fahrer führten nicht zu einer Änderung des Verhaltens. Der Schulträger schloss in Übereinstimmung mit der Schule den Schüler für zehn Tage von der Beförderung mit einem Schulbus aus und ordnete an, dass der Ausschluss sofort zu vollziehen ist.

Das von den Eltern angerufene Verwaltungsgericht *(VG Braunschweig, Az.: 6 B 61040/94)* entschied, dass der Schüler wegen der sicherheitsgefährdenden Beeinträchtigung des Schülertransportes im Rahmen der Verhältnismäßigkeit zeitweise mit sofortiger Wirkung von der Beförderung ausgeschlossen werden konnte, reduzierte allerdings die Dauer des Ausschlusses wegen des geringen Alters des Schülers und der Belastungen des anderweitigen Transportes auf eine Woche.

F **Die Aufsicht im Schulbus**

176 Behinderte Kinder werden auf Grund einer vertraglichen Vereinbarung zwischen dem Schulträger und einem Busunternehmer in einem Schulbus zur Schule befördert. Ein Förderschullehrer und ein Zivildienstleistender beaufsichtigen die Kinder im Bus während der Fahrt. Bei einem zehnminütigen Aufenthalt vor einer Bahnschranke unterhalten sich der Lehrer und der Zivildienstleistende im vorderen Teil des Busses, während im hinteren Teil ein Schüler eine Gardine in Brand steckt. Der Brand greift auf die Kunststoffverkleidung des Busses über, und es entsteht ein erheblicher Sachschaden. Der Busunternehmer verlangt Schadensersatz vom Schulträger, da die beiden Aufsichtspersonen ihre Pflichten vernachlässigt hätten.

Der Bundesgerichtshof *(BGH, Az.: III ZR 291/89; SPE 304 Nr. 14)* verneint zunächst einen Anspruch des Busunternehmers aus Amtshaftung gem. § 839 BGB und Art. 34 GG:

> Der Schulträger »... muss schon deshalb nicht aus dem Gesichtspunkt der Amtspflichtverletzung für den Schaden ... einstehen, weil der Sonderschullehrer und der Zivildienstleistende nicht in Ausübung eines ihnen anvertrauten öffentlichen Amtes ... [dem Busunternehmer] gegenüber handelten. In Bezug auf das zwischen den Parteien bestehende Rechtsverhältnis wurden sie nicht hoheitlich, sondern im Rahmen des Privatrechts tätig; ... Die Aufsichtspersonen haben den Schülern gegenüber ein öffentliches Amt ausgeübt, hierdurch wird jedoch das privatrechtliche Verhältnis ... [zum Busunternehmer] nicht berührt ...

177 ... der geltend gemachte Schadensersatzanspruch [ist] ... aus dem Gesichtspunkt einer positiven Vertragsverletzung begründet ...
[Positive Vertragsverletzung bezeichnet die Verletzung vertraglicher Nebenpflichten wie beispielsweise bestimmter Sorgfaltspflichten.]
In Nr.... des Runderlasses ist festgelegt, dass bei der Beförderung körperlich oder geistig behinderter Schüler grundsätzlich neben dem Fahrer eine Begleitperson eingesetzt werden muss ...
[Der Busunternehmer] wusste, dass eine der Aufsichtspersonen zwingend eingeschaltet werden musste, um Gefahren von den Kindern abzuwenden.

Zur Erfüllung dieser Aufgabe hatten die Aufsichtskräfte die Kinder von Handlungen abzuhalten, mit denen sie sich selbst gefährden konnten. Dazu rechneten aber auch die Betriebssicherheit des Fahrzeugs gefährdende Handlungen. Soweit die Kinder durch solche Handlungen ihre eigene Person in Gefahr brachten, waren die eingesetzten Aufsichtspersonen zum Einschreiten verpflichtet. Hierauf durfte … [der Busunternehmer] bei der Durchführung des Vertragsverhältnisses unter Berücksichtigung der Grundsätze von Treu und Glauben … vertrauen. Er konnte mangels einer entgegenstehenden ausdrücklichen Absprache davon ausgehen, dass die Aufsichtskräfte … im Rahmen ihrer Verpflichtung, die Kinder an der Gefährdung ihrer eigenen Person zu hindern, Beschädigungen des Busses durch die Kinder entgegenwirken würden, sofern hiervon seine Betriebssicherheit berührt wurde … Hätte … [der Schulträger] nicht gewollt, dass die Aufsichtspersonen in dem beschriebenen Gefahrenbereich bei der Gewährleistung der Sicherheit der Kinder zugleich im Interesse … [des Busunternehmers] tätig würden, hätte er dies klarstellen müssen.«

Lehrer, die Schüler im Schulbus beaufsichtigen, erfüllen damit eine Verpflichtung im Rahmen ihres öffentlichen Amtes. Eine Verpflichtung, Schaden vom Eigentum des Busunternehmers abzuwenden, haben sie nur dann, wenn die schädigenden Handlungen zugleich auch eine Gefahr für die Schüler darstellen. Das wird bei erheblichen Schädigungen häufig der Fall sein, während diese Voraussetzungen bei kleineren Sachschäden in der Regel nicht vorliegen werden.

Der Busunternehmer kann versuchen, die Schüler, die sein Eigentum beschädigt haben, auf privatrechtlichem Wege auf Schadensersatz in Anspruch zu nehmen.

Schüler, die durch das Fehlverhalten von Mitschülern während einer Busfahrt auf dem Weg zur Schule verletzt werden, können auch gegen den Fahrer und den Halter des Busses Schadensersatz und Schmerzensgeldansprüche geltend machen, wenn der Busfahrer bei einer offenkundigen Gefahrenlage nicht eingegriffen hat. Der Halter ist dafür verantwortlich, den Busfahrer über Verhaltensregeln und Gefahrenlagen zu informieren und ihm Unterstützung anzubieten *(Oberlandesgericht Koblenz, Az.: 12 U 1459/04; SchulRecht 9–10/2007, S. 108).*

14. Verwahrung von Schülereigentum durch Lehrer

178 Im Rahmen ihrer Aufsichtspflicht haben Lehrer Schüler und andere Personen nicht nur vor Körperschäden zu bewahren, sondern auch vor Sachschäden. Dabei gelten die erläuterten allgemeinen Grundsätze der Aufsichtsführung. Eine besondere Situation kann entstehen, wenn Lehrer Schülereigentum in Verwahrung nehmen.

F **Das Goldkettchen**

Alle Schüler einer Klasse waren darauf hingewiesen worden, dass das Tragen von Schmuck im Sportunterricht aus Sicherheitsgründen verboten ist. Vor Beginn einer Sportstunde bietet die Sportlehrerin an, Schmuck und Wertsachen einzusammeln und zu verwahren. Sie legt die Wertsachen in ein Fach ihrer Sporttasche, das mit einem Reißverschluss gesichert ist. Während des gesamten Sportunterrichtes steht die Sporttasche im Blickfeld der Lehrerin in der Sporthalle. Am Ende der Sportstunde sammelt die Lehrerin die benutzten Sportgeräte mit zwei Schülern ein. Währenddessen gehen drei Schüler ohne Erlaubnis eigenmächtig an die Sporttasche, um ihre Uhren wieder an sich zu nehmen. Nachdem die Lehrerin alle übrigen Sachen ausgehändigt hat, behauptet eine Schülerin, es fehle ein kleines Goldkettchen, das sie zu Beginn der Sportstunde abgegeben habe. Die Lehrerin kann sich daran nicht erinnern. Es gibt auch keine Zeugen, die gesehen haben, dass die Schülerin tatsächlich die Kette zur Aufbewahrung abgegeben hat.

Ein von den Eltern der Schülerin eingeschalteter Rechtsanwalt macht Schadensersatz geltend.

Der Bundesgerichtshof hat in seiner Entscheidung *(BGH, Az.: III ZR 83/63; SPE 304 Nr. 1 und SPE a. F. II H I, S. 21–21e)* zunächst geprüft, ob die Lehrerin ihre Amtspflicht, Schüler vor Vermögensschäden zu bewahren, verletzt haben könnte.

Eine Verletzung dieser Amtspflicht lag nicht vor, da eine lückenlose Bewachung der Wertgegenstände nicht durchführbar war. Außerdem hätte die Schülerin glaubhaft machen müssen, dass sie der Lehrerin die Kette tatsächlich übergeben hat.

Einem Schadensersatzanspruch stand zudem das erhebliche Mitverschulden **179**
der Eltern der Schülerin und der Schülerin selbst entgegen, die wussten, dass im Sportunterricht kein Schmuck getragen werden durfte und trotzdem eine außerdem noch unangemessen wertvolle Kette mit in die Schule gebracht haben.

Ist eine Amtspflichtverletzung aus den genannten Gründen zu verneinen, **180**
könnte ein Anspruch aus einem öffentlich-rechtlichen Verwahrungsvertrag in Frage kommen, da die Lehrerin sich freiwillig zur Verwahrung der Wertsachen bereit erklärt hat. Im Rahmen eines Verwahrungsvertrages haftet die Lehrerin aber nur für die Sorgfalt, die sie auch in eigenen Angelegenheiten anzuwenden pflegt. Sie musste daher die ihr anvertrauten Wertsachen so gut verwahren wie ihre eigenen Wertsachen, die sich ebenfalls in der Sporttasche befanden. Sie hat dieser Sorgfaltspflicht genügt. Der Schülerin steht daher kein Schadensersatzanspruch zu.

Ein Schüler, der einen Schadensersatzanspruch wegen des Verlustes eines Mobiltelefons, das er während des Sportunterrichts in die Obhut des Sportlehrers gegeben hat, verlangt, muss zunächst beweisen, dass der Lehrer ihn aufgefordert hat, ihm das Handy in Verwahrung zu geben oder zumindest angeboten hat, das Handy in Verwahrung zu nehmen. Kann durch die Ermittlung des Sachverhalts nicht geklärt werden, ob das Handy überhaupt abgegeben wurde, geht das zu Lasten des Schülers. Zur Verwahrung sind Sportlehrer grundsätzlich nicht verpflichtet, da Schmuck, Mobiltelefone und andere Wertgegenstände auf eigenes Risiko mit zum Sportunterricht gebracht werden. Bietet ein Lehrer eine bestimmte Ablagemöglichkeit, etwa in einem aufgestellten Korb, an, muss er diesen weder einschließen noch ständig im Auge behalten, wenn ein Zugriff Dritter nicht ohne weiteres möglich ist *(LG Wuppertal, Az.: 16 O 56/07; SchulRecht 7–8/2009, S. 80).*

Nehmen Lehrer Schülern ein Mobiltelefon oder andere Wertsachen ab, müssen sie für eine sichere Aufbewahrung sorgen. Mit der Wegnahme wird ein öffentlich-rechtliches Verwahrungsverhältnis begründet. Verletzen sie diese Pflicht, haftet das Land, leistet aber nur einen auf den Zeitwert und um einen Mitverschuldensanteil des Schülers reduzierten Schadensersatz. Ein Rückgriff des Landes ist nur bei grober Fahrlässigkeit oder Vorsatz des Lehrers möglich.

181 Gelegentlich nehmen Lehrer Geld von Schülern entgegen. So entsteht z. B. häufig bei Klassenfahrten die Notwendigkeit, bestimmte Geldbeträge für die Gruppe aufzubewahren. Geht das Geld verloren, stellt sich die Frage eines Erstattungsanspruches des Lehrers gegen den Dienstherrn, da das Geld im unmittelbaren Zusammenhang mit dem Dienst entgegengenommen und verwahrt wurde.

F **Das verschwundene Geld**

Bei einem Jugendherbergsaufenthalt wurden einem Lehrer nachts aus seinem nicht abschließbaren Zimmer Geld für die Klassenfahrt gestohlen. Das übrige Geld zur Bestreitung der Kosten der Fahrt hatte er bei den Herbergseltern in Verwahrung gegeben.

Der Lehrer beantragte bei der Schulaufsichtsbehörde die Erstattung des gestohlenen Betrages.

Die Schulaufsichtsbehörde erstattete lediglich einen Teil des Betrages, da sie die Aufbewahrung eines so hohen Geldbetrages in einem nicht abschließbaren Zimmer ohne jede weitere Sicherung – wie etwa die Aufbewahrung in einem Brustbeutel – als grob fahrlässig ansah. Das vom Lehrer angerufene Verwaltungsgericht bestätigte diese Entscheidung *(VG Minden, Az.: 4 K 2543/88)*.

182 Der Lehrer stützte seinen Anspruch auf eine Vorschrift des Landesbeamtengesetzes, nach der Ersatz geleistet werden kann, wenn in Ausübung des Dienstes Gegenstände abhandenkommen, die üblicherweise im Dienst mitgeführt werden. Bei der dem Dienstherrn durch diese Vorschrift eröffneten Ermessensentscheidung ist auch, falls der Beamte den Schaden fahrlässig herbeigeführt hat, zu prüfen, ob ihm nach Lage der Verhältnisse, insbesondere dem Maß seines Verschuldens zugemutet werden kann, den Sachschaden ganz oder teilweise selbst zu tragen.

Im vorliegenden Fall war das Verwaltungsgericht der Auffassung, dass die Entscheidung der Schulaufsichtsbehörde ermessensfehlerfrei war, da der Lehrer den Schaden fahrlässig verursacht habe, da er keinerlei Sicherheitsvorkehrungen wie das Deponieren des Geldbetrages bei den Herbergseltern oder das Aufbewahren in einem Brustbeutel getroffen habe. **183**

Wird im Zusammenhang mit der dienstlichen Tätigkeit angenommenes und verwahrtes Geld gestohlen, haftet der Staat für den Verlust, falls dem Lehrer fahrlässiges Handeln vorgeworfen werden kann. Bei grober Fahrlässigkeit kann der Dienstherr Regress beim Lehrer nehmen, hat der Lehrer den Verlust dagegen überhaupt nicht verschuldet, haftet niemand für das abhandengekommene Geld; die Schüler müssen daher z. B. das Geld für eine Klassenfahrt erneut aufbringen oder die Fahrt muss entfallen.

! Lehrer sollten Geld wenn möglich nicht in bar entgegennehmen und aufbewahren. Falls das doch einmal notwendig ist, sollte der Geldbetrag nicht hoch und die Dauer der Aufbewahrung möglichst kurz sein sowie die Aufbewahrung so sicher wie möglich erfolgen. Geld sollte weder in das Schließfach in der Schule gelegt, noch mit nach Hause genommen werden, falls dafür keine zwingenden Gründe vorliegen.

15. Obhutspflicht des Schulträgers für Schüler-, Lehrer- und Elterneigentum

a. Schülereigentum

Besteht die Möglichkeit, Schmuck und Wertsachen in einem verschlossenen Raum abzugeben, zu dem allein der Aufsicht führende Lehrer einen Schlüssel hat, ist zunächst davon auszugehen, dass der Schulträger nicht verpflichtet ist, den Schülern eine diebstahlssichere Aufbewahrungsmöglichkeit für mitgebrachten Schmuck zur Verfügung zu stellen. Es besteht lediglich eine **184**

Verpflichtung, die von den Schülern gewöhnlich mitgebrachte Garderobe sowie sonstiges üblicherweise mitgebrachtes Eigentum, wie etwa Taschen, Bücher und Schreibutensilien in angemessenem Umfang vor Verlust und Beschädigung zu schützen *(LG Köln, Az.: 5 O 443/91)*. Wird ein von einem Schüler im Rahmen des Kunstunterrichts hergestelltes Kunstwerk auf Bitten des Kunstlehrers mit dem Einverständnis des Schülers an einer unbeaufsichtigten und ungesicherten Stelle in der Schule aufgestellt und dort gestohlen, haften weder der Schulträger noch der Lehrer, da ein wirtschaftlich messbarer Wert nicht gegeben ist, eine besondere Sicherung nicht möglich ist und die Lehrer keine Aufsichtspflichten verletzt haben *(OLG Brandenburg, Az.: 2 U 9/03; SchulRecht 11–12/2007, S. 136)*.

185 Erfolgt die Aufbewahrung von Wertgegenständen während des Sportunterrichts in einem abgeschlossenen Raum, handelt eine Schülerin, die in Kenntnis dieser Regelung wertvollen Schmuck mitbringt und den Schmuck durch die ihr bekannte Aufbewahrungsart als ausreichend gesichert ansieht, auf eigenes Risiko. Außerdem muss sie sich ein Verschulden ihrer Eltern anrechnen lassen, da es sich den Eltern ebenfalls aufdrängen musste, dass es mit einem Risiko verbunden ist, wenn wertvoller Schmuck zum Sportunterricht mitgenommen wird. Es besteht daher kein Schadensersatzanspruch *(LG Köln, s. o.)*.

186 Kommt die Garderobe eines Schülers oder sonstiges üblicherweise mitgebrachtes Eigentum abhanden, ist zu prüfen, ob der Schulträger seiner aus dem Schulverhältnis abgeleiteten Obhutspflicht nachgekommen ist. Kommt der Schulträger seiner Vorsorgepflicht nicht nach (z. B. kommt aus Platzgründen oder aus finanziellen Gründen das Aufstellen abschließbarer Garderobenschränke nicht in Betracht; dennoch wird aus hygienischen Gründen die Aufbewahrung der Kleidung im Klassenraum nicht geduldet), geht er bewusst ein Risiko ein, für das er einzustehen hat, wenn ein Schaden eintritt. Nicht selten wird von Schulträgern ein solches Risiko bewusst in Kauf genommen, weil jede andere Lösung unverhältnismäßig aufwendig wäre. Der Schulträger muss aber erst dann für den durch Diebstahl entstandenen Schaden aufkommen, wenn der Dieb über eine Strafanzeige nicht zu ermitteln ist oder wenn feststeht, dass die Anzeige nicht zu einer Ermittlung des Täters führen würde. Die Aussichtslosigkeit einer Anzeige ist vom Geschädigten zu beweisen *(BGH, Az.: II ZR 206/86)*.

Ist die Garderobe nicht gesichert, hat der Schulträger aber sichergestellt, dass das Gebäude während der Unterrichtszeit von Unbefugten nicht unkontrolliert betreten und verlassen werden kann, so dass Diebstähle nur von Schülern untereinander ausgeführt werden können, entfällt die Haftung des Schulträgers, da eine Sicherung gegen Diebstähle der Schüler untereinander praktisch kaum möglich ist *(Avenarius/Hanschmann, S. 544)*.

Aber auch wenn keine ausreichende Sicherung des Schülereigentums durch **187**
den Schulträger vorliegt, kann der Ersatzanspruch der Schüler gemindert werden oder sogar völlig entfallen, wenn die Schüler nicht die in der konkreten Situation jedem verständigen und ordentlichen Menschen obliegenden Sorgfaltspflichten beachtet haben. Ein solcher Verstoß gegen Sorgfaltspflichten liegt vor, wenn offensichtlich besonders wertvolle Sachen mitgeführt werden, obwohl die Kleiderablage ungesichert ist *(BGH, Az.: III ZR 174/71; SPE 304 Nr. 3)*. Bei solchen Gegenständen kann es sich z. B. um sehr teure Jacken oder eine Geldbörse handeln.

Umstritten ist, ob der Schulträger auch für die diebstahlsichere Aufbewahrung **188**
von Fahrrädern und Kraftfahrzeugen zu sorgen hat. »Eine solche Verpflichtung würde indes zu weit führen. Es muss genügen, wenn die Kommune einen unbewachten Fahrradständer bereitstellt; die Schülerinnen und Schüler haben ihre Räder durch Abschließen oder Anketten selbst zu sichern. Für Diebstahl oder Beschädigung kann der Schulträger nur dann haftbar gemacht werden, wenn er durch Einrichtung eines gesicherten Fahrradraumes die Verantwortung erkennbar übernommen hat.« *(Avenarius/Hanschmann, S. 544)*.

Schülern, Eltern und allen anderen Personen gegenüber, die sich berechtig- **189**
terweise auf dem Schulgelände aufhalten, hat der Schulträger eine Verkehrssicherungspflicht zu erfüllen. Er muss diese Personen vor Schäden bewahren, die vom Zustand des Schulgeländes und Schulgebäudes ausgehen (siehe auch Kapitel II). So muss der Schulträger Ersatz leisten für Schäden, die durch den schadhaften Zustand des Mobiliars an Kleidungsstücken entstanden sind, wenn er den schadhaften Zustand gekannt hat oder hätte kennen müssen. Auch diese Ersatzpflicht kann aber eingeschränkt oder sogar aufgehoben werden, wenn Schüler oder andere Personen ein Mitverschulden trifft, weil sie z. B. im Wissen um die Schadhaftigkeit eines Stuhles diesen trotzdem benutzt haben.

b. Lehrereigentum

190 Soweit Lehrer bei Verlust oder Beschädigung von für den Unterricht mitgebrachten Gegenständen – z. B. eines Laptops – einen Schadensersatzanspruch dem Schulträger gegenüber geltend machen wollen, müssen sie nachweisen, dass der Schulträger keine ausreichende Aufbewahrungsmöglichkeit geschaffen hat. Da ein verschließbares Fach im Lehrerzimmer aber als ausreichende Aufbewahrungsmöglichkeit anzusehen ist *(OLG Köln, Az.: 7 U 149/92; SPE 304 Nr. 19)*, dürften Nachweise dieser Art nur selten möglich sein. Ansprüche können in aller Regel auch nicht auf ein öffentlich-rechtliches Verwahrungsverhältnis gestützt werden, da der Schulträger die Sachen des Lehrers im Normalfall nicht in Obhut nehmen will. Auch eine öffentlich-rechtliche Geschäftsführung ohne Auftrag (Ist jemand an der Besorgung einer Angelegenheit verhindert, so kann ein anderer im Wege der Geschäftsführung ohne Auftrag für ihn tätig werden, ohne von ihm beauftragt oder sonst dazu berechtigt zu sein.) scheidet in aller Regel aus, da sinnvolle Unterrichtsmittel nicht für den Unterricht unbedingt erforderlich sind *(OLG Köln, s. o.)*.

191 Selbst wenn man das Bestehen eines Verwahrungsverhältnisses bejaht, scheitert ein Schadensersatzanspruch des Lehrers häufig am Haftungsmaßstab.

F **Der Wasseraustritt**

Ein beamteter Lehrer benutzte einen Raum im Erdgeschoss des Schulgebäudes als Zimmer zur Vorbereitung des Unterrichts und hatte dort mehrere ihm gehörende Bücher und sonstige Gegenstände untergebracht. Aus einem Absperrhahn an der Decke des Raumes trat Wasser aus und zerstörte oder beschädigte die Bücher und sonstigen Gegenstände des Lehrers schwer. Die Ursache für den Wasseraustritt – eine absichtliche Öffnung oder ein Defekt des Absperrhahns – ließ sich nicht feststellen. Einige Wochen vor dem Schadensfall waren Arbeiten an der Decke durchgeführt worden.

Der Lehrer verlangte den Ersatz des Schadens vom Schulaufwandsträger, der Stadt W.

Der Lehrer hat keinen Schadensersatzanspruch, da der Schulträger nur für die Sorgfalt haftet, die er auch in eigenen Angelegenheiten anwendet und der

Schulträger hier seine eigenen Möbel ebenfalls nicht besonders geschützt hatte. Dieses Verhalten ist auch nicht grob fahrlässig, da das Schadensereignis sehr unwahrscheinlich war *(VGH Bayern, Az.: 3 B 95.2452; SchulRecht 10/1998, S. 125 f.)*.

Lehrern steht daher in der Regel kein Schadensersatzanspruch gegen den Schulträger wegen der Beschädigung oder des Verlustes von in die Schule mitgebrachten Sachen zu.

Erleiden Lehrer keinen Sachschaden, sondern einen Körperschaden durch Mängel der sächlichen Ausstattung, für die der Schulträger verantwortlich ist, richtet sich ihr Anspruch nicht gegen den Schulträger, sondern gegen das Land *(so entschieden im Fall der Verletzung einer Sportlehrerin durch eine schadhafte Weichbodenmatte; OLG Hamm, Urteil vom 13.1.2012, Az.: 11 U 54/11)*.

Dagegen könnten Ansprüche gegen den Dienstherrn bestehen, falls ein Bezug zum Unterricht vorliegt, z. B. eine mitgebrachte Gitarre im Musikunterricht beschädigt wird.

F **Das Unterrichts-Fahrrad**

Eine Lehrerin transportierte ihr Fahrrad in ihrem Pkw zur Schule, um es im 192
Wahlpflichtunterricht als Demonstrations- und Übungsobjekt in der Fahrradwerkstatt einzusetzen. Sie stellte das Fahrrad im Innenhof der Schule ab, der normalerweise Schülern nicht zugänglich ist. Dort wurde das Hinterrad abmontiert. Sie verlangt von ihrem Dienstherrn, dem Land, die Erstattung des Sachschadens.

Erleiden Lehrer Sachschäden im Zusammenhang mit ihrem Dienst, ist zwischen einem Sachschaden im Zusammenhang mit einem Dienstunfall und einem reinen Sachschaden zu unterscheiden. Hier handelt es sich um einen reinen Sachschaden. Die Regelungen der Landesbeamtengesetze knüpfen den Ersatz eines reinen Sachschadens an die Voraussetzung, dass der Gegenstand zur Dienstausübung unmittelbar benötigt wird oder gewöhnlich bei der dienstlichen Tätigkeit unmittelbar mitgeführt wird. Daran fehlt es beispielsweise bei einem in den Unterricht mitgenommenen Handy auch dann, wenn die Mitnahme sich als sinnvoll erweist, aber nicht notwendig ist *(OVG Niedersachsen, Az.: 2 LA 827/04; SchulRecht 10/2005, S. 180 f.)*. Selbst wenn diese

Voraussetzungen vorliegen, besteht kein zwingender Anspruch des Beamten auf Schadenersatz, sondern eine Ersatzleistung »kann« gewährt werden, steht also im Ermessen des Dienstherrn.

»Das Fahrrad … ist nicht in Ausübung ihres Dienstes beschädigt worden. In Ausübung des Dienstes tritt ein Sachschaden ein, wenn zwischen dem schädigenden Ereignis und den dienstlichen Verrichtungen des Beamten ein unmittelbarer räumlicher und zeitlicher Zusammenhang festzustellen ist … Im vorliegenden Fall vermag der Senat [des VGH] … den erforderlichen unmittelbaren Zusammenhang zwischen dem schädigenden Ereignis und den von der … [Lehrerin] wahrgenommenen dienstlichen Aufgaben nicht festzustellen. Es fehlt jedenfalls an einem unmittelbaren räumlichen Zusammenhang, weil die … [Lehrerin] sich zur Zeit des schädigenden Ereignisses nicht an der Örtlichkeit befand, in deren Bereich der Schaden eingetreten ist, sondern in einem Unterrichtsraum Unterricht erteilte. Auch die … Frage, ob der Schaden infolge des Dienstes eingetreten ist, ist … zu verneinen. Als unmittelbare Folge des Dienstes hätte der Sachschaden nur dann angesehen werden können, wenn das Fahrrad bei einer dienstlichen Verrichtung … beschädigt worden wäre, etwa bei einer Unterrichtsveranstaltung oder aber während eines Dienstweges …
Die … nicht in Zweifel gezogene Absicht der … [Lehrerin], das Fahrrad an dem fraglichen Tage zu Unterrichtszwecken zu verwenden, rechtfertigt keine andere Beurteilung; denn maßgeblich ist allein, ob der Schaden tatsächlich im unmittelbaren Zusammenhang mit einer dienstlichen Verrichtung eingetreten ist, nicht aber die bloße Absicht oder Möglichkeit einer dienstlichen Verwendung …« *(VGH Hessen, Az.: 1 UE 2627/92; SPE 304 Nr. 20).*

193 Kann ein Anspruch nicht auf das Landesbeamtengesetz gestützt werden, ist noch die Möglichkeit einer Berufung auf die Fürsorgepflicht des Dienstherrn zu prüfen.

»Eine Übernahme des Schadensrisikos durch den Dienstherrn unter dem Gesichtspunkt der Fürsorge- und Schutzpflicht tritt ein, wenn für die Verwendung privater Gegenstände des Beamten im Dienst eine dienstliche Notwendigkeit anerkannt werden kann. Dies ist der Fall, wenn die Verwendung eingebrachter privater Gegenstände des Beamten entweder im Einzelfall vom Dienstherrn ausdrücklich angeordnet oder allgemein anerkannt worden ist. Ein Anspruch auf Sachschadensersatz wäre daher im vorliegenden Fall nur dann in Betracht gekommen, wenn der Dienstvorgesetzte … [der Lehrerin] sie im Wege der Anordnung oder Weisung veranlasst hätte, ihr privateigenes Fahrrad zu dienstlichen Zwecken zu nutzen und es damit gewissermaßen zum Verwaltungsmittel gemacht hätte oder wenn er auf ihren Antrag diese Nutzung genehmigt hätte; bei einer derartigen Fallgestaltung hätte kein Grund bestanden, … [der Lehrerin] das Risiko eines nicht von ihr zu vertretenden Schadens aufzubürden … An dieser Voraussetzung fehlt es jedoch …« *(VGH Hessen, a. a. O.)*.

Lehrer, die eigene Lehrmittel einsetzen, müssen daher häufig das Risiko der Beschädigung und des Verlustes selber tragen. Diese Problematik hat auch das Gericht erkannt, ohne sie auf der Grundlage der bestehenden Gesetze zufriedenstellend lösen zu können:

»Der Senat [des VGH] verkennt nicht, dass die nach seiner Auffassung dem Willen des Gesetzgebers entsprechende restriktive Auslegung und Anwendung … [des Landesbeamtengesetzes] im Einzelfall für die Betroffenen nicht immer nachvollziehbar und im Hinblick auf das – begrüßenswerte – Engagement für eine lebendige Unterrichtsgestaltung hinderlich erscheinen mag. In diesem Zusammenhang hat jedoch bereits das Verwaltungsgericht [die erste Instanz] zu Recht darauf hingewiesen …, dass nicht das Gericht, sondern der Dienstherr aufgerufen ist, das Einbringen privater Gegenstände, insbesondere Unterrichtsmittel in den Dienst im Rahmen seiner Fürsorge- und Schutzpflicht so zu regeln, dass einerseits Rechtssicherheit besteht, andererseits aber allzu kleinliche Ergebnisse vermieden werde.« *(VGH Hessen, a. a. O.)*.

Günstiger ist die Rechtslage für Lehrer, wenn Gegenstände, die üblicherweise im Dienst mitgeführt werden, während des Dienstes beschädigt oder gestohlen werden.

F Klassenfahrt und Videokamera

Einem Lehrer wurde während einer Klassenfahrt auf dem Bahnsteig der Rucksack gestohlen, in dem sich unter anderem eine Digitalkamera mit Zubehör befand. Das Land lehnte einen Ersatz für die gestohlene Digitalkamera ab.

Das Oberverwaltungsgericht Nordrhein-Westfalen *(Az.: 6 A 3481/05; SchulRecht 11–12/2010, S. 134 f.)* hat das Land verpflichtet, Ersatz zu leisten, da nach dem Landesbeamtengesetz (in anderen Ländern existieren entsprechende Vorschriften) Ersatz für Sachschäden geleistet werden kann, wenn in Ausübung des Dienstes Gegenstände, die üblicherweise im Dienst mitgeführt werden, abhandengekommen sind. Voraussetzung für einen Anspruch ist weder, dass der Beamte den Gegenstand zur Dienstausübung unmittelbar benötigt, noch dass eine Anordnung der dienstlichen Verwendung der Gegenstände durch den Schulleiter oder die Schulaufsicht erfolgt ist. Ersatz kann daher auch für eine Uhr, einen Füllhalter, einen Schirm oder eine Geldbörse geleistet werden. Das Mitführen einer Digitalkamera während einer Klassenfahrt ist durchaus üblich. Zwar werden besonders hochwertige Gegenstände im Dienst gewöhnlich nicht mitgeführt, allerdings ist der Wert der Digitalkamera und anderer Gegenstände nach ihrem Wert zum Zeitpunkt des Schadensereignisses zu beurteilen. Ersetzt wird auch nur der Zeitwert, zudem kann eine etwaige grobe Fahrlässigkeit des Lehrers seinen Ersatzanspruch mindern.

IV. Unfallversicherungsschutz der Schüler

IV. Unfallversicherungsschutz der Schüler

Kommen Schüler in der Schule zu Schaden, wirft das häufig die Frage nach einer möglichen Verletzung der Aufsichtspflicht auf. In vielen Fällen handelt es sich aber auch um Unfälle, die nicht auf einer schuldhaften Pflichtverletzung beruhen. Unfälle sind zeitlich begrenzte, von außen auf den Körper einwirkende Ereignisse, die zu einem Gesundheitsschaden oder zum Tod führen. Sachschäden werden daher vom Unfallbegriff nicht umfasst und nicht entschädigt, es sei denn, es handelt sich um beschädigte Hilfsmittel wie Brillen. **194**

Schulleitung und Lehrerschaft sollten Voraussetzungen, Grundlagen und Umfang des gesetzlichen Unfallversicherungsschutzes kennen, um ihre Aufgaben im Rahmen der Vorbeugung wahrnehmen zu können, bei Unfällen richtig zu reagieren, Situationen zu vermeiden, in denen der Versicherungsschutz zum Nachteil der Schüler umstritten ist oder sogar entfällt, Eltern und Schüler richtig zu informieren und so Vorbehalte gegen bestimmte schulische Aktivitäten oder eine aktive Mitarbeit der Eltern abzubauen und Hinweise auf den entfallenden Versicherungsschutz in bestimmten erzieherischen Situationen einsetzen zu können.

1. Grundlagen des Unfallversicherungsschutzes

a. Versicherungsträger

Der für die gesetzliche Unfallversicherung zuständige Versicherungsträger wird über die Sachkostenträgerschaft bestimmt. Ist eine Gemeinde oder ein Gemeindeverband Sachkostenträger der Schulen – und das ist der Regelfall – ist ein Gemeindeunfallversicherungsverband Versicherungsträger. Für private allgemeinbildende Schulen ist ebenso wie für staatliche Schulen und Hochschulen die jeweilige Landesunfallkasse Versicherungsträger. Die Länder können auch gemeinsame Unfallkassen für den kommunalen und staatlichen Bereich schaffen. **195**

Die gesetzliche Unfallversicherung hat drei Aufgaben zu erfüllen: **196**

- die Entschädigung für Unfallfolgen durch Geldleistungen,

- die Unfallverhütung,
- die Rehabilitation der Verletzten.

b. Versicherter Personenkreis

197 Voraussetzung für einen Anspruch auf Leistungen der Unfallversicherung ist die Zugehörigkeit zu einem versicherten Personenkreis sowie ein Unfall infolge einer versicherten Tätigkeit.

Die gesetzliche Grundlage für das Recht der gesetzlichen Schülerunfallversicherung bildet das Siebte Buch des Sozialgesetzbuches (SGB VII).

§ 2 Abs. 1 Nr. 8 b) SGB VII: »Kraft Gesetzes sind versichert … b. Schüler während des Besuchs von allgemein- oder berufsbildenden Schulen und während der Teilnahme an unmittelbar vor oder nach dem Unterricht von der Schule oder im Zusammenwirken mit ihr durchgeführten Betreuungsmaßnahmen, …«

198 Mit dieser Vorschrift erstreckt sich der Versicherungsschutz nicht nur auf von der Schule unmittelbar vor oder nach dem Unterricht durchgeführte Betreuungsmaßnahmen, sondern auch auf ein Zusammenwirken anderer Träger mit der Schule.

199 Die gesetzliche Unfallversicherung schließt bei einem von Betriebsangehörigen verursachten Unfall Ansprüche der Betriebsangehörigen gegeneinander, z. B. auf Schmerzensgeld, aus. Daher muss bei von Schülern verursachten Unfällen anderer Schüler festgestellt werden, wer zu den Betriebsangehörigen zu zählen ist. Das kann insbesondere problematisch sein, wenn Schüler verschiedener Schulen bestimmte Einrichtungen gemeinsam nutzen.

F **Die schulische Gemeinschaft**

Ein Schüler einer Förderschule verletzte eine Schülerin einer Hauptschule, deren Klasse aus dem Gebäude der Hauptschule ausgegliedert worden war und im Gebäude der Förderschule unterrichtet wurde. Die Schüler beider Schulen benutzten den Schulhof und sonstige Einrichtungen der Förderschule gemeinsam.

Die verletzte Schülerin verlangt von dem Schüler ein Schmerzensgeld.

Der Bundesgerichtshof *(BGH, Az.: VI ZR 18/87; SPE 878 Nr. 47)* stellt zunächst fest, dass kein Anspruch auf Schmerzensgeld besteht, wenn die Regelungen der gesetzlichen Unfallversicherung gelten. Diese Regelungen setzen voraus, dass Schädiger und Geschädigter in demselben Betrieb tätig sind.

> »Betrieb … ist die organisatorisch verfestigte Einheit, in der durch sachliche und räumliche Verbindung faktisch eine Betriebsgemeinschaft besteht … Damit soll … der Wahrung des Betriebsfriedens besondere Rechnung [getragen werden], der mit haftungsrechtlichen Auseinandersetzungen zwischen Angehörigen desselben Betriebes nicht belastet werden soll. Gedanklich auf die Schule umgeformt darf nicht außer Betracht bleiben, dass Schule sich nicht im »Lernbetrieb« erschöpft, sondern über den eigentlichen Unterricht hinaus mannigfache Veranstaltungen umfasst, in der Kinder und Heranwachsende in einer Gemeinschaft zusammengeführt werden, die in vergleichbarer Weise spezifische »schulische« Gefahren hervorbringt. Haftungsrechtliche Auseinandersetzungen der Versicherten mit den Lehrkräften oder der Versicherten untereinander, die in dieser Gemeinschaft ihren Ursprung haben, belasten den Schulfrieden nicht anders als ein dem eigentlichen Unterricht zuzuordnender Schulunfall. Aus diesem Grund ist es für das Kriterium »desselben Betriebs« unerheblich, ob Schädiger und Geschädigter demselben Schulzweig angehören, sondern es muss genügen, dass die Gefahren aus dem schulischen Zusammenleben hervorgegangen sind, jedenfalls wenn sich dieses Zusammenleben in einer räumlichen Einheit vollzieht … Die gemeinsame Benutzung des Schulgebäudes der Sonderschule, seiner Einrichtungen und des Pausenhofes ließ zwischen den Schülern der Sonderschule und der Hauptschule eine schulische Gemeinschaft entstehen …«

Schüler stehen gem. § 2 Abs. 1 Nr. 8 b) SGB VII »während des Besuchs allge- **200**
meinbildender und berufsbildender Schulen« unter dem Schutz der gesetzlichen Unfallversicherung. Der Versicherungsschutz setzt daher eine schulische Veranstaltung voraus.

Dazu führt das Bundessozialgericht *(BSG, Az.: 2 RU 79/90; SPE 878 Nr. 51)* aus:

> »Eine Veranstaltung ist eine Schulveranstaltung, wenn sie im inneren Zusammenhang mit dem Schulbesuch steht und in den organisatorischen Verantwortungsbereich der Schule fällt … Diese Voraussetzungen sind regelmäßig

erfüllt, wenn es sich um die Teilnahme an einer in den Lehrplan aufgenommenen Veranstaltung handelt … Ist dies … nicht der Fall, ist im Einzelfall zu untersuchen, ob die Schule die Veranstaltung in eigener Verantwortung durchführt, oder ob es sich um eine sonstige Veranstaltung einzelner oder aller Schüler handelt. Ob die Teilnahme von Schülern an einer Veranstaltung im inneren Zusammenhang mit dem Schulbesuch steht, beurteilt sich u. a. auch danach, ob die Eltern und Schüler im Zeitpunkt der Durchführung der Veranstaltung davon ausgehen konnten, dass es sich um eine organisatorisch von der Schule als Schulveranstaltung getragene Unternehmung handelt. Entscheidend ist das – im Einzelfall oft schwierig abzugrenzende – Gesamtbild der Veranstaltung unter Berücksichtigung ihrer Planung, Ankündigung und Durchführung.«

201 Ein entscheidendes Indiz für das Vorliegen einer Schulveranstaltung ist die Genehmigung durch den Schulleiter. Bei nicht genehmigten und damit ausdrücklich als Schulveranstaltung anerkannten Veranstaltungen kann aber gleichwohl Versicherungsschutz bestehen, da es letztlich nicht auf eine entsprechende Erklärung des Schulleiters, sondern auf die Nähe zum schulischen Auftrag und die genannten Kriterien ankommt. So stehen Schüler, die nachmittags eine Theateraufführung im Rahmen eines Schulfestes unter Leitung eines Lehrers vorbereiten, auch dann unter dem Schutz der Unfallversicherung, wenn der Schulleiter die nachmittäglichen Vorbereitungstreffen nicht ausdrücklich zur Schulveranstaltung erklärt hat.

So kommt es nach der Rechtsprechung des Bundessozialgerichtes beispielsweise auch bei einem als Schulveranstaltung durchgeführten Skilehrgang während der Schulferien für den Versicherungsschutz letztlich nicht darauf an, ob Schulleitung und Lehrer die formellen Voraussetzungen für die Durchführung schulischer Veranstaltungen beachtet haben, sondern darauf, ob die Eltern und Schüler davon ausgehen konnten, dass es sich um eine organisatorisch von der Schule als Schulveranstaltung getragene Schulfahrt handelte *(BSG, Az.: 8 a RU 54/78; SPE 878 Nr. 24)*.

c. Begriff des Schulunfalles

Voraussetzung für einen Anspruch auf Leistungen der Schülerunfallversicherung ist gem. **§ 8 Abs. 1 SGB VII** das Vorliegen eines Arbeitsunfalles: **202**

> **§ 8 Abs. 1 SGB VII**: »Arbeitsunfälle sind Unfälle von Versicherten infolge einer den Versicherungsschutz … begründenden Tätigkeit (versicherte Tätigkeit). Unfälle sind zeitlich begrenzte, von außen auf den Körper einwirkende Ereignisse, die zu einem Gesundheitsschaden oder zum Tod führen.«

Das äußere schädigende Ereignis muss die wesentliche Ursache des eingetretenen Schadens sein. Beruht der Schaden dagegen entscheidend auf einer Vorschädigung oder krankhaften Veranlagung wie beispielsweise bei einem nicht richtig eingestellten juvenilen Diabetes mellitus *(SG Dortmund, Az.: S 23 U 121/99; SchulRecht 1/2004, S. 14 f.)* oder Meniskusschaden, handelt es sich nicht um einen Unfall.

Ein Arbeitsunfall ereignet sich im schulischen Bereich »infolge einer versicherten Tätigkeit«, wenn er schulbezogen ist.

> »Schulbezogen ist eine Verletzungshandlung dann, wenn sie durch die Schulsituation bedingt oder wenigstens begünstigt worden ist…, wenn sie also auf der typischen Gefährdung aus engem schulischen Kontakt beruht und deshalb einen inneren Bezug zum Besuch der Schule aufweist, wenn sich die Verletzung aus dem Zusammenleben in der Schulgemeinschaft mit ihren spezifischen Gefahren ergibt… Unfälle, bei denen sich nicht eine solche schulspezifische Gefahr konkretisiert hat, sind der »Teilnahme am allgemeinen Verkehr« zuzuordnen.« *(LG Freiburg, Az.: 8 O 229/94).*

Die Rechtsprechung hat die Grenzen für die Bejahung eines Arbeitsunfalles im schulischen Bereich im Vergleich zur Arbeitswelt weit gezogen. **203**

> »Diese auf die Arbeitswelt zugeschnittenen Vorschriften bedürfen für Schulunfälle der gedanklichen Umformung auf die Schulsituation; ihre Auslegung ist den Besonderheiten des Schulbetriebs so anzupassen, dass ihre Zweckbestimmung auch hier zum Tragen kommt … Unter einer »betrieblichen Tätigkeit« versteht … [das Gesetz] eine Tätigkeit, die unmittelbar mit dem Zweck

der betrieblichen Beschäftigung zusammenhängt und dem Betrieb dienlich ist, also eine Tätigkeit, deren Erledigung für den Betrieb dem Schädiger aufgegeben oder von ihm für den Betrieb übernommen worden ist … Die gedankliche Umformung auf die Schulsituation führt zu der Frage, ob die schädigende Handlung … »schulbezogen« war … Die Schulbezogenheit ist zu bejahen, wenn die Verletzungshandlung durch die Schulsituation bedingt oder wenigstens begünstigt worden ist, wenn sie mit dem Schulbetrieb in einem »inneren Zusammenhang« steht; im Gegensatz hierzu steht ein Unfall, zu dem es nur »bei Gelegenheit« des Schulbesuchs gekommen ist …
Schulbezogen im Sinne dieser Rechtsprechung sind insbesondere Verletzungshandlungen, die aus Spielereien, Neckereien und Raufereien unter den Schülern hervorgegangen sind, ebenso Verletzungen, die in Neugier, Sensationslust und dem Wunsch, den Schulkameraden zu imponieren, ihre Erklärung finden; dasselbe gilt für Verletzungshandlungen, die auf übermütigen und bedenkenlosen Verhaltensweisen in einer Phase der allgemeinen Lockerung der Disziplin – insbesondere in den Pausen oder auf Klassenfahrten oder nach Beendigung des Unterrichts oder während der Abwesenheit der Aufsichtsperson – beruhen.« *(BGH, Az.: VI ZR 18/87; SPE 878 Nr. 47).*

F **Die Schultoilette**

Ein Schüler suchte während der Pause gemeinsam mit einem Mitschüler die Toilette auf dem Schulgelände auf. Im Toilettenraum befanden sich zu diesem Zeitpunkt zwei weitere Schüler. Als der Schüler nach dem Durchqueren des Waschraums die Tür zum Toilettenbereich passierte, erhielt er von einem dieser weiteren Mitschüler einen Stoß in den Rücken. Er stürzte daraufhin und schlug mit seinem Oberkiefer gegen den Eckpfosten einer Toilettenkabine. Er erlitt hierbei eine Schädigung des rechten oberen Schneidezahns. Die gesetzliche Unfallversicherung lehnte die Anerkennung als Schulunfall mit der Begründung ab, dass der Aufenthalt in den Toilettenräumen eine private, unversicherte Tätigkeit darstelle.

Das Sozialgericht Osnabrück *(Urteil vom 3.4.2014, Az.: S 19 U 103/12; SchulRecht 1/2017, S. 18 ff.)* hat die Schulbezogenheit des Unfalles bejaht: »Der Schutzbereich der Schülerunfallversicherung ist auf den organisatorischen

Verantwortungsbereich der Schule beschränkt. Außerhalb dieses Verantwortungsbereichs besteht in der Regel kein Versicherungsschutz, auch bei Verrichtungen, die wesentlich durch den Schulbesuch bedingt sind. …

Der Versicherungsschutz ist daher zu verneinen, wenn sich die betreffende Person zur Unfallzeit rein persönlichen, von der versicherten Tätigkeit nicht mehr beeinflussten Bedürfnissen und Belangen widmet, wie essen, trinken, schlafen, dem Verrichten der Notdurft oder einem privaten Spaziergang. … Jedoch ist der Sturz nicht infolge der Verrichtung der Notdurft, zum Beispiel durch Ausrutschen auf einem nassen Boden, eingetreten, sondern infolge eines Stoßes durch einen Mitschüler. Es hat sich somit kein Risiko verwirklicht, dass der eigenwirtschaftlichen Tätigkeit innegewohnt hat, vielmehr hat sich das besondere Gefahrenmoment der Schülerunfallversicherung verwirklicht, dass sich aus der unzureichenden Beaufsichtigung und dem typischen Gruppenverhalten von Schülern oder Jugendlichen ergibt. … Das Bundessozialgericht hat es als typisches Gruppenverhalten gewertet, dass Schüler das Schubsen des Mitschülers dem sachlichen Gespräch vorziehen und ihr Verhalten hierbei in eine Rangelei oder sogar Schlägerei hineingleiten kann, die dann unmittelbar zu auch vom Schädiger nicht von Anfang an beabsichtigten Handlungen und sich hieraus ergebenden Verletzungen führt.«

Der innere Zusammenhang mit der Schulsituation fehlt dagegen, wenn Schü- **204**
ler nach dem stundenplanmäßigen Unterrichtsende auf dem Schulhof mehr als eine Stunde Fußball spielen. Im Falle eines Unfalles stehen sie nicht unter dem Schutz der gesetzlichen Unfallversicherung *(LSG Niedersachsen, Az.: LGU 166/89; SPE 878 Nr. 48).*

Der innere Zusammenhang fehlt bei allen Tätigkeiten, die rein privaten oder **205**
außerschulischen Zwecken dienen.

F **Der Rucksack**

Eine behinderte Schülerin wollte während einer von der Schule organisierten, mehrtägigen Fahrradtour ihren Rucksack aus ihrem Zimmer holen. Dabei blieb sie leicht mit dem Fuß an einem Koffer hängen, erschreckte sich etwas und verkrampfte leicht. Die sie begleitende Teilhabeassistentin setzte sie auf ihr Bett, damit die Schülerin sich von dem Verkrampfen erholen konnte, und drehte sich kurz weg, um den Rucksack zu schließen. Die

Schülerin rutschte vom Bett und verletzte sich. Die gesetzliche Unfallversicherung lehnte die Anerkennung als Schulunfall ab, da es aufgrund einer plötzlichen Kreislaufdysregulation und damit aus einer inneren Ursache zu dem Sturz gekommen sei.

Das hessische Landessozialgericht *(Urteil vom 13.9.2019, Az.: L 3 U 7/18; SchulRecht 6/2020, S. 170 f.)* hat die Klage abgewiesen: »Versicherungsschutz besteht im Zusammenhang mit der Teilnahme an einer Klassenfahrt nur für Verrichtungen, die im sachlichen Zusammenhang mit der grundsätzlich versicherten Tätigkeit als Schüler stehen, nicht hingegen, wenn sich die betreffende Person rein persönlichen, von der versicherten Tätigkeit nicht mehr beeinflussten Belangen, widmet. …

Das Geschehen ist nicht allein aufgrund der Anwesenheit und der Tätigkeit der persönlichen Teilhabeassistentin als versicherte Tätigkeit im Rahmen der schulischen Veranstaltung zu bewerten. Die von der Teilhabeassistentin wahrgenommenen Betreuungsaufgaben stehen nicht schulischen Aufsichtsmaßnahmen durch Lehrpersonal gleich, sondern dienen ausschließlich dem Ausgleich durch die Behinderung unbedingter Nachteile, um die Teilnahme am Unterricht ebenso wie an anderen schulischen Veranstaltungen zu ermöglichen. Die konkrete, auch mit Unterstützung durch die Teilhabeassistenz vorgenommene Handlung ist mit Blick auf die Rechtsfrage des Vorliegens einer versicherten Tätigkeit so zu beurteilen, wie dies bei Schülern der Fall wäre, die nicht auf eine entsprechende Unterstützung angewiesen sind. …

Die einzige konkret im Unfallzeitpunkt feststellbare Handlung ist das Sitzen der Schülerin auf dem Bett im Zimmer der Unterkunft. Das Sitzen auf dem Bett ist allein veranlasst durch ein zuvor aufgetretenes, bei der Schülerin wiederholt auftretendes, mit ihrer Grunderkrankung in Zusammenhang stehendes Krampfen. Die Position des Abwartens, aus der heraus es dann zu dem letztlich von seinem Ablauf her nicht aufklärbaren Sturz gekommen ist, ist keiner versicherten Tätigkeit und keinem versicherten Weg zurechenbar, sondern sollte allein der Sicherheit der Schülerin im Hinblick auf ein ihrer Grunderkrankung und damit ihrer höchstpersönlichen Sphäre, nämlich ihrer Gesundheitsfürsorge, zuzurechnendes Sturzrisiko dienen.«

Der innere Zusammenhang mit dem Schulgeschehen fehlt auch bei der Teilnahme am allgemeinen Verkehr.

B Auf Grund einer Aufsichtspflichtverletzung eines Lehrers wird ein Schüler auf dem Schulhof verletzt. Wegen des zeitlichen, räumlichen und inneren Zusammenhanges mit dem Schulgeschehen liegt ein Schulunfall vor.

B Auf dem Weg zur Schule fährt ein Lehrer einen Schüler seiner Schule mit dem Auto an. Hier fehlt der innere Zusammenhang mit dem Schulgeschehen. Der Schüler hat zwar einen Anspruch gegen die gesetzliche Unfallversicherung, da sich der Unfall auf dem Schulweg ereignet hat, der Lehrer muss aber für den Schaden auch bei fahrlässigem Fehlverhalten haften, einschließlich eines eventuellen Schmerzensgeldanspruches, da der Unfall sich auf einem versicherten Weg, aber nicht auf einem betrieblichen Weg (z. B. Unterrichtsweg) ereignet hat.

Der Transport von Schülern einer Förderschule kann besondere Beurteilungs- **206**
probleme aufwerfen bei der Abgrenzung eines Betriebsweges (z. B. Unterrichtsweges), bei dem die Haftungsbeschränkung gem. § 104 Abs. 1 Satz 1 SGB VII greift und daher Schmerzensgeldansprüche nur bei vorsätzlicher Schädigung möglich sind, von einem versicherten Weg (z. B. Schulweg), bei dem es keine Haftungsbeschränkung gibt und daher Schmerzensgeldansprüche bei jeder Art des Verschuldens geltend gemacht werden können.

F **Der Fahrdienst**

Ein geistig und körperlich behinderter Schüler, der in D. wohnt, besucht eine von einer Stadt getragene Förderschule in H. Dort ist er während der Schulzeit auch untergebracht. Die Stadt hat für den Transport der in D. ansässigen Schüler einen Fahrdienst eingerichtet. Die Schüler werden montags mit einem Kleinbus der Stadt, der von einem bei der Stadt angestellten Fahrer geführt wird, von D. nach H. gefahren und freitags wieder zurückgebracht. Bei einer Rückfahrt geriet der Kleinbus auf die andere Fahrbahnseite und stieß mit einem entgegenkommenden LKW zusammen. Der Schüler erlitt eine Schädelprellung sowie eine Kontusion des linken Oberarmes. Wegen dieser Verletzungen und behaupteter psychischer Folgeschäden fordert der Schüler von der Stadt ein Schmerzensgeld.

Der Bundesgerichtshof hat diesen Unfall aufgrund der besonderen Umstände als Unfall auf einem Betriebsweg angesehen und daher einen Schmerzensgeldanspruch verneint *(Bundesgerichtshof, Az.: III ZR 39/00; SchulRecht 5/2001, S. 109 f.)*:

»Die Fahrt eines Schülers zur Schule und zurück ist – wie die Fahrt zur Arbeitsstelle oder zum auswärtigen Beschäftigungsort – in der Regel Privatsache. Es handelt sich um gemäß § 8 Abs. 2 Nr. 1 SGB VII, im Fall der auswärtigen Unterbringung in der Schulungsstätte gemäß § 8 Abs. 2 Nr. 4 SGB VII, »auch« versicherte Tätigkeit. Hier gelten indes Besonderheiten. Das Berufungsgericht (das Oberlandesgericht) hat festgestellt, dass der Transport der Schüler von der Familienwohnung zur Förderschule und zurück in den Schulbetrieb eingegliedert gewesen ist. Die Förderschüler haben nicht die öffentlichen Verkehrsmittel benutzt. Sie sind jeweils montags mit einem nur für sie bestimmten Bus der Stadt an einer Sammelstelle in D. abgeholt und – von einem bei der Stadt angestellten Fahrer – zur Schule nach H. gefahren sowie am Freitag wieder zurückgebracht worden. Die Beförderung ist, ungeachtet des Umstandes, dass die Schüler während der Fahrt nicht betreut worden sind, integrierter Bestandteil der Organisation des Schulbetriebs gewesen.
Ein solcher Schülertransport ist – vergleichbar dem so genannten Werksverkehr, bei dem der Unternehmer Betriebsangehörige laufend mit dem werkseigenen Fahrzeug zur Betriebsstätte bringen lässt, als zu der versicherten Tätigkeit zählender Betriebsweg zu beurteilen. Die Haftungsbeschränkung des § 104 Abs. 1 Satz 1 SGB VII greift damit durch.«

207 Es handelt sich auch dann um einen Schulunfall, wenn der innere Zusammenhang mit dem Schulgeschehen besteht, der betroffene Schüler aber gegen ein ausdrückliches Verbot verstoßen hat oder ihn ein eigenes Verschulden trifft.

> **§ 7 Abs. 2 SGB VII:** »Verbotswidriges Handeln schließt einen Versicherungsfall nicht aus.«

Lediglich wenn der Unfall absichtlich oder durch ganz außerordentlich leichtfertiges Verhalten herbeigeführt wurde, liegt überhaupt kein Unfall im Sinne der gesetzlichen Unfallversicherung vor. Die Anforderungen an ein Erlöschen des Versicherungsschutzes durch eine selbst geschaffene Gefahr während einer schulischen Veranstaltung sind aber außerordentlich hoch, wie eine Entscheidung des Landessozialgerichts Niedersachsen-Bremen *(Az.: L 9 U 77/05; SchulRecht 7–8/2010, S. 82 f.)* zeigt, das den Versicherungsschutz im Falle eines volljährigen Schülers bejaht hat, der während einer Klassenfahrt von einem Plattbodenschiff aus, das sich hat trockenfallen lassen, mit einem Kopfsprung in das Wasser gesprungen ist und sich schwer verletzt hat.

Es handelt sich auch dann nicht um einen Schulunfall, wenn der Schüler sich **208** aus dem Organisations- und Verantwortungsbereich der Schule entfernt hat, indem er beispielsweise während einer Klassenfahrt nachts unerlaubterweise die Unterkunft verlassen hat.

Liegt ein Unfall vor, darf der Träger der Unfallversicherung ein mögliches Mit- **209** verschulden des verletzten Schülers nicht leistungsmindernd anrechnen, d.h. dass der Betroffene bei einer Eigenschädigung nicht für grobe Fahrlässigkeit haftet.

B Die Sportlehrerin hat den Schülern ausdrücklich verboten, im Geräteraum zu spielen. Zwei Schüler, die sich zwischen den Geräten verstecken wollen, werden von einem herabstürzenden Kasten verletzt.

Hat ein Schüler einen anderen verletzt, liegt ein Unfall vor. Ist die Verletzung **210** allerdings grob fahrlässig oder gar vorsätzlich geschehen, kann die Schülerunfallversicherung beim Täter Regress nehmen. Bei vorsätzlichem Handeln kann der Geschädigte außerdem Schmerzensgeldansprüche gegen den Schädiger geltend machen (zum Regress und zur Haftungsfreistellung siehe oben Kapitel II 4 c).

d. Meldepflicht

211 Schulleiter müssen Schul- und Wegeunfälle innerhalb von drei Tagen, nachdem sie von dem Unfall Kenntnis erlangt haben, melden. Unfälle, bei denen zahlreiche Personen verletzt wurden und tödliche Unfälle sind sofort per Telefax oder Telegramm an den Unfallversicherungsträger zu melden. Die Meldung muss Angaben zur Zeit, zum Ort – also z. B. Sporthalle –, zum Hergang des Unfalls, den Unfallfolgen, dem Zeitpunkt und der Art der Erste-Hilfe-Maßnahmen, den Namen des Verletzten, eventueller Zeugen und derjenigen, die ggf. Erste Hilfe geleistet haben, enthalten. Außerdem sollte der Bezug zum Unterricht oder einer anderen schulbezogenen Tätigkeit dargestellt werden. Die Meldepflicht kann beispielsweise auf Klassenlehrer delegiert werden. Eltern oder Schülern darf die Meldung eines Unfalles allerdings nicht überlassen werden. Die Meldung ist auch vom Sicherheitsbeauftragten zu unterschreiben, um sicherzustellen, dass er von jedem Unfall in der Schule erfährt und ggf. Schlussfolgerungen für eine Verbesserung der Sicherheit ziehen kann.

Leichte Unfälle, die keine ärztliche Behandlung erfordern, sind nicht meldepflichtig. Sie werden lediglich im Rahmen der Ersten Hilfe im Verbandbuch der Schule festgehalten.

e. Entschädigungsleistungen

212 Zu den Entschädigungsleistungen gehören die Heilbehandlung, Leistungen zur Teilhabe am Arbeitsleben wie Einzelunterricht im Krankenhaus oder zu Hause, Umschulungskosten und die Unfallentschädigung durch Geldleistungen wie Verletztengeld, Verletzten- und Hinterbliebenenrente. Für den Umfang der Entschädigungsleistungen spielt ein eventuelles Mitverschulden des Verletzten keine Rolle, d. h. die Leistungen werden beispielsweise nicht mit dem Hinweis auf ein fahrlässiges Verhalten eines Schülers, durch das der Schaden mitverursacht oder vergrößert wurde, gemindert.

Einen Anspruch auf Entschädigungsleistungen stellt der Träger der Unfallversicherung von Amts wegen fest. Weder die Schule noch die Schüler oder ihre Eltern müssen einen entsprechenden Antrag stellen. Falls die Feststellung der Entschädigung von Amts wegen versäumt wird, müssen Eltern und

Schüler innerhalb von vier Jahren nach dem Unfall einen Antrag stellen, um ihre Ansprüche zu wahren. Das dürfte aber nur in seltenen Fällen notwendig sein.

Verneint die gesetzliche Unfallversicherung das Vorliegen eines Schulunfalles oder lehnt sie bestimmte Leistungen ab, kann der Verletzte vor den Sozialgerichten (Sozialgericht, Landessozialgericht und Bundessozialgericht) klagen.

Die von der gesetzlichen Unfallversicherung im Rahmen der Rehabilitation der **213** Verletzten gewährte Berufshilfe umfasst bei Schülern alle Hilfen, die erforderlich sind, um den Verletzten auf den Schulbesuch vorzubereiten, ihm eine seinen Fähigkeiten entsprechende allgemeine Schulbildung zu ermöglichen und ihn in die Lage zu versetzen, eine angemessene Berufs- oder Erwerbstätigkeit zu erlernen oder auszuüben. Zu diesen Leistungen zählen unter anderem:

- Einzelunterricht am Krankenbett oder zu Hause, wenn infolge des unfallbedingten Unterrichtsausfalles der weitere Bildungsgang gefährdet ist,
- die Übernahme der Fahrkosten zur Schule, um eine frühzeitige Teilnahme am Unterricht zu ermöglichen,
- die Ausstattung mit technischen Unterrichts- und Lernhilfen.

f. Unfallverhütung

Die Unfallversicherung soll nicht nur für Körperschäden nach einem Unfall **214** aufkommen, sondern zunächst Unfälle verhindern. Die Unfallverhütung gehört daher zu den wichtigsten Aufgaben der Unfallversicherungsträger, die nur in einem engen Zusammenwirken mit den Schulen erfüllt werden kann. Das gemeinsame Bemühen um Unfallverhütung ist dabei, wie ein langfristiger Vergleich der Unfallzahlen zeigt, offensichtlich erfolgreich. Im Rahmen seiner Leitungskompetenz ist der Schulleiter aufgrund der Schulgesetze auch verantwortlich für die Unfallverhütung sowie eine wirksame Erste Hilfe und für den Arbeits- und Gesundheitsschutz.

Zu den unfallverhütenden Maßnahmen gehören die Feststellung und Meldung sicherheitsgefährdender Mängel sowie die Wahrnehmung unmittelbarer Sicherungspflichten. Der Schulleiter muss den Schulträger veranlassen, bauliche und sonstige Mängel an Gebäuden, Grundstücken und Einrichtungen zu beseitigen. Zu seinen Pflichten zählt auch die vorbeugende Sicherheitserziehung wie die dem Brandschutz dienenden Räumungsübungen. Unternehmer im Sinne der Unfallversicherung und damit verantwortlich für unfallverhütende Maßnahmen sind in der Schule der Schulträger und der Schulleiter.

g. Sicherheitsbeauftragte

215 Die Zuständigkeit des Schulträgers für die äußeren Schulangelegenheiten, also im Wesentlichen das Gelände, Gebäude und die Einrichtungen, begründet seine Verantwortlichkeit für die Sicherheit in diesem Bereich.

Der Schulträger bestellt daher auch einen Sicherheitsbeauftragten – in aller Regel den Hausmeister – für den äußeren Bereich. Der Schulleiter ist verantwortlich für die Unfallverhütung im inneren Bereich, also für den Unterricht und alle anderen schulischen Veranstaltungen. Er muss die Sicherheitserziehung in der Schule organisieren und einen oder mehrere Sicherheitsbeauftragte für den inneren Schulbereich bestellen. Ein Sicherheitsbeauftragter hat weder Aufsichtsfunktion noch Weisungsbefugnisse, vielmehr berät und unterstützt er die Schulleitung gem. § 22 Abs. 2 SGB VII beim Unfallschutz und macht auf Unfall- und Gesundheitsgefahren aufmerksam.

Der Schulleiter ist aber auch Vertreter des Schulträgers in der Schule. Zudem können innere und äußere Schulangelegenheiten unter Sicherheitsgesichtspunkten häufig nicht voneinander getrennt werden. Daher muss er den Schulträger auf gefährliche Mängel des Schulgebäudes sowie der Anlagen und Einrichtungen unverzüglich aufmerksam machen und auf eine schnelle Beseitigung hinwirken sowie nach erfolgten Arbeiten zur Mängelbeseitigung die tatsächliche Beseitigung der Gefahrenquelle zu überprüfen. Neben dem Schulleiter sind selbstverständlich auch alle anderen an der Schule tätigen Personen, also das gesamte lehrende, nichtlehrende und mit sonstigen Aufgaben betraute Personal, verpflichtet, erkannte Gefahren und Schäden zu melden.

In Abhängigkeit von der Zahl der Versicherten sind einer oder mehrere Sicherheitsbeauftragte zu bestellen. Für die Schulen haben die Länder in schulrechtlichen Regelungen die Zahl der Sicherheitsbeauftragten festgelegt. Sicherheitsbeauftragte haben unterstützende, beobachtende und beratende Aufgaben, verfügen aber weder über ein Weisungsrecht, noch nehmen sie

Aufsichtsaufgaben wahr. Sie dürfen gem. § 22 Abs. 3 SGB VII wegen der Erfüllung der ihnen übertragenen Aufgaben nicht benachteiligt werden und daher wegen eines Verstoßes gegen ihre Pflichten weder zivil- noch strafrechtlich belangt werden. Eine disziplinarrechtliche Ahndung schwerer Pflichtverstöße ist aber nicht ausgeschlossen.

Die Übertragung der Aufgaben eines Sicherheitsbeauftragten können Lehrer **216**
nicht ablehnen, da diese Tätigkeit zu den dienstlichen Aufgaben gehört. Die bei der Bestellung zu hörende Lehrerkonferenz kann allerdings eine Pflichtstundenermäßigung aus den der Schule zur Verfügung stehenden Ermäßigungsstunden einräumen. Ein Anspruch auf Pflichtstundenermäßigung besteht nicht, zumal der Schulleiter Sicherheitsbeauftragte von anderen Aufgaben – wie etwa bestimmten Aufsichtsverpflichtungen – befreien kann, wenn das zur Wahrnehmung der Aufgaben erforderlich ist.

! Der Schulleiter selbst sollte die Aufgabe eines Sicherheitsbeauftragten nicht übernehmen, da das im Widerspruch stünde zur Aufgabe des Sicherheitsbeauftragten, die Schulleitung zu beraten und zu unterstützen.

Es ist naheliegend, als Sicherheitsbeauftragten jemanden zu bestellen, der mit voller Stundenzahl möglichst ein Fach wie Sport, Chemie, Physik oder Technik unterrichtet, dass für die Unfallverhütung und Sicherheitserziehung besonders relevant ist. Es empfiehlt sich, Sicherheitsbeauftragte bei Besichtigungen der Schule durch Technische Aufsichtsbeamte der Unfallversicherung und bei Beratungsgesprächen mit diesen Aufsichtsbeamten hinzuzuziehen. Selbstverständlich sollte ihnen die Teilnahme an sicherheitsrelevanten Fortbildungsveranstaltungen, insbesondere der Unfallversicherungsträger, ermöglicht werden.

2. Versicherungsschutz und schulische Handlungsfelder

Für die Beurteilung der meisten im Kapitel »Aufsichtspflicht und schulische **217**
Handlungsfelder« erörterten Situationen ist neben der Aufsichtspflicht auch der Versicherungsschutz bedeutsam.

a. Unterricht und Pausen

Während aller Unterrichtsveranstaltungen, den Pausen und eine angemessene Zeit vor und nach dem Unterricht, also in der Zeit, in der auch eine Aufsichtspflicht der Schule besteht, stehen die Schüler unter dem Schutz der gesetzlichen Unfallversicherung.

F **Die Flucht**

Nach einer Auseinandersetzung mit der Lehrerin verlässt ein Schüler der 6. Klasse den Unterrichtsraum und die Schule. Auf einer an der Schule vorbeiführenden Straße, die er auf dem Weg nach Hause überqueren muss, wird der Schüler von einem Auto angefahren und verletzt.

Es liegt ein versicherter Schulunfall vor, wenn der Unfall in einem inneren Zusammenhang mit dem Schulgeschehen steht, und der Schüler diesen Zusammenhang weder in zeitlicher noch räumlicher oder innerer Hinsicht gelöst hat.

Da sich der Unfall in unmittelbarer Nähe der Schule und kurze Zeit nach Verlassen des Schulgeländes ereignet hat, bestehen sowohl der zeitliche als auch der räumliche Zusammenhang. Die Reaktion des Schülers war auch durch die schulische Situation veranlasst, außerdem befand der Schüler sich auf dem Weg nach Hause. Er stand daher unter dem Schutz der gesetzlichen Unfallversicherung.

Sollte sich der Schüler allerdings nicht auf dem Nachhauseweg befinden und einige Zeit nach Verlassen des Schulgeländes verunglücken, ist unter Berücksichtigung des Alters des Schülers und der konkreten Situation davon auszugehen, dass der Versicherungsschutz entfällt.

F **Der Sprung aus dem Fenster**

218 Ein von der Lehrerin wegen ständiger Unterrichtsstörungen aus dem Klassenraum verwiesener Schüler springt aus einem Flurfenster und verletzt sich.

Der zeitliche und räumliche Zusammenhang mit dem schulischen Geschehen ist gegeben. Fraglich ist, ob der Schüler den inneren Zusammenhang mit dem schulischen Geschehen gelöst hat, indem er unabhängig vom schulischen

Geschehen die Gefahr selbst geschaffen hat. Das könnte im vorliegenden Fall anzunehmen sein, wenn es keine Hinweise auf eine kurzschlussartige Reaktion des Schülers gab und die Verweisung aus dem Klassenraum keine Besonderheiten aufwies wie z. B. Hänseleien durch Mitschüler. Dann liegt die Annahme nahe, dass es lediglich gelegentlich des Schulbesuches zu einer solchen Reaktion gekommen ist. Angesichts der Tendenz, insbesondere des Bundessozialgerichts, den Versicherungsschutz auszudehnen, ist eine Bejahung des »inneren Zusammenhanges« durch die Rechtsprechung aber nicht auszuschließen. Das Bundessozialgericht hat den inneren Zusammenhang mit dem Schulbesuch und damit den Versicherungsschutz in einem anderen Fall bejaht, in dem ein Schüler während der Pause aus dem Fenster gesprungen ist, weil Mitschüler ihn während der unmittelbar vorangegangenen Unterrichtsstunde wegen seiner schlechten Leistungen verspottet hatten, ohne dass die Lehrerin eingegriffen hätte, da die Vorgänge während des Unterrichtes wesentlich für den Sprung gewesen seien *(BSG, Az.: 2 RU 77/77; SPE 878 Nr. 31).*

F **Die Prügelei in der Pause**

Ein Schüler verdächtigt einen Mitschüler, gemeinsam mit anderen während des Sportunterrichtes seine Schultasche durchsucht zu haben, und stellt ihn in der Pause zur Rede. Bei der sich entwickelnden Prügelei wird der beschuldigte Schüler durch einen Tritt in den Bauch erheblich verletzt. **219**

Das Bundessozialgericht *(BSG, Az.: 2 RU 60/79; SPE 878 Nr. 29)* stufte das Geschehen als Schulunfall ein:

> »… bereits das Durchsuchen und auch nur das Hineinschauen in eine Schultasche und die den Schülern während des Schulbesuches typische Art, unmittelbar hierauf zu reagieren, begründen den ursächlichen inneren Zusammenhang zwischen einem daraus entstehenden Streit und dem Schulbesuch. Das Untersuchen von Schultaschen anderer Schüler ist somit nicht … ein zwischen Schülern untypisches und wesentlich allein dem Charakter des Klägers [des verletzten Schülers] zuzurechnendes Verhalten … Es gehört zu dem typischen Gruppenverhalten von Schülern …, dass sie bei Auseinandersetzungen … das Schubsen des Mitschülers dem sachlichen Gespräch vorziehen und ihr Verhalten hierbei in eine Schlägerei hineingleitet, die dann

unmittelbar zu auch vom Schädiger nicht von Anfang an beabsichtigten Handlungen und sich daraus ergebenden schweren Verletzungen führt.«

220 Kommt es bei Auseinandersetzungen zwischen Schülern zu einer vorsätzlichen Körperverletzung, kann der Verletzte unmittelbare Ansprüche, einschließlich eines Schmerzensgeldanspruches, gegen den Täter geltend machen. Bei Vorsatz und grober Fahrlässigkeit kann der Unfallversicherungsträger beim Schädiger Regress nehmen (zu den Einzelheiten s. Kapitel II 4 c).

F **Der Brötchenkauf in der Freistunde**

221 Ein 13-jähriger Schüler verlässt während einer Freistunde trotz der ausdrücklichen Weisung, sich im Schulgebäude aufzuhalten, mit dem Fahrrad das Schulgelände, um sich an einem 250 m entfernten Kiosk Wurst und ein Brötchen zu kaufen. Auf dem Rückweg vom Kiosk verunglückt er schwer.

In seiner Entscheidung spricht das Bundessozialgericht *(BSG, Az.: 2 RU 44/82; SPE 878 Nr. 42)* auch eine weitere Fallgestaltung an, bei der ein einzelner Schüler bei Besorgungen außerhalb des Schulgeländes verunglückte. So wurde ein Schüler als versichert angesehen, der im Auftrag eines Lehrers außerhalb der Schule und außerhalb der Unterrichtszeit für den Biologieunterricht Tümpelwasser und Heu besorgen sollte *(BSGE 51, 257 ff.)*. Im vorliegenden Fall wurde ebenfalls ein Schulunfall bejaht,

> »... denn die Zurücklegung des Weges war wesentlich durch seine versicherte Tätigkeit als Schüler einer allgemeinbildenden Schule bedingt. Das Sozialgericht hat insoweit festgestellt, dass der Kläger der Nahrungsaufnahme bedurfte, um seine »Arbeitsfähigkeit« zu erhalten; er hatte nach der Freistunde noch an einer weiteren Unterrichtsstunde teilzunehmen ... Die Tatsache, dass der Kläger [der verletzte Schüler] sich Lebensmittel auch bei dem Hausmeister der Schule hätte beschaffen können, ist unerheblich. Es stand ihm wie jedem anderen Versicherten grundsätzlich frei, sich Lebensmittel auch an einem anderen Ort zu kaufen. Unerheblich ist auch, dass der Kläger mit der Fahrt zum Kiosk gegen das ausdrückliche Verbot, das Schulgelände zu verlassen, verstoßen hatte. Ein verbotswidriges Verhalten schließt die Annahme eines Arbeitsunfalls nicht aus.«

Die Entscheidung beruht letztlich auf der Tatsache, dass der Schüler sich Lebensmittel zum unmittelbaren Verzehr kaufen wollte.

Ein verbotswidriges Verlassen des Schulhofes aus privaten Gründen ohne **222**
Bezug zur Schule, um beispielsweise Eis zu essen, führt dagegen zum Erlöschen des Versicherungsschutzes.

Wegen des unmittelbaren Bezuges zur Schule besteht der Versicherungsschutz, **223**
wenn ein Schüler vom Lehrer nach Hause geschickt wird, um z. B. ein vergessenes Arbeitsheft zu holen. Bei der Beschaffung von Schulmaterial wie Schulbüchern und Schreibheften stehen die Schüler unter Versicherungsschutz, wenn es sich nicht um eine erstmalige Anschaffung, sondern eine Erneuerung handelt, wenn sie unterrichtsnotwendig sind, nicht auf Vorrat oder gelegentlich einer anderen Verrichtung oder nebenbei beschafft werden (z. B. bei anderen Einkäufen) und unverzüglich oder alsbald benötigt werden *(BSG, Az.: 8 RU 68/75; SPE 878 Nr. 9)*. Bei der Beschaffung von Bade- und Sportkleidung entfällt in der Regel der Versicherungsschutz, da diese Gegenstände auch außerschulisch genutzt werden können.

b. Außerunterrichtliche Veranstaltungen

Der Versicherungsschutz erstreckt sich auch auf alle außerunterrichtlichen **224**
schulischen Veranstaltungen. Dabei kommt es entscheidend auf den schulischen Charakter einer Veranstaltung an.

Das Klassenfest

Alle Eltern einer Klasse hatten folgenden Brief erhalten: »Liebe Eltern der Klasse 5c und Herr N. nebst Familie!

Wie bereits angekündigt, möchten wir mit euch am Samstag, den … ab 15:00 Uhr, einige nette Stunden verbringen. Wir beginnen mit Kaffee und Kuchen, danach würden wir gerne einige Spiele für die Kinder und Erwachsenen machen und den Nachmittag dann mit Würstchen grillen, Salaten etc. ausklingen lassen. Kalte Getränke und Würstchen besorgen wir und würden diese dann einzeln umlegen. Kaffee koche ich hier bei mir. Alles andere wäre super, wenn jeder etwas mitbringt. Tragt euch dazu bitte unten ein und gebt euren Kindern den Abschnitt möglichst schnell wieder mit. Sie können den

Abschnitt U. geben. Der Klassenlehrer, Herr N., ist auch mit seiner Familie herzlich eingeladen. Wir freuen uns auf ein paar tolle Stunden mit euch.« Das Schreiben war mit den Vornamen der Klassenpflegschaftsvorsitzenden unterschrieben.

Bei der Veranstaltung stürzte ein Schüler von einem Traktor und verletzte sich erheblich.

Das Landessozialgericht Nordrhein-Westfalen *(Urteil vom 25.8.2021, Az.: L 17 U 34/20; SchulRecht 2/2024, S. 39 ff.)* hat das Bestehen des gesetzlichen Unfallversicherungsschutzes verneint: »Es muss ein innerer beziehungsweise sachlicher Zusammenhang mit dem Schulbesuch bestehen, und die Veranstaltung muss im organisatorischen Verantwortungsbereich der Schule liegen. Entscheidend ist das Gesamtbild der Veranstaltung unter Berücksichtigung ihrer Planung, Ankündigung und Durchführung. Unterstützt die Schule mit Rat und Tat ihrer Lehrer lediglich Freizeitveranstaltungen ihrer Schüler, besteht nicht allein wegen der Teilnahme eines oder mehrere Lehrer an der Veranstaltung Versicherungsschutz.

Bereits aus dem Einladungsschreiben ergeben sich keine Hinweise darauf, dass die Durchführung einer Klassenpflegschaftssitzung beabsichtigt war. Die Einladung erfolgte zwar durch die beiden Vorsitzenden der Klassenpflegschaft, war von diesen aber lediglich mit B & R unterschrieben. Sie erfolgte auch nicht auf einem für Schulveranstaltungen typischen Briefbogen und enthielt auch sonst keinen Hinweis auf die Klassenpflegschaft oder die Schule. …

Dabei ist zunächst zu berücksichtigen, dass die Schule keinerlei organisatorische oder sonstige Hilfestellung zu dieser Veranstaltung geleistet hat. Und zwar weder im Vorhinein noch währenddessen. Allein der Umstand, dass der Klassenlehrer an der Veranstaltung teilgenommen hat, kann nicht als organisatorischer Beitrag der Schule angesehen werden, zumal der Lehrer auch gerade nicht Veranstalter des Treffens war und als solcher auch nicht nach außen aufgetreten ist. Im Gegenteil zählte dieser mit seiner Familie ebenso zu den Eingeladenen wie die anderen Eltern und Kinder auch und trat auch sonst nach außen erkennbar weder im eigenen Namen noch im Namen der Schule in organisatorischer Hinsicht oder sonst mitwirkender oder gar verantwortlicher Art und Weise auf. …

Ebenso wenig konnten die Eltern und Schüler davon ausgehen, dass die Schule, die weder zu der Veranstaltung eingeladen noch einen sonst erkennbaren Beitrag zu der Veranstaltung geleistet hat, an der Beaufsichtigung der stattfindenden Aktivitäten beteiligt wäre oder in irgendeiner Form sonst die Verantwortung für die Veranstaltung übernehmen würde. Vielmehr lag nach den dargelegten Gesamtumständen der Organisation und Durchführung der Veranstaltung die Überwachungspflicht für ihre Kinder ausschließlich bei den Eltern. Abgesehen von der fehlenden organisatorischen oder sonstigen Beteiligung der Schule bei der Planung oder Durchführung der Veranstaltung war deren einzig erkennbarer Zweck, dass Eltern wie Kinder beim Essen sowie gemeinsamen Spielen ein paar »tolle Stunden« zusammen verbringen und sich untereinander kennenlernen sollten. Von Seiten der Schule wurde kein etwa mit Schulwanderungen oder dem Schulsport vergleichbarer pädagogischer Zweck verfolgt.«

Abgelehnt wurde ein gesetzlicher Unfallversicherungsschutz auch bei der Teilnahme eines Schülers am Eishockeytraining eines Sportvereins in der Nähe der Schule, da die Schule dieses Training zwar begrüßte und Rücksicht auf die Trainingszeiten nahm, das Training aber nicht im organisatorischen Verantwortungsbereich der Schule stattfand und es sich auch nicht um eine Betreuungsmaßnahme handelte *(LSG Baden-Württemberg, Beschluss vom 23.2.2023; Az.: L 10 U 2662/21; SchulRecht 3/2024, S. 76 ff.).*

F **Die Rockparty**

Eine Schülerin der Klassenstufe zehn eines Gymnasiums besuchte die im Atrium der Schule veranstaltete »Frühlings Rockparty«. Es handelte sich hierbei um eine Veranstaltung, die am Gymnasium bereits seit Jahrzehnten einmal jährlich stattfand. Die Veranstaltung richtete sich – ohne dass es eine Verpflichtung zur Teilnahme gab – vor allem an die Schüler der neunten und zehnten Klassenstufe des Gymnasiums und der anderen Schulen in der Stadt; der Zugang stand darüber hinaus aber jedermann offen. Zu der Veranstaltung wurde von der Schulleitung die Zustimmung des Elternbeirats eingeholt, nicht jedoch eine Einverständniserklärung der jeweiligen Eltern zur Teilnahme ihrer Kinder an der Party. Der Erlös floss in die – unter der Aufsicht der Schulleitung stehende Kasse der Schülervertretung. 225

Es wurde ein Eintrittspreis von fünf Euro erhoben.
In die Vorbereitung und Organisation war die Schulleitung insoweit eingebunden, als der Termin und der Ablauf der Veranstaltung mit ihr abgestimmt wurden. Die Aufsicht in der Veranstaltung (insbesondere über den Alkoholkonsum) erfolgte – neben dem Schulleiter – durch vier Lehrer des Gymnasiums, die sich hierzu in ihrer Freizeit (d.h. ohne Zeitausgleich) bereit erklärt hatten. Die Einlasskontrolle erfolgte durch von der Schulleitung beauftragtes schulfremdes Sicherheitspersonal. Der Schulleiter unternahm neben den Lehrern regelmäßige Rundgänge. Nach seinem letzten Rundgang um 23:15 Uhr verließ er die Veranstaltung, war aber telefonisch zu erreichen. Schüler unter 16 Jahren sollten die Veranstaltung um 22:00 Uhr verlassen. Vereinzelt wurden betroffene Schüler von den aufsichtführenden Lehrern nach 22:00 Uhr der Veranstaltung verwiesen.
Die Schülerin – die zum Unfallzeitpunkt etwa einem Monat vor Vollendung des 16. Lebensjahres stand –, hielt sich auch noch nach 22:00 Uhr auf der Party auf. Ihre Mutter wollte sie um Mitternacht abholen. Gegen 23:30 Uhr verließ die Schülerin mit anderen Schülern das Atrium. Auf dem Lehrerparkplatz setzte sie sich auf eine an einen Treppenabgang grenzende Mauer und fiel – beim Versuch, sich mit den Händen nach hinten abzustützen – hinten über etwa 2,50 m tief in einen Schacht. Sie zog sich mehrere schwerwiegende Verletzungen der Wirbelsäule zu, die umfangreiche ärztliche Behandlungen und eine Wiederholung der Klasse zehn nach sich zogen. In welchem Umfang die Schülerin zum Unfallzeitpunkt unter dem Einfluss von Alkohol stand, war nicht mehr feststellbar. Die gesetzliche Unfallversicherung verweigerte die Anerkennung als Schulunfall.

Das Landessozialgericht Rheinland-Pfalz *(Urteil vom 3.2.2015, Az.: L 3 U 62/13; SchulRecht 1/2017, 20 ff.)* hat die Rockparty als Schulveranstaltung angesehen, bei der die Schülerin gesetzlichen Unfallversicherungsschutz hatte: »Sind an der Planung, Organisation und Durchführung einer Rockparty sowohl die Schulleitung und von ihr (auf freiwilliger Basis) als Aufsicht eingesetzte Lehrer als auch die Schülervertretung beteiligt, liegt eine organisatorische Mitverantwortung der Schule und damit eine Schulveranstaltung im Sinne des Unfallversicherungsschutzes vor. Das gilt insbesondere, wenn der Schulleiter sowohl die Planung als auch die tatsächliche Durchführung der Veranstaltung soweit überwacht, dass er jederzeit die Möglichkeit hat, auf den Verlauf der Veranstaltung einzuwirken – bis hin zu deren Absage oder Abbruch. Die Einbindung von Schülern in die Organisation und Durchführung schulischer Veranstaltungen und die altersgerechte Heranführung an die Übernahme von Verantwortung in der Gesellschaft entspricht dem Erziehungsauftrag der Schule.

Selbst wenn sich alle schulischen Aufsichtspersonen von der Veranstaltung entfernt haben, beendet dies den Unfallversicherungsschutz nicht. Maßgeblich ist vielmehr, ob die Schule zumindest eine organisatorische Mitverantwortung für die Veranstaltung und daher eine tatsächliche Einwirkungsmöglichkeit auf die Veranstaltung hat.

Auch fakultative Schulveranstaltungen stehen im organisatorischen Verantwortungsbereich der Schule. Dem Unfallversicherungsschutz steht auch nicht entgegen, dass die Veranstaltung nicht auf Schüler einer Schule beschränkt ist.

Das Verlassen eines Veranstaltungsraums, um vor der Tür ein Gespräch zu führen, gehört zu den üblichen Verhaltensweisen beim Besuch solcher Veranstaltungen und steht daher noch im Zusammenhang mit dem Besuch der Veranstaltung.«

Das Bundessozialgerichts *(BSG, Az.: 2 RU 79/90; SPE 878 Nr. 51) hat eine vom* **226**
Förderverein einer Schule durchgeführte Hausaufgabenhilfe als Schulveranstaltung angesehen, wenn die Schulleitung sie nicht nur duldet, sondern ihre Organisation in wesentlichem Umfang durchführt, indem sie beispielsweise die für die Hausaufgabenhilfe in Betracht kommenden Schüler auswählt, den Schwerpunkt der Hausaufgabenhilfe bestimmt, der Lehrkraft der Hausaufgabenhilfe gegenüber zumindest fachlich weisungsbefugt ist und nicht geeignet erscheinenden Schülern die Teilnahme untersagen kann.

Zum Versicherungsschutz bei einem privaten Nachhilfeunterricht oder der Erledigung von Hausaufgaben im häuslichen Bereich stellt das Bundessozialgericht dagegen fest, dass diese Tätigkeiten zwar wesentlich durch den Schulbesuch bedingt sind, aber außerhalb des organisatorischen Verantwortungsbereiches der Schule liegen und deshalb versicherungsrechtlich nicht geschützt sind *(BSG, a. a. O.)*. So ist ein Schüler auch dann nicht gesetzlich versichert, wenn er freiwillig zu Hause an einem Teil einer im Werkunterricht herzustellenden

Zugbrücke aus Holz arbeitet und sich dabei schwer verletzt *(BSG, Az.: 2 RU 107/77; SPE 878 Nr. 26, II J II/97).*

F **Die Projektarbeit**

Im Rahmen des Musikunterrichts sollte ein Werbeclip gedreht werden. Im Unterricht wurde die theoretische Grundlage erarbeitet, danach sollten in Kleingruppen Werbeclips hergestellt werden. Zunächst war vorgegeben, dass der Werbeclip während des Musikunterrichts auf dem Schulgelände gedreht werden sollte. Auf Bitten der Schüler erhielten diese von der Musiklehrerin die Möglichkeit, den Werbeclip auch außerhalb des Schulunterrichts im privaten Bereich zu drehen. Vorgegeben war der Abgabetermin, nicht aber Drehzeit und Drehort. Von dieser Möglichkeit machte die Hälfte der Schüler Gebrauch. Der Schulleiter war nicht darüber informiert worden, dass die Projektarbeit auch außerhalb der Schule stattfinden konnte. Ein 15-jähriger Schüler traf sich nachmittags mit drei Mitschülern zu Hause bei einem Mitschüler, um den Werbeclip zu drehen, indem er mehrere Szenen spielen sollte. Er war der Annahme, er werde gefilmt, während er mit einem Getränk aus der Haustür herauskam, während tatsächlich der Akku des Aufnahmegerät leer war. Als er das merkte, verließ er wütend den Drehort in Richtung nach Hause und rief seine Großmutter an, die ihm entgegenkommen sollte. Die Mitschüler verfolgten ihn und ein Mitschüler rempelte ihn mit dem Ellenbogen an. Der Schüler stolperte, fiel auf den Rücken und schlug mit dem Kopf auf den Fahrbahnbelag auf. Er erlitt schwere, bleibende Verletzungen.
Die Unfallversicherung lehnte den Versicherungsschutz ab, da es sich um eine Hausaufgabe gehandelt habe.

Das Landessozialgericht Baden-Württemberg *(Urteil vom 17.3.2016, Az.: L 6 U 4904/14; SchulRecht 5/2017, S. 149 ff.)* beurteilte das Ereignis als Schulunfall: »Maßgebend muss daher bleiben, ob ein Lehrer eine Aufgabe nach Lehrplan im organisatorischen Verantwortungsbereich der Schule erteilt hat, und diese von den Schülern in weiten Teilen im Schulunterricht, teilweise sogar ganz, erfüllt wurde, auch wenn die ursprüngliche Aufgabe erweitert worden ist. Allein der Umstand, dass keine Lehrpersonen ihrer Aufsichtspflicht nachgekommen sind, d.h. es faktisch an einer zureichenden Beaufsichtigung fehlte, macht die Schulaufgabe nicht zu einer der privaten Lebenssphäre zuzuordnenden Hausaufgabe, die im Risikobereich der Erziehungsberechtigten erledigt wird und deswegen zurecht nicht zum Verantwortungsbereich der Schule zählt. … Für die rechtliche Einordnung als Schulaufgabe spricht weiter, dass sie wie eine Klassenarbeit gewertet wurde, d.h. sich der Schüler dieser Gruppenarbeit nicht ohne weiteres hätte entziehen können. …

Die von Lehrerin und Schulleiter beschriebene vermehrte Projektarbeit auch außerhalb der Schule entspricht einem modernen Unterrichtskonzept … Diesem Umstand ist auch geschuldet, dass die klassische Hausaufgabe, nämlich die Vertiefung des Lernstoffes im Eigenstudium, nach dem Zeugnis der Lehrkräfte zurückgedrängt wird. … Die Projektarbeit als Gruppenarbeit bringt schließlich, wie der vorliegende Fall hinreichend dokumentiert, ein erhöhtes Unfallversicherungsrisiko für die betroffenen Schüler mit sich. Der Schüler ist aufgrund der gruppendynamischen Situation losgerannt … Vielmehr hat sich der gruppendynamische Prozess, der sich verbal bereits am Drehort aufgeschaukelt hatte, dahingehend eskaliert, dass die Gruppe der Schüler dem weglaufenden Schüler hinterhergerannt ist, somit hat sich beim Zurücklegen des Weges eine spezifische Gefahr aus der Schülerunfallversicherung realisiert.«

F **Die Diskussionsveranstaltung der Schülervertretung**

Die Schülervertretung eines Gymnasiums will nachmittags in der Aula der **227**
Schule eine Diskussionsveranstaltung mit Vertretern politischer Gruppen durchführen, an der auch Schüler benachbarter Schulen teilnehmen sollen. Der Schulleiter erklärt die Veranstaltung zu einer Schulveranstaltung. Bei Auseinandersetzungen mit radikalen Schülergruppen werden mehrere Schüler verletzt.

Durch die Erklärung des Schulleiters ist die Diskussionsveranstaltung zu einer Schulveranstaltung geworden, bei der Versicherungsschutz besteht. Der Erklärung des Schulleiters kommt immer dann besondere Bedeutung zu, wenn es wie hier zweifelhaft ist, ob es sich um eine Veranstaltung im Organisations- und Verantwortungsbereich der Schule handelt.

Die Erklärung des Schulleiters führt dazu, dass die teilnehmenden Schüler seiner Schule unter dem Schutz der gesetzlichen Unfallversicherung stehen. Für Schüler benachbarter Schulen besteht Versicherungsschutz nur dann, wenn auch die Schulleiter dieser Schulen die Veranstaltung zu einer Schulveranstaltung erklärt haben.

F **Der Sturz vom Dach**

228 Bei einer Studienfahrt einer 12. Jahrgangsstufe blieb ein 17 Jahre alter Schüler mit dem Einverständnis der Lehrer zusammen mit zwei Mitschülern ab 21.00 Uhr auf einem Zimmer, während der Rest der Gruppe mit den Lehrern das Haus verließ. Der Schüler und die Mitschüler tranken Alkohol. Als der Schüler rauchen wollte, ging er in das zum Zimmer gehörende Badezimmer, kletterte in Strümpfen aus einen Dachflächenfenster auf das Dach und setzte sich auf die Kante des Fensterrahmens mit den Füßen nach außen. Als er in den Raum zurückkehren wollte, stand er auf, verlor die Balance, fiel aus einer Höhe von ca. sechs Metern vom Dach und erlitt eine Querschnittslähmung.

Das Landessozialgericht Baden-Württemberg *(Urteil vom 25.9.2014, Az.: L 6 U 2085/14; SchulRecht 9–10/2016, S. 144 ff.)* lehnte die Anerkennung als Schulunfall ab: »Das gefährliche Verhalten war weder durch einen Spieltrieb noch durch gruppendynamische Prozesse bedingt. … Der Schüler hatte sich nicht etwa als Mutprobe oder zum Beweis seiner Kletterfähigkeiten aus dem Fenster auf das Dach begeben. Dieses Handeln war vielmehr durch das alles andere als kindliche Verlangen nach einer Zigarette veranlasst gewesen. Die Entscheidung, nicht vor dem Haus, sondern auf dem Dach zu rauchen, ist auch nicht durch eine konkrete gruppendynamische Situation motiviert gewesen, sondern die individuelle Bequemlichkeit des Schülers war ausschlaggebend für sein Tun. … Ebenso kein Merkmal gruppendynamischer Dynamik und alterstypischer mangelnder Einsichtsfähigkeit ist, dass zunehmende Alkoholisierung Hemmschwellen und Gefahrenbewusstsein absenkt und übersteigerte Selbsteinschätzung fördert. …

Lediglich zur Abrundung weist der Senat darauf hin, dass bereits von Seiten des Schülers ein Aufsichtsmangel nicht als Ursache für den Unfall geltend gemacht worden ist. Auch der Senat sieht hierfür keinen Anhaltspunkt. Eine ständige Aufsicht durch begleitende Lehrer rund um die Uhr ist nicht möglich. Vorliegend geschah das Unfallereignis zu einem Zeitpunkt, als sich der Schüler bereits seit Stunden privater Freizeitgestaltung widmete. Zudem waren aufgrund der Uhrzeit sowie des Alters des Schülers und seiner Mitbewohner Aufsichtsmaßnahmen durch die begleitenden Lehrer zum Beispiel in Form von Zimmerkontrollen nicht geboten.«

Das Bundessozialgericht bestätigte diese Entscheidung.

Das Bundessozialgerichts bejahte den Versicherungsschutz bei einem Unfall **229**
während einer Klassenfahrt, bei der ein 17-jähriger Schüler versucht hatte, von seinem Zimmer in einer Pension in ein benachbartes Mädchenzimmer durch ein geöffnetes Fenster einzusteigen und dabei abgestürzt war. Das Sozialgericht und das Landessozialgericht hatten einen Anspruch auf Leistungen der gesetzlichen Unfallversicherung abgelehnt, da der Schüler sich in so hohem Maße vernunftwidrig und gefahrbringend verhalten habe, dass sein Verhalten nicht unter dem Schutz der gesetzlichen Unfallversicherung stehe. Demgegenüber hat das Bundessozialgericht das Verhalten auch für einen 17-jährigen Schüler noch als schülertypisch angesehen *(BSG, Az.: B 2 U 40/99 R; SchulRecht 6–8/2002, S. 1256 f.)*.

Grundsätzlich besteht bei Klassenfahrten Versicherungsschutz, da es sich um **230**
schulische Veranstaltungen handelt. Allerdings ist der Versicherungsschutz nicht während der gesamten Dauer der Fahrt gegeben. So entfällt er bei ausschließlich privaten Aktivitäten wie den so genannten eigenwirtschaftlichen Tätigkeiten wie Essen, Trinken, Körperpflege und Schlafen. Entscheidend ist jeweils, ob das zum Unfall führende Ereignis in einem wesentlichen inneren Zusammenhang mit der Klassenfahrt gestanden hat.

So fehlt es am inneren Zusammenhang, wenn Schüler den Zusammenhang mit **231**
der Fahrt selbst unterbrechen, indem sie z. B. tagsüber oder nachts eigenmächtig die Gruppe und die Unterkunft verlassen *(BSG, Az.: 2 RU 50/76; SPE 878 Nr. 17)*.

! Bei den Vorbesprechungen zur Vorbereitung einer Fahrt sollten Lehrer die Eltern und Schüler auf diese Folge eines entsprechenden Fehlverhaltens hinweisen, da sich der Hinweis auf einen entfallenden Versicherungsschutz häufig als wirkungsvoller erweist, als die Androhung schulischer Erziehungs- und Ordnungsmaßnahmen.

F **Der Fenstersturz**

Ein volljähriger Schüler nahm an einer Studienfahrt der Jahrgangsstufe 12 eines Gymnasiums teil. Bei einer Übernachtung in einem Hotel führten die Lehrer gegen 23.30 Uhr eine Zimmerkontrolle durch. Gegen 0.15 Uhr meldete eine Schülerin dem begleitenden Lehrpersonal, dass sich Schüler S. auf dem Sims befände. Die Lehrerinnen L und M gingen daraufhin in das Zimmer von Frau M im 2. Stock und sahen aus dem Fenster, wobei sie zwei Schüler auf dem Sims wahrnahmen. Auf einen Zuruf der aufsichtführenden Lehrerin, die Schüler sollten sich sofort in ihre Zimmer begeben, versuchte der S. schnellen Schrittes sein Zimmer auf der anderen Seite des Simses zu erreichen. In diesem Augenblick wurde ein bis dahin geschlossener Fensterladen im »Mädchenzimmer« geöffnet, so dass dem S. der weitere Weg plötzlich versperrt war. Um nicht gegen den Fensterladen zu stoßen, sprang der S. vom Sims ab. Beim Aufprall auf den Boden verletzte er sich erheblich.

Der Schulleiter bestätigte, dass der S. über die altersentsprechende Reife und Einsichtsfähigkeit verfüge. Nach Angaben der Lehrer hatte der S. keine alkoholbedingten Ausfallerscheinungen. Seine Mitschüler sprachen davon, er habe 2–3 Dosen Bier getrunken. Mitschüler gaben an, bereits zuvor sei das Sims »ein- bis zweimal als Weg benutzt« worden. Der S. habe dabei eine Videokamera in der Hand gehabt, um eine Aufnahme zu machen.

Das Landessozialgericht Rheinland-Pfalz *(Az.: L 2 U 39/03; SchulRecht 4/2005, S. 87 f.)* hat die Klage des S. auf Anerkennung als Schulunfall abgewiesen:

»Es bestand kein Versicherungsschutz, weil der S. im Unfallzeitpunkt bereits – und zwar nicht unerheblich – das 18. Lebensjahr überschritten hatte und deshalb nicht mehr von einer altersbedingt eingeschränkten reduzierten Einsichtsfähigkeit ausgegangen werden kann. Die Rechtsprechung des Bundessozialgerichts zum Versicherungsschutz auf Klassenfahrten im Hinblick auf die Auswirkung eines gruppendynamischen Prozesses beruht wesentlich auf der Erwägung, bei unter 18-jährigen sei davon auszugehen, dass ihnen die Reife und das Verantwortungsbewusstsein eines Erwachsenen generell noch fehle. Dass es zu dem Unfall durch einen »schülertypischen«

Vorfall gekommen ist, genügt für sich allein für die Annahme des Versicherungsschutzes nicht. ...
Dabei ist zu beachten, dass der S. im Unfallzeitpunkt nach der Beurteilung des Schulleiters über die altersentsprechende Reife und Einsichtsfähigkeit verfügte. Hinzu kommt, dass die zum Unfall führende Handlung, das Zurücklegen des Weges zwischen den einzelnen Zimmern auf einem ungesicherten Fenstersims, für den S. ersichtlich mit gravierenden Gefahren verbunden war.«

Volljährige Schüler, die ein erheblich selbstgefährdendes Verhalten zeigen, können den Versicherungsschutz auch dann verlieren, wenn es sich um einen Schulunfall handelt. Allerdings zeigt sich die Rechtsprechung auch bei Volljährigen tendenziell großzügig, wie eine gegenteilige Entscheidung des Sozialgerichts im obigen Fall und eine Entscheidung des Landessozialgerichts Niedersachsen-Bremen *(Az.: 9 U 77/05; Schul-Recht 11–12/2007, S. 135 f.)* zeigt, das den Versicherungsschutz eines volljährigen Berufsschülers als gegeben ansah, der bei einer Klassenfahrt mit einem niederländischen Plattbodenschiff vom Klüverbaum mit einem Kopfsprung in das flache Wasser gesprungen ist, obwohl auf die Gefahren aufmerksam gemacht worden war und lediglich das Baden nicht zweifelsfrei verboten worden war.

Sofern bestimmte Unternehmungen mit Erlaubnis der Lehrer aber ohne eine **232**
Aufsicht der Lehrer stattfinden, kommt es darauf an, ob die Unternehmung noch im Organisations- und Verantwortungsbereich der Schule liegt. Kein Versicherungsschutz besteht für Schüler, die auf Antrag zeitweise beurlaubt werden, etwa um Verwandte zu besuchen. Wird den Schülern eine bestimmte Zeit zur freien Verfügung eingeräumt, die etwa zu Einkäufen, Kinobesuchen, abendlichen Diskothekenbesuchen oder zum Kauf von Souvenirs genutzt werden kann, ist davon auszugehen, dass diese Unternehmungen außerhalb des Organisations- und Verantwortungsbereiches der Schule liegen. Wegen ihrer Dauer und der Art der Tätigkeiten handelt es sich auch nicht um versicherte Pausen oder Überbrückungszeiten.

Geht ein Schüler mit Einverständnis eines Lehrers während eines Schullandheimaufenthaltes nach Abschluss der schulischen Unternehmungen des Tages in ein nahegelegenes Dorf, um sich dort ein benötigtes Asthmaspray zu kaufen, befindet er sich im unversicherten persönlichen Bereich. Erleidet er einen Unfall, handelt es sich nicht um einen Schulunfall *(LSG Baden-Württemberg, Az.: L-10 U 1839/96; SchulRecht 9/2002, S. 140 ff.)*. Setzt sich ein Schüler dagegen nach einer langen Anreise zum Ort einer Klassenfahrt ohne Verstoß gegen ein ausdrückliches Verbot oder sogar mit stillschweigender Erlaubnis der Lehrer bei einem Spaziergang den Gefahren des nächtlichen Straßenverkehrs aus, handelt es sich bei dem erlittenen Unfall um einen Schulunfall *(LSG Hessen, Az.: L 3 U 154/05; SchulRecht 11–12/2007, S. 132 f.)*.

Bei von den begleitenden Lehrkräften organisierten gruppenweisen Museums- oder Zoobesuchen besteht ebenso ein Versicherungsschutz wie bei einem durch Lehrkräfte beaufsichtigten Freizeitprogramm. Sind Schüler in Gastfamilien untergebracht, stehen sie bei nicht von der Schule, sondern von den Gasteltern organisierten Ausflügen in der Regel unter Versicherungsschutz, da es sich bei solchen Ausflügen nicht um rein touristische Unternehmungen, sondern wegen der landeskundlichen Elemente und der zu den wichtigen Zielen der Fahrt gehörenden Kontaktpflege zur Gastfamilie um wesentliche Bestandteile der Studienfahrt handelt *(BSG, Az.: 2 RU 11/92)*.

F **Die Abschlussfeier**

233 Am Nachmittag des letzten Schultages, an dem die Abschlusszeugnisse ausgehändigt wurden, trafen sich die Schüler der Abschlussklasse zu einem von Mitschülern organisierten Fest, an dem auch der eingeladene Klassenlehrer teilnahm. Während der Feier verletzte sich ein Schüler an einem Stacheldrahtzaun.

»... bei der Abschlussfeier hat es sich nach den gesamten Umständen nicht um eine von der Schule getragene Veranstaltung, sondern um eine von mehreren Schülern der Abschlussklasse organisierte und durchgeführte private Feier ... gehandelt ... Die Abschlussfeier wurde auch nicht dadurch zu einer schulischen Veranstaltung, dass solche Treffen nach Aussage des Klassenlehrers jedes Jahr nach Schulabschluss üblich waren, denn sie lag nach den Gesamtumständen außerhalb des Einfluss- und Organisationsbereichs der Schule ...

Entscheidungserheblich ist hier, dass der Klassenlehrer keine bestimmten, aus seiner Eigenschaft als Lehrer folgenden Aufgaben, insbesondere der

Aufsicht und der Betreuung sowie Weisungsbefugnisse für die Abschlussfeier hatte … Der Senat [des entscheidenden Gerichts] ist zudem der Auffassung, dass für die Schule keinerlei Veranlassung bestand, schriftlich darauf hinzuweisen, dass es sich bei dieser Abschlussfeier nicht um eine schulische Veranstaltung handelt. Bereits aus den objektiven Umständen … musste sich einem Außenstehenden der Eindruck aufdrängen, dass es sich hier um eine außerschulische Veranstaltung handelt.« *(LSG Bayern, Az.: L 3 U 73/86; SPE 878 Nr. 45).*

Letztlich hängt der Charakter einer Schulveranstaltung nicht allein von Erklärungen, sondern von den tatsächlichen Gegebenheiten ab. **234**

! So wie aber bei der Veranstaltung der Schülervertretung in einem Zweifelsfall der Erklärung des Schulleiters entscheidende Bedeutung zukommt, so sollte die Schule auch bei anderen Zweifelsfällen, etwa einer Abschlussfeier, die in den Räumen der Schule stattfindet oder bei der die Lehrer intensiv in die Vorbereitung eingebunden waren, durch eine eindeutige Erklärung feststellen, ob es sich um eine Schulveranstaltung handelt oder nicht, um Unklarheiten und Zweifelsfälle zu vermeiden.

Klarheit schaffen auch Konferenzbeschlüsse: »Der schulische Charakter der Veranstaltung folgt daraus, dass diese bei einem Elternabend mit Zustimmung der Klassenlehrerin als Klassenfest der Klasse 1 d der Grundschule beschlossen und als solche öffentlich angekündigt wurde.« *(OLG Koblenz, Az.: 1 U 1654/96; SchulRecht 2/2001, S. 31).*

In der Entscheidung des LSG wird auch noch einmal der Zusammenhang von Aufsichtsführung durch die Schule und Versicherungsschutz angesprochen. Dabei kann als Regel gelten: Immer, wenn eine Aufsichtspflicht der Schule besteht, ist auch der Versicherungsschutz gegeben. Versicherungsschutz kann aber auch bestehen, ohne dass die Schule eine Aufsichtspflicht zu erfüllen hätte. **235**

Es sollte sich dabei von selbst verstehen, dass Lehrer sich ihrer Aufsichtspflicht nicht durch eine einfache Erklärung entledigen können und dürfen.

B Ein Deutschlehrer organisiert für die Schüler seiner Klasse einen Theaterbesuch. Er erklärt die Veranstaltung aber zu einer privaten Unternehmung, um nicht die Aufsicht führen zu müssen. Hier besteht trotz der Erklärung des Lehrers Versicherungsschutz für die Schüler und eine Aufsichtspflicht des Lehrers, da es sich eindeutig um eine im Organisations- und Verantwortungsbereich der Schule liegende Veranstaltung handelt. Außerdem ist der Lehrer nicht zuständig für die Abgabe einer solchen Erklärung. Erlischt durch eine Erklärung der Versicherungsschutz, kann trotzdem die Aufsichtspflicht des Lehrers fortbestehen.

c. Betreuungsangebote

236 Gemäß **§ 2 Abs. 1 Nr. 8b SGB VII** sind Schüler auch »... während der Teilnahme an unmittelbar vor oder nach dem Unterricht von der Schule oder im Zusammenwirken mit ihr durchgeführten Betreuungsmaßnahmen« gesetzlich gegen Unfälle versichert.

Werden solche Betreuungsangebote von der Schule verantwortlich organisiert, bestehen keinerlei Zweifel am Versicherungsschutz. Die Betreuungsmaßnahme ist dann eine schulische Veranstaltung und unterliegt der Aufsichtspflicht der Schule. Sofern andere Träger, z. B. die Elternvertretung der Schule, ein Förderverein oder ein eigens zu diesem Betreuungszweck gegründeter Verein die Maßnahmen durchführen, muss die Schule beteiligt sein, um den gesetzlichen Unfallversicherungsschutz sicherzustellen. Die Träger der meisten Maßnahmen sind Träger der Freien Jugendhilfe (§ 3 SGB VIII) in Zusammenarbeit mit dem Schulträger und der Schule. Die Aufsichtspflicht des Betreuungspersonals beruht auf dem mit den Eltern geschlossenen Vertrag *(Zur Aufsichtspflicht bei Betreuungsangeboten in der Sek I: C. Jacobs/R. Jox: Grundsätze zur Aufsichtspflicht an weiterführenden Schulen. SchulRecht 1–2/2015, S. 4–7 und dies.: Fallkonstellationen zur Aufsichtspflicht an weiterführenden Schulen; SchulRecht 3–4/2015, S. 36–40).*

Fehlt es an einer Beteiligung der Schule, muss der Träger der Maßnahme die teilnehmenden Schüler versichern. Das gilt auch für das Betreuungspersonal, so dass z. B. Vereine, die Personal für eine Betreuungsmaßnahme stellen, verpflichtet sind, den gesetzlichen Unfallversicherungsschutz sicherzustellen. Zuständig ist die Verwaltungsberufsgenossenschaft mit Sitz in Hamburg. **237**

Erziehungsberechtigte und andere geeignete Personen, die im Auftrag der Schule außerhalb eines Beschäftigungsverhältnisses tätig werden, sind über den jeweiligen Träger der gesetzlichen Unfallversicherung versichert.

Führen freie oder öffentliche Träger der Jugendhilfe in den Räumen der Schule im Einvernehmen mit dem Schulträger oder in eigenen Einrichtungen entsprechende Betreuungsmaßnahmen durch, handelt es sich um Angebote im Rahmen des Kinder- und Jugendhilfegesetzes *(SGB VIII)*. **238**

d. Elternmitarbeit im Unterricht

Arbeiten Eltern mit der Schule zusammen, stellt sich auch die Frage des Versicherungsschutzes, auf die im Folgenden kurz eingegangen werden soll, da Eltern häufig entsprechende Anfragen an die Schulleitung richten oder durch einen Hinweis auf den bestehenden Versicherungsschutz Befürchtungen im Zusammenhang mit Aktivitäten der Eltern im Interesse der Schule ausgeräumt werden können. **239**

Eltern, die auf ausdrücklichen Wunsch des jeweiligen Lehrers und mit dem Einverständnis des Schulleiters im Unterricht unterstützend tätig werden oder bestimmte Unterrichtsphasen selbstständig durchführen oder schulische Arbeitsgemeinschaften leiten, werden auf Wunsch und im Interesse der Schule tätig. Sie stehen damit unter dem Schutz der gesetzlichen Unfallversicherung.

Dieser Schutz ist nicht nur vorteilhaft, falls die Eltern selbst einen Unfall erleiden, sondern auch bei einem Unfall eines Schülers, da die Eltern dann von der Haftung für fahrlässiges Fehlverhalten freigestellt sind.

e. Anfahrt zum Ort einer Schulveranstaltung

Eine Schulfahrt muss nicht am Schulgelände beginnen, sondern kann auch an einem vorher vereinbarten Treffpunkt innerhalb des Schulortes beginnen, **240** wenn dieser Ort für die Schüler insbesondere unter Berücksichtigung ihres Alters und ihrer Reife zumutbar ist. Die Festlegung eines Treffpunktes außerhalb des Schulortes bedarf der Zustimmung der Eltern bzw. volljährigen Schüler. Die Anfahrt zum Treffpunkt steht dem Schulweg gleich. Die Schüler sind daher gesetzlich gegen Unfälle versichert. Die Richtlinien der Länder untersagen in aller Regel ausdrücklich die Durchführung einer Schulfahrt mit dem privaten Pkw und gelegentlich auch jede Benutzung privater Pkws zur Schülerbeförderung bei Klassenfahrten oder schränken diese Möglichkeiten stark ein.

Wird die Anfahrt zum Ort einer Schulveranstaltung von der Schule in der Weise organisiert, dass Eltern oder volljährige Schüler den Transport mit eigenen Pkws durchführen, stehen sie unter dem Schutz der gesetzlichen Unfallversicherung. Die Eltern bzw. volljährigen Schüler müssen aber eindeutig im Auftrag der Schule handeln. Die Schule hat bei einer Beauftragung die von den meisten Ländern in Verwaltungsvorschriften aufgeführten engen Voraussetzungen zu beachten. Dabei wird in einigen Vorschriften zwischen dem schulnahen Bereich und weiter entfernten Zielen unterschieden. Die Anfahrt zu einer Schulveranstaltung im schulnahen Bereich setzt einen triftigen Grund voraus, der vor allem dann gegeben ist, wenn keine anderen zumutbaren Transportmöglichkeiten bestehen. Transportieren Lehrer im privaten Pkw Schüler, ist der triftige Grund schriftlich je nach Regelung durch die Schulleitung oder die Schulaufsicht anzuerkennen. Bei weiter entfernten Zielen und bei der Durchführung einer Fahrt mit privaten Pkws ist in der Regel sowohl das schriftliche Einverständnis der Erziehungsberechtigten als auch die Genehmigung durch die Schulaufsicht erforderlich. Wird der Transport durch die Schule in der Weise organisiert, dass jeweils ein Elternteil mehrere Kinder im Pkw transportiert, muss die Schule durch organisatorische Maßnahmen sicherstellen, dass alle Kinder eine Mitfahrmöglichkeit haben und beim Ausfall eines Fahrers eine schnelle Information möglich ist.

! Dazu ist es vor allem erforderlich, die Namen der Mitfahrenden schriftlich festzuhalten.

B Eine Schulklasse besucht eine Theateraufführung. Wollte man mit öffentlichen Verkehrsmitteln den Hin- und Rückweg zurücklegen, bedeutete das für den Rückweg eine Wartezeit von einer Stunde. Die Klassenlehrerin organisiert daraufhin den Transport mit Hilfe derjenigen Eltern, die bereit sind, Kinder in ihrem Pkw zu befördern. Der Schulleiter stimmt der Anfahrt mit Pkws schriftlich zu, und die Lehrerin hat die Namen der Fahrer und der Mitfahrenden notiert.

Werden Schüler auf dem Schulweg im Pkw mitgenommen, greift der Haftungs- **241**
ausschluss der gesetzlichen Unfallversicherung nicht, sodass die Eltern oder Lehrer bei einem Unfall, durch den der mitgenommene Schüler zu Schaden kommt, in gleicher Weise wie jeder andere Verkehrsteilnehmer haften.

Bei der Mitnahme von Schülern im lehrereigenen Pkw aus Anlass einer Schulveranstaltung sollten Lehrer sich des erhöhten Risikos bewusst sein, da dieser Transport der Mitnahme auf dem Schulweg entspricht. Sie können je nach Fallgestaltung im Falle eines von ihnen verschuldeten oder mitverschuldeten Unfalls von den mitfahrenden Schülern auf Schadensersatz und Schmerzensgeld in Anspruch genommen werden. Außerdem müssen sie bestimmte Kosten tragen, z. B. die Mehrbelastung durch unfallbedingte erhöhte Versicherungsprämien, da der Dienstherr diese Kosten nur übernimmt, wenn die Schüler nicht lediglich anlässlich einer Schulveranstaltung transportiert werden, sondern wenn die Schulleitung schriftlich triftige Gründe für den Transport im privaten Pkw anerkannt hat. Auch bei Anerkennung triftiger Gründe übernimmt der Dienstherr die durch Schäden am Pkw entstandenen Kosten nicht, wenn der Lehrer grob fahrlässig oder vorsätzlich gehandelt hat. Eltern oder volljährige Schüler, die im Auftrag der Schule im eigenen Pkw Schüler transportieren, haben bei einem schuldhaft verursachten Unfall keinen Anspruch gegen das Land auf Übernahme des durch den Verlust der Schadensfreiheitsklasse entstandenen Schadens. Sie sollten daher eine Kaskoversicherung abschließen, die für die Durchführung außerunterrichtlicher Veranstaltungen von Gemeindeversicherungsverbänden angeboten wird.

Dienstreisen und Dienstgänge, die eine Schülerbeförderung einschließen, werden in der Regel nicht genehmigt. Ausnahmen sind denkbar bei Schulveranstaltungen im schulnahen Bereich (s. o.), Teilnahme einzelner Schüler an Landessportfesten, Teilnahme einzelner Schüler an Veranstaltungen wie Schülerwettbewerben oder Schülervertretungsseminaren oder bei besonderen schulischen Situationen, etwa beim Transport verhaltensauffälliger Schüler, wenn diese Fahrten im Rahmen der schulischen Betreuung erforderlich sind. Eine je nach Fall und landesrechtlicher Regelung vom Schulleiter oder der Schulaufsicht zu erteilende Ausnahmegenehmigung setzt bei minderjährigen Schülern auch eine Einverständniserklärung der Erziehungsberechtigten voraus.

In Notfällen, z. B. bei einer plötzlichen Erkrankung eines Schülers während einer Klassenfahrt, können weder die Einverständniserklärung der Erziehungsberechtigten noch die Genehmigung durch Vorgesetzte eingeholt werden.

! Lehrer sollten aber sorgfältig prüfen, ob der Transport im privaten Pkw tatsächlich erforderlich und sachgerecht ist.
In Zweifelsfällen sind Transporte mit einer Taxe oder in schweren Fällen mit einem Krankenwagen vorzuziehen.

f. Elternmitarbeit bei Projektwoche, Schulfest und Klassenfahrt

242 Eltern, die auf Wunsch und im Interesse der Schule bei einer Projektwoche mitarbeiten oder bei einem Schulfest beispielsweise den Würstchengrill bedienen, sind gesetzlich gegen Unfall versichert. Allerdings darf es sich bei dem Schulfest nicht um eine von einigen Eltern auf freiwilliger Basis organisierte Veranstaltung handeln, vielmehr muss die Veranstaltung von der Schule organisiert und verantwortet werden und vom Schulleiter zu einer Schulveranstaltung erklärt werden. Die Zusammenarbeit mit dem Förderverein ist dabei unschädlich, wenn Schulleitung und Lehrerschaft verantwortlich an der Organisation beteiligt sind und der Schulleiter das Schulfest zur Schulveranstaltung erklärt.

Außerdem muss der zeitliche und räumliche Zusammenhang mit dem Schulfest vorliegen. Beispielsweise ist ein Vater, der zu Hause ein Plakat für einen

Verkaufsstand herstellt, bei dieser Tätigkeit wegen des fehlenden zeitlichen und räumlichen Zusammenhanges nicht versichert.

Eltern, die als Begleit- und Aufsichtspersonen bei Klassenfahrten mitfahren, sind bei ihrer Tätigkeit im Interesse der Schule gesetzlich versichert.

g. Renovierungsarbeiten durch Eltern

Aufgrund der schlechten Haushaltslage vieler Kommunen kommt es häufiger **243**
vor, dass Eltern sich bereit erklären, bestimmte Arbeiten, z. B. Malerarbeiten, in der Schule zu übernehmen. Solche Arbeiten setzen das Einverständnis des Schulträgers voraus. Liegt das Einverständnis vor, das in der Regel von der Schulleitung eingeholt wird, ist gesetzlicher Unfallversicherungsschutz für die Eltern bei den Arbeiten und auf den Wegen zur Schule und von der Schule gegeben.

Eltern sind immer dann in den Schutzbereich der gesetzlichen Unfallversicherung einbezogen, wenn sie von der Schule persönlich beauftragt werden und ihre Aktivitäten nicht im privaten Interesse liegen – wie etwa die Teilnahme an einer Klassenpflegschaftssitzung –, sondern im schulischen Interesse.

h. Schulweg

F **Der vorzeitige Unterrichtsschluss**

Der Unterricht an einer Realschule endet wegen der Erkrankung eines **244**
Lehrers bereits um 12.05 Uhr statt um 13.00 Uhr. Eine Schülerin, die von ihrer Mutter um 13.00 Uhr abgeholt werden sollte, ging vom Schulgelände aus zu einem etwa 80 m entfernten Spielplatz. Dort kam es zu einem Streit mit Klassenkameraden, in dessen Verlauf die Schülerin verletzt wurde.

»Im Allgemeinen besteht zwar nach den in ständiger Rechtsprechung zum Versicherungsschutz auf dem Weg nach und von dem Ort der Tätigkeit entwickelten Grundsätzen während einer persönlichen Verrichtungen dienenden erheblichen Unterbrechung dieses Weges kein Versicherungsschutz, während der Versicherungsschutz aufrecht erhalten bleibt, wenn die persönliche Verrichtung hinsichtlich ihrer zeitlichen Dauer und der Art ihrer

Erledigung keine rechtlich ins Gewicht fallende und somit keine erhebliche Unterbrechung des Weges ... bedeutet, sondern nur als geringfügig anzusehen ist ...
Dem für die Beurteilung der Geringfügigkeit maßgebenden Zeitfaktor der Unterbrechung kommt hier keine entscheidende Bedeutung zu, da [die Schülerin, d. Verf.), ohne den Versicherungsschutz zu verlieren, bis zum Abholen durch ihre Mutter mit der Fortsetzung ihres Weges warten durfte ... Denn es entspricht dem altersgemäßen Verhalten eines 12 Jahre alten Kindes, dass es die Wartezeit bis zum Abholen durch seine Mutter dadurch ausfüllt, dass es einen nahegelegenen Spielplatz aufsucht ...« *(BSG, Az.: 2 RU 21/81; SPE 878 Nr. 39).*

Wie weit die Rechtsprechung den gesetzlichen Unfallversicherungsschutz fasst, verdeutlicht eine weitere Entscheidung zur Wartezeit nach dem Ende des Unterrichtes, bei der eine selbst verschuldete über zweistündige Wartezeit zweier Berufsschüler auf einen Zug noch als vom Versicherungsschutz umfasst angesehen wurde *(BSG, Az.: 2 RU 77/90).* Im Normalfall führt aber eine mehr als zweistündige Unterbrechung zum Erlöschen des Versicherungsschutzes.

245 Auf die allgemeine Problematik des Versicherungsschutzes auf dem Schulweg unabhängig von Wartezeiten im unmittelbaren Anschluss an den Unterricht, zu der es eine große Zahl gerichtlicher Einzelfallentscheidungen gibt, soll nur kurz eingegangen werden, da der Schulweg außerhalb des Einflussbereiches der Schule liegt. Wegen seiner großen praktischen Bedeutung soll dieser Bereich aber auch nicht völlig außer Betracht bleiben.

F **Der Umweg**

Ein siebenjähriger Grundschüler wird von seiner alleinerziehenden, berufstätigen Mutter regelmäßig morgens nicht direkt zur Schule, sondern zu einem befreundeten Kollegen gefahren, der das Kind nach einer Wartezeit von ca. 10 Minuten zur Schule begleitet. An einem Morgen wurde das Kind beim Eintreffen vor dem Haus des Kollegen von Hunden angefallen und schwer verletzt.

Schüler sind auf dem Weg zur und von der Schule sowie auf den Wegen nach und vom Ort einer schulischen Veranstaltung gesetzlich gegen Unfälle versichert. Wird der Schulweg unterbrochen, indem ein anderer Weg eingeschoben wird oder der Schüler sich nicht mehr in Richtung auf die Schule oder Wohnung fortbewegt, kommt es entscheidend auf die Gründe für die Lockerung des zeitlichen und räumlichen Zusammenhanges mit dem Schulweg an. Handelt es sich um private Gründe, z. B. private Einkäufe, entfällt der Versicherungsschutz.

Im vorliegenden Fall gab es sowohl private (pünktliche Arbeitsaufnahme der Mutter) als auch schulbezogene Gründe (Begleitung des Schülers durch eine Aufsichtsperson auf dem Weg zur Schule) für die Wahl eines weiteren Weges. Das Bundessozialgericht *(BSG, Az.: 2 RU 28/93)* hat das Vorliegen des Versicherungsschutzes bejaht, da die Notwendigkeit, ein Kind wegen der Berufstätigkeit der Mutter vorübergehend kurzzeitig in fremde Obhut zu geben, nicht als ausnahmslos privater Grund anzusehen ist, zumal es nach den Umständen des Einzelfalles für den Schüler praktisch keinen geeigneten und zumutbaren direkteren Weg zur Schule gegeben habe.

Bei der Unterbrechung eines Schulweges sind die Reife und Einsichtsfähigkeit des betroffenen Schülers festzustellen. Es darf nicht ohne weiteres von der durchschnittlichen Reife eines Kindes dieses Alters ausgegangen werden *(BSG, Az.: B 2 U 29/06 R; SchulRecht 9–10/2009, S. 108 f.)*.Bei einem achtjährigen Schüler, der aus Gedankenlosigkeit, Unkonzentriertheit und Fahrigkeit an einer falschen Haltestelle aus dem Bus aussteigt und dadurch seinen Fußweg nach Hause um 350 Meter verlängert und auf diesem Weg verunglückt, bleibt der Versicherungsschutz erhalten *(Bundessozialgericht, a. a. O.)*.

Verzeichnis der Fälle

Die **fett gedruckten Zahlen** verweisen auf Randziffern.

A
Abiturscherz **105**
Abschlussfeier **233**
Aufsicht führende Hausmeister **11**
Aufsicht im Schulbus **176**
Aufsicht in der Freistunde **25**
Augenverletzung **76**, **108**

B
Befragung **10**
Beschädigte Auto **64**
Beschädigte Kopierer **72**
Boxkampf **109**
Brötchenkauf in der Freistunde **221**

D
Diebstahl **161**
Diskussionsveranstaltung der Schülervertretung **227**
Drahtstern I **37**
Drahtstern II **41**

E
Einschließen **99**
Einweihung der Turnhalle **62**
Elternpflicht und Aufsicht **154**
Enteilende Schüler **119**
Entfernte Klassenraum **169**
Entführung **39**

F
Fahrdienst **206**
Fahrradmanipulation **110**
Fangriemen **113**
Fenstersturz **231**
Feuerwerkskörper **108**
Fliegende Sägeblatt **107**
Flucht **217**
Fluraufsicht **32**

G
Geburtstag in der Turnhalle **69**
Gefährliche Fahrgast **175**
Gefährliche Parkplatz II **156**
Gefährliche Sonnenschirmfuß **67**
Gefährliche Torwand **164**
Goldkettchen **178**

H
Holzfäller **80**

I
Informationspflicht **91**

J
Jubiläumsfeier **15**

K
Karatetritt **109**
Kastanienwürfe **129**

Klassenfahrt und Videokamera **193**
Klassenraumwechsel **33**
Klettermaxe **149**
Kletterwand **139**

L
Lehrerkonferenz und Aufsicht **8**
Lehrerohrfeige **108**

M
Medizinische Versorgung **116**
Meningitis **36**
Messer in der Schultasche **29**
Messerstich **112**
Milzriss **87**

O
Ohrringe **140**

P
Podiumsdiskussion **166**
Projektarbeit **226**
Prügelei in der Pause **219**
Pyromane Schüler **34**

R
Raketentreibstoff **78**
Rockparty **225**
Rucksack **205**

S
Schlüsselverlust **72**
Schulbus-Tätlichkeit **111**
Schulhofprügelei **133**
Schulische Gemeinschaft **199**
Schultoilette **203**
Schwebebalken **32**
Skifreizeit **54**
Skiunfall **48**
Sporthallentore **70**
Sprung aus dem Fenster **218**
Steinwürfe **46**
Stichflamme **136**
Stoß auf dem Flur **108**
Sturz vom Dach **228**

T
Tanzshow **113**
Teure Schullandheimaufenthalt **162**
Therme **147**
Tödliche Bergtour **81**
Toilettenaufsicht **8**
Turnmatte **139**

U
Umweg **245**
Unterricht auf dem Dach **62**
Unterrichts-Fahrrad **192**
Unterrichtsweg über das Fahrzeugdach **124**

V
Vandalen **114**
Verdächtige Schüler **50**
Verlassen des Schulhofes **134**
Verlegung der Schulbushaltestelle **171**
Verpuffung **90**
Verschwundene Geld **181**
Verstärkung **46**
Verweisung aus der Klasse **117**
Vorzeitige Heimkehr **154**
Vorzeitige Unterrichtsschluss **244**

W
Waldausflug **91**
Wasseraustritt **191**
Wespenstich **76**
Wurf mit dem Tuschepinsel **130**

Z
Zusammenbruch **65**

Verzeichnis der Gerichtsentscheidungen

Die **fett gedruckten Zahlen** verweisen auf Randziffern.

Verfassungsgerichtsbarkeit

- Verfassungsgerichtshof des Saarlandes, Az.: Lv 9/08; SchulRecht 5–6/2009, S. 58 f. **154**

Zivilgerichtsbarkeit

- BGH, Az.: III ZR 80/70; SPE 144 Nr. 6 und SPE a.F. S.VI F I S. 101– 101d **62**
- BGH, Az.: III ZR 113/59; SPE a. F. VI F V, S. 105 ff., hier: 105 b **63**
- BGH, Az.: III ZR 226/12; SchulRecht 5–6/2013, S. 60 ff. **64**
- BGH, Az.: III ZR 35/18; SchulRecht 5/2019, S. 139 ff. **65**
- BGH, Az.: VI ZR 379/98; SchulRecht 3/2003, S. 55 f. **66**
- BGH, Az.: 15 U 187/71; SPE a.F. VI F V, S. 5 ff. **68**
- BGH, Az.: VI ZR 296/81; SPE 304 Nr. 8 **80**
- BGH, Az.: IX 2B 82/90; SPE 138 Nr. 9 **81**
- BGH, Az.: VI ZR 34/02; SchulRecht 9/2003, S. 5 ff. **105**
- BGH, Az.: VI ZR 34/02; SchulRecht 9/2003, S. 5 ff. **107**
- BGH, Az.: III ZR 191/11; SchulRecht 6/2020, S. 166 **107**
- BGH, Az.: VI ZR 163/03; SchulRecht 9/2004, S. 161 f. **108**
- BGH, Az.: VI ZR 34/02; SchulRecht 9/2003, S. 5 ff. **109**
- BGH, Az.: VI ZR 212/07; SchulRecht 7–8/2009, S. 83 **109**
- BGH, Az.: VI ZR 284/91; SPE 878 Nr. 51 **111**
- BGH, Az.: III ZR 202/94 **142**
- BGH, Az.: III ZR 47/80; SPE 704 Nr. 6 und SPE a. F. II H I S. 155 ff. **172**
- BGH, Az.: III ZR 291/89; SPE 304 Nr. 14 **176**
- BGH, Az.: III ZR 83/63; SPE 304 Nr. 1 und SPE a. F. II H I, S. 21– 21 e **178**
- BGH, Az.: II ZR 206/86 **186**
- BGH, Az.: III ZR 174/71; SPE 304 Nr. 3 **187**
- BGH, Az.: VI ZR 18/87; SPE 878 Nr. 47 **199, 203**
- BGH, Az.: III ZR 39/00; SchulRecht 5/2001, S. 109 f. **206**
- OLG Brandenburg, Az.: 2 U 9/03; SchulRecht 11–12/2007, S. 131 f. **47**

- OLG Brandenburg, Az.: 2 U 40/05; SchulRecht 1–2/2011, S. 11 f. **139**
- OLG Brandenburg, Az.: 2 U 9/03; SchulRecht 11–12/2007, S. 136 **184**
- OLG Bremen, Az.: 3 U 68/75; SPE 140 Nr. 6 und SPE a. F. VI F I 23 ff. **130**
- OLG Celle, Az.: 16 U 150/03; SchulRecht 7–8/2007, S. 83 f. **36**
- OLG Celle, Az.: 16 U 35/85; SPE 140 Nr. 7 **63**
- OLG Celle, Az.: 14 U 17/05; SchulRecht 5–6/2006, S. 64 f. **69**
- OLG Celle, Az.: 9 U 24/99; SchulRecht 3/2004, S. 57 **108**
- OLG Dresden, Az.: 6 U 2712/01; SchulRecht 11–12/2003, S. 17 f. **105**
- OLG Düsseldorf, Az.: 18 U 82/97; SchulRecht 6–8/2001, S. 134 f. **34**
- OLG Düsseldorf, Az.: 18 U 24/77 **55**
- OLG Düsseldorf, Az.: WS 73/23 **91**
- OLG Düsseldorf, Az.: 4 U 46/00; SchulRecht 11–12/2002, S. 194 f. **114**
- OLG Frankfurt am Main, Az.: 1 U 185/08; SchulRecht 2–3/2011, S. 31 **63**
- OLG Frankfurt am Main, Az.: 1 U 99/00; SchulRecht 3/2004, S. 57 f. **108**
- OLG Frankfurt am Main, Az.: 1 U 200/12; SchulRecht 11–12/2014, S. 176 f. **139**
- OLG Frankfurt am Main, Az.: 1 W 32/80 **145**
- OLG Frankfurt am Main, Az.: 1 U 154/81 **145**
- OLG Frankfurt am Main, Az.: 15 U 197/91 **149**
- OLG Hamm, Az.: 11 U 64/93 **48**
- OLG Hamm, Az.: 11 U 93/93 **15**
- OLG Hamm, Az.: 9 U 29/14; SchulRecht 9–10/2014, S. 148 **108**
- OLG Hamm, Az.: 26 U 31/13; SchulRecht 7–8/2014, S. 115 f. **108**
- OLG Hamm, Az.: 20 U 159/05; SchulRecht 5–6/2007, S. 61 f. **109**
- OLG Hamm, Az.: 11 U 54/11 **191**
- Hanseatisches OLG, Az.: 1 U 110/98; SchulRecht 6–8/1999, S. 89 **127**
- OLG Koblenz, Az.:1 U 31/20; SchulRecht 1/2022, S. 18 ff. **76**
- OLG Koblenz, Az.: 5 U 471/13; SchulRecht 6/2020, S. 167 f. **108**
- OLG Koblenz, Az.: 1 U 1654/96; SchulRecht 2/2001, S. 30–32 **164**
- OLG Koblenz, Az.: 12 U 1459/04; SchulRecht 9–10/2007, S. 108 **177**
- OLG Koblenz, Az.: 1 U 1654/96; SchulRecht 2/2001, S. 31 **234**
- OLG Köln, Az.: 2 U 33/95; SchulRecht 10/2002, S. 184 **71**
- OLG Köln, Az.: 7 U 116/89 **74**
- OLG Köln, Az.: 3 U 48/06; SchulRecht 1–2/2010, S. 15 **105**
- OLG Köln, Az.: 7 U 149/92; SPE 304 Nr. 19 **190**

- OLG München, Az.: 1 U 5048/06; SchulRecht 11–12/2008, S. 133 **69**
- OLG Nürnberg, Az.: 4 U 3272/92 **70**
- OLG Oldenburg, FamRZ 1991, 1050 **101**
- OLG Schleswig, Az.: 11 U 284/87; SPE 136 Nr. 2 **39**
- OLG Schleswig-Holstein, Az.: 7 U 118/98; Schul-Recht 6–8/2004, S. 137 f. **110**
- LG Aachen, Az.: 4 O 319/91 **129**
- LG Ansbach, Az.: 2 O 1240/13; SchulRecht 11–12/2016, S. 178 f. **76**
- LG Augsburg, Az.: 34 O 8/17; SchulRecht 4/2018, S. 117 ff. **54**
- LG Bad Kreuznach, Az.: 1024 Js 6294/10 Ns.; SchulRecht 1/2020, S. 68–71 **91**
- LG Bonn, Az.: 1 O 110/12; SchulRecht 3–4/2013, S. 35 f. **46**
- LG Bonn, Az.: 1 O 96/06; SchulRecht 1–2/2010, S. 13 **66**
- LG Bonn, Az.: 1 O 355/97; SchulRecht 3/2002, S. 57 f. **67**
- LG Bonn, Az.: I – 2 O 574/12; SchulRecht 5–6/2016, S. 74 ff. **112**
- LG Bonn, Az.: 1 O 231/17; SchulRecht 1/2020, S. 7 f. **139**
- LG Chemnitz, Az.: 7 O 2598/01; SchulRecht 11–12/2003, S. 17 f. **105**
- LG Coburg, Az.: 12 O 297/01; SchulRecht 11–12/2007, S. 131 **108**
- LG Coburg, Az.: 12 O 459/05; SchulRecht 9–10/2007, S. 105 f. **113**
- LG Düsseldorf, Az.: 2 O 309/94; SchulRecht 5/2001, S. 103 ff. **50**
- LG Freiburg, Az.: 8 O 229/94 **202**
- LG Hamburg, Az.: 303 O 174/90 **124**
- LG Hamburg, Az.: 303 O 59/98; SchulRecht 6–8/1999, S. 88 **135**
- LG Itzehoe, Az.: 7 O 485/82; SPE a. F. VI F V S. 107–110 **156**
- LG Koblenz, Az.: 1.0.112/97; SchulRecht 4/2004, S. 88 f. **109**
- LG Köln, Az.: 5 O 443/91 **184**
- LG Leipzig, Az.: 14 S 1502/00; SchulRecht 5/2004, S. 111 f. **108**
- LG Neubrandenburg, Az.: 4 O 209/09; SchulRecht 5–6/2014, S. 82 f. **38**
- LG Neubrandenburg, Az.: 4 O 209/09, a.a.O. **41**
- LG Osnabrück, Az.: 5 O 596/14; SchulRecht 3–4/2016, S. 51 ff. **136**
- LG Rottweil, Az.: 1 Ns 84/71; SPE a. F. VI H II S. 101 ff. **144**
- LG Saarbrücken, Az.: 2 S 411/96; SchulRecht 3/1999, S. 38 **110**
- LG Wuppertal, Az.: 7 O 359/92 **78**
- LG Wuppertal, Az.: 16 O 56/07; SchulRecht 7–8/2009, S. 80 **180**
- AG Augsburg, Az.: 15 C 2 159/09; SchulRecht 9–10/2014, S. 146 f. **42**
- AG Düsseldorf, Az.: 12 Ca 927/10; SchulRecht 11–12/2014, S. 174 ff. **99**
- AG Homburg, Az.: 16 C 114/00 **32**

- AG Frankfurt am Main, Az.: 29 C 1632/20; SchulRecht 4/2023, S. 112 f. **33**
- AG Saalfeld, Az.: 630 Js 23573/04 2 Ds jug; SchulRecht 1/2021, S. 13 f. **87**
- AG Waren (Müritz), Az.: 731 Js 14152/98; SchulRecht 5/2003, S. 96 ff. **147**

Verwaltungsgerichtsbarkeit

- BVerwG, BVerwGE 52, 255 f. **72**
- VGH Baden-Württemberg, Az.: 9 S 592/86; SPE 140 Nr. 9, S. 15 **11**
- VGH Baden-Württemberg, Az.: 9 S 592/86; SPE 140 Nr. 9 **123**
- VGH Bayern, Az.: 3 B 95.2452; SchulRecht 10/1998, S. 125 f. **191**
- VGH Hessen, Az.: 7 UE 299/99, SPE 770 Nr. 27 **162**
- VGH Hessen, Az.: 1 UE 1032/84; SPE 304 Nr. 12 **163**
- VGH Hessen, Az.: 1 UE 2627/92; SPE 304 Nr. 20 **192**
- OVG Mecklenburg-Vorpommern, Az.: 2 M 67/00 **22**
- OVG Niedersachsen, Az.: 5 LA 117/12 **73**
- OVG Niedersachsen, Az.: 2 LA 827/04; SchulRecht 10/2005, S. 180 f. **192**
- OVG Nordrhein-Westfalen, Az.: 19 A 993/07; SchulRecht 3–4/2011, S. 32 **154**
- OVG Nordrhein-Westfalen, Az.: 6 A 3481/05; SchulRecht 11–12/2010, S. 134 f. **193**
- OVG Rheinland-Pfalz, Az.: 2 A 12079/03; SchulRecht 11–12/2004, S. 199 **72**
- OVG Rheinland-Pfalz, Az.: 2 B 11864/03; SchulRecht 5/2004, S. 105 ff. **169**
- VG Augsburg, Az.: 5 LA 117/12 **73**
- VG Braunschweig, Az.: 6 A 61073/91; SchulRecht 9/2000, S. 161 f. **73**
- VG Braunschweig, Az.: 6 B 61040/94 **175**
- VG Hannover, Az.: 2 A 8123/06; SchulRecht 11–12/2010, S. 133 **73**
- VG Koblenz, Az.: 4 K 877/14; SchulRecht 9–10/2016, S. 138 f. **66**
- VG Lüneburg, Az.: 1 A 244/04; SchulRecht 11–12/2007, S. 132 **73**
- VG Lüneburg, Az.: 1 A 253/02; SchulRecht 1–2/2008, S. 13 **73**
- VG Lüneburg, Az.: 1 A 253/05; SchulRecht 5–6/2010, S. 60 **73**
- VG Minden, Az.: 4 K 778/05; SchulRecht 3–4/2007, S. 35 f. **72**
- VG Minden, Az.: 4 K 2543/88 **181**
- VG Neustadt/Weinstraße, Az.: 5 K 221/11; SchulRecht 7–8/2012, S. 84 ff. **53**
- VG Potsdam, Az.: 2 L 532/97; SchulRecht 2/2001, S. 37 f. **140**

Sozialgerichtsbarkeit

- BSG, Az.: 2 RU 44/94 **153**
- BSG, Az.: 2 RU 79/90; SPE 878 Nr. 51 **200**
- BSG, Az.: 8 a RU 54/78; SPE 878 Nr. 24 **201**
- BSG, Az.: 2 RU 77/77; SPE 878 Nr. 31 **218**
- BSG, Az.: 2 RU 60/79; SPE 878 Nr. 29 **219**
- BSG, Az.: 2 RU 44/82; SPE 878 Nr. 42 **221**
- BSG, Az.: 8 RU 68/75; SPE 878 Nr. 9 **223**
- BSG, Az.: 2 RU 79/90; SPE 878 Nr. 51 **226**
- BSG, Az.: 2 RU 107/77; SPE 878 Nr. 26, II J II/97 **226**
- BSG, Az.: B 2 U 40/99 R; SchulRecht 6–8/2002, S. 1256 f. **229**
- BSG, Az.: 2 RU 50/76; SPE 878 Nr. 17 **231**
- BSG, Az.: 2 RU 11/92 **232**
- BSG, Az.: 2 RU 21/81; SPE 878 Nr. 39 **244**
- BSG, Az.: 2 RU 77/90 **244**
- BSG, Az.: 2 RU 28/93 **245**
- BSG, Az.: B 2 U 29/06 R; Schul-Recht 9–10/2009, S. 108 f. **245**
- LSG Baden-Württemberg, Az.: L 10 U 2662/21; SchulRecht 3/2024, S. 76 ff. **224**
- LSG Baden-Württemberg, Az.: L 6 U 4904/14; SchulRecht 5/2017, S. 149 ff. **226**
- LSG Baden-Württemberg, Az.: L 6 U 2085/14; SchulRecht 9–10/2016, S. 144 ff. **228**
- LSG Baden-Württemberg, Az.: L-10 U 1839/96; SchulRecht 9/2002, S. 140 ff. **232**
- LSG Bayern, Az.: L 3 U 73/86; SPE 878 Nr. 45 **233**
- LSG Hessen, Az.: L 3 U 154/05; SchulRecht 1–2/2008, S. 12 **153**
- LSG Hessen, Az.: L 3 U 7/18; Schulrecht 6/2020, S. 170 f. **205**
- LSG Hessen, Az.: L 3 U 154/05; SchulRecht 11–12/2007, S. 132 f. **232**
- LSG Niedersachsen, Az.: LGU 166/89; SPE 878 Nr. 48 **204**
- LSG Niedersachsen-Bremen, Az.: L 9 U 77/05; SchulRecht 7–8/2010, S. 82 f. **207**
- LSG Niedersachsen-Bremen, Az.: 9 U 77/05; Schul-Recht 11–12/2007, S. 135 f. **231**
- LSG Nordrhein-Westfalen, Az.: L 17 U 34/20; SchulRecht 2/2024, S. 39 ff. **224**
- LSG Rheinland-Pfalz, Az.: L 3 U 62/13; SchulRecht 1/2017, 20 ff. **225**
- LSG Rheinland-Pfalz, Az.: L 2 U 39/03; SchulRecht 4/2005, S. 87 f. **231**
- SG Dortmund, Az.: S 23 U 121/99; SchulRecht 1/2004, S. 14 f. **202**

- SG Osnabrück, Az.: S 19 U 103/12; SchulRecht 1/2017, S. 18 ff. **203**

Arbeitsgerichtsbarkeit

- ArbG Braunschweig, Az.: 1 Ca 1155/88 **150**

Abkürzungsverzeichnis

Abs.	Absatz
Art.	Artikel
AschO	Allgemeine Schulordnung
Az.	Aktenzeichen
BDO	Bundesdisziplinarordnung
BGB	Bürgerliches Gesetzbuch
BGH	Bundesgerichtshof
BBG	Bundesbeamtengesetz
BRRG	Beamtenrechtsrahmengesetz
BSG	Bundessozialgericht
BSGE	Sammlung der Entscheidungen des Bundessozialgerichts
Erl.	Erlass
FamRZ	Zeitschrift für Familienrecht
GG	Grundgesetz
KG	Kammergericht
KM	Kultusministerium
LBG	Landesbeamtengesetz
LG	Landgericht
LSG	Landessozialgericht
OLG	Oberlandesgericht
OVG	Oberverwaltungsgericht
RdErl.	Runderlass
RVO	Reichsversicherungsordnung
SchulO	Schulordnung
SchuR	Zeitschrift »SchulRecht«
SGB	Sozialgesetzbuch
SozR	Sozialrecht
SPE a. F.	Sammlung schul- und prüfungsrechtlicher Entscheidungen, alte Folge
SPE	Sammlung schul- und prüfungsrechtlicher Entscheidungen, 3. Folge
StGB	Strafgesetzbuch
VGH	Verwaltungsgerichtshof
VV	Verwaltungsvorschriften

Literaturverzeichnis

Hermann Avenarius/Felix Hanschmann: Schulrecht, 9. neu bearbeitete Aufl. Köln 2019

Thomas Böhm: Erziehungs- und Ordnungsmaßnahmen in der Schule. 5. überarbeitete Aufl. Köln 2025

Thomas Böhm *(Hrsg.)*: SchulRecht (Zeitschrift) 6x jährlich

Thomas Böhm *(Hrsg.)*: Ergänzbare Sammlung schul- und prüfungsrechtlicher Entscheidungen – SPE (Loseblattwerk incl. CD-ROM) 3. Folge. Köln 2021

Andreas Müller: Schulrecht mal anders! Köln 2018

Stichwortverzeichnis

Die **fett gedruckten Zahlen** verweisen auf Randziffern.

A

Abenteuer-Ferienlager **149**
Abmahnungen **99**
Abschlussfeier
– Schulveranstaltung **233**
Aggressionshandlungen
– Haftungsausschluss **107**
Alkohol
– Klassenfahrt **158**
– Schulische Veranstaltungen **159**
Allgemeine Lebenserfahrung **36**
Alpine Unternehmungen **149**
Amtshaftpflichtversicherung **82**
Amtshaftungsanspruch
– Schulträger **72**
Amtsträger **52**
Angestellte Lehrer
– gesetzliche Unfallversicherung **104**
Arbeitsgemeinschaft
– Schülervertretung **167**
Arbeitslehre **136**
Aufsicht
– aktive **42**
– Kontinuität **31, 37**
Aufsicht(s)
– ~führung durch die Schule und Versicherungsschutz **235**
Aufsichtsaufgaben
– Übertragung **10**
Aufsichtspersonen
– Schulbus **176**
Aufsichtspflicht
– Erziehungsauftrag **156**
– Fehlverhalten Schüler **71**
– Schulgesetze **30**
– Strafrecht **85**
– vorsätzliche Verstöße **79**
– Ziel **27**
Aufsichtspflichtverletzung
– Dritte **12**
Aufsichtsplan **7**
Ausfallkosten
– Klassenfahrt **163**
Ausland
– Klassenfahrt **81**
– Sachschaden **81**
– Schülerunfälle **81**
Auslandsfahrten
– Begleitpersonen **152**
Ausschluss
– Klassenfahrt **154**
– Schulbus **175**
Außerunterrichtliche Veranstaltung **80**

B

Badeaufsichtspersonal **145**
– Schwimmausflug **147**
Bauliche Unzulänglichkeiten **68**
Beamtete Lehrer
– Gesetzliche Unfallversicherung **105**
Begleitperson **10, 80**
– Auslandsfahrten **152**

Berufshaftpflicht **82**
Bestellung Sicherheitsbeauftragte **216**
Betreuungsmaßnahme
– Grundschulen **236**
– Versicherungsschutz **198, 236**
Betreuungspersonal **237**
Betriebsfrieden
– Gesetzliche Unfallversicherung **75**
Betriebshaftpflicht
– Betriebspraktikum **151**
Betriebspraktikum **150**
– Betriebshaftpflicht **151**
Betriebsweg
– Förderschüler **206**
Beurlaubungsantrag **39**
Beweiserhebung
– Disziplinarverfahren **95**
– Strafverfahren **95**
Beweislastregeln **64**
Busfahrer
– Fahrtenschreiber **152**
Busunternehmen
– Schadensersatz **177**

C

Chemielehrer **78**
Chemieunterricht
– grobe Fahrlässigkeit **78**

D

Diebstahl
– Klassenfahrt **161**
– Schulträger **186**
Diensthaftpflicht **83**
Diensthaftpflichtversicherung **82, 84**
Dienstvergehen **93**
Disziplinarmaßnahme **92, 96**
– Strafe **95**
– Verhältnismäßigkeit **97**
Disziplinarverfahren
– Beweiserhebung **95**
Disziplinschwierigkeiten
– Klassenfahrten **152**
Doppelbestrafung **95**
Drachenfliegen **149**

E

Einfache Fahrlässigkeit **60**
Einsichtsfähigkeit **101**
– geistig behinderte Schüler **102**
– Schüler **105**
Eltern
– Aufsichtspflicht **25, 29**
– Freistellung der Haftung für fahrlässiges Fehlverhalten **239**
– Mitarbeit **121**
Elternlotsen **126**
Elternmitarbeit
– Versicherungsschutz **242**
Entführung **39**
Entschädigungsleistungen
– Unfall **212**
Entschuldigungsbeweis **64**
Erlebnispädagogische Unternehmungen **149**
Ersatzmöglichkeit
– anderweitige **49**
Erziehungsaufgabe **1**
Erziehungsauftrag
– Aufsichtspflicht **156**
Erziehungsziele **33**

F

Fachlehrer **5**
Fahrlässige Körperverletzung **88, 90**
Fahrlässige Tötung **88, 90, 91**
– Schwimmbad **146**

Fahrlässigkeit **55, 57**
– bewusste **70, 77**
– grobe **80**
– unbewusste **77**
Fahrschüler **115**
Fahrten
– Übernachtungen **153**
Fahrtenschreiber
– Busfahrer **152**
Fehlverhalten Schüler
– Aufsichtspflicht **71**
– Verkehrssicherungspflicht **71**
Fiskalisches Handeln **162**
Fluraufsicht **32, 130, 132**
Förderschüler
– Betriebsweg **206**
Freistunde **17, 25, 125**
Freizeit
– Klassenfahrt **160**
Fürsorgepflicht **4**
– Sachschaden **193**

G

Garantenstellung **88**
Garderobe
– Schüler **186**
Gefahren
– erkennbare **45**
– mehrere **45**
Gefahrenlage **36**
Gefahrenstelle **43**
Geistig behinderte Schüler
– Einsichtsfähigkeit **102**
Geld
– Verwahrung **181**
Geldbuße **85**
Geldstrafe **85**
Gesamtschuldner **58, 103**
Gesetzliche Unfallversicherung
– angestellte Lehrer **104**
– beamtete Lehrer **105**
– Betriebsangehörige **199**
– Betriebsfrieden **75**
– Eltern **239**
– Erziehungsberechtigte **237**
– Haftungsausschluss **106**
– Haftungsbeschränkung **109**
– Rehabilitation **213**
– Rückgriff **77, 109**
– Schmerzensgeld **199**
– Schmerzensgeldanspruch **76**
– Versicherungsträger **195**
Grobe Fahrlässigkeit **60, 77**
– Chemieunterricht **78**
Grundschulen
– Betreuungsmaßnahmen **236**
Grundschüler
– Unterrichtswege **125**

H

Haftpflichtversicherung **82**
– Praktikum **151**
– Skifreizeit **113**
Haftung
– Rechtsgrundlagen **49**
– Sicherheitsbeauftragte **68**
Haftungsausschluss **57**
– Aggressionshandlungen **107**
– Gesetzliche Unfallversicherung **106**
Haftungsbeschränkung
– gesetzliche Unfallversicherung **109**
Haftungsüberleitung **53**
Haftungsübertretung **49**
Hausaufgabenhilfe
– Schulveranstaltung **225**

Hausmeister **11**
– Schmerzensgeld **110**
Hauswirtschaft **136**
Hilfspersonen **10**

I

Internet **137**

K

Kausalität **131**
– haftungsbegründende **54**
Kausalzusammenhang **54**
Klassenfahrt **152**
– Alkohol **158**
– Ausfallkosten **163**
– Ausland **81**
– Ausschluss **154**
– Diebstahl **161**
– Disziplinschwierigkeiten **152**
– Freizeit **160**
– gefährliche Unternehmungen **157**
– Rauchen **158**
– Schulunfall **228**
– Schwimmbad **147**
– Versicherungsschutz **230**
– Vertragsabschlüsse **162**
Klassenfest **164**
– Schulveranstaltung **234**
Konferenz **8**
Kontinuität
– Aufsicht **31, 37**
Körperverletzung **88, 112**
– Antrag **89**
Kündigungen **99**

L

Lehrer
– Angestellte **49**
– Aufbewahrung Geld **183**
– Beamte **49**
– geh- oder sehbehindert **5**
– private Lehrmittel **193**
– Rückgriff **55**
– Sachschaden **192**
– Schadensersatz Dienstherr **182**
– Verlassen des Klassenraumes **120**
Lehrereigentum
– Schulträger **190**
Lehrerinnen
– schwangere **5**
Lehrerkonferenz **8**
Leistungsüberprüfungen **28**

M

Meldepflicht
– Unfall **211**
Mitarbeit
– Eltern **121**
Mittagspause **17**
Mitverschulden
– Schulträgerhaftung **187**

N

Naturwissenschaftlicher Unterricht **136**
Nothilfe **133**
Notstand **133**
Notwehr **133**

O

Ohrringe
– Sportunterricht **140**
Organisationsverschulden **7**
– Schulbushaltestelle **170**
– Schulleiter **62, 63**
– Unterrichtsweg **125**
Organisatorische Gesamtverantwortung
– Schulleiter **6**

P

Pausen
– Verlassen des Schulgeländes **134**
Pausenaufsicht **63, 127, 130, 135**
– Schulleitung **132**
Pausenhof
– Schulzentrum **128**
Personalakte **98**
Personaleinsatz **62**
Personalrat **9, 61**
Personenschaden **47**
Pflichtverletzung
– Vorsatz **59**
Piercing
– Sportunterricht **140**
Pkw-Transport
– Schulveranstaltung **241**
– Unfallversicherung **240**
Positive Vertragsverletzung **177**
Praktikum
– Haftpflichtversicherung **151**
Präventive Aufsicht **36, 38**
Private Streitigkeit
– Schulunfall **112**
Prügelei
– Schulhof **133**
– Versicherungsschutz **219**

R

Rauchen
– Klassenfahrt **158**
– Schulische Veranstaltungen **159**
Rechtsbeistand
– Vorermittlungen **94**
Rechtsschutzversicherung **84**
Rechtsunkenntnis
– Verschulden **142**
Rechtsweg
– Rückgriff **61**
Referendare **3**
Rehabilitation
– gesetzliche Unfallversicherung **213**
Rettungsfähigkeit **148**
Rückgriff **56, 58**
– gesetzliche Unfallversicherung **77, 109**
– Lehrer **55**
– Rechtsweg **61**
– Schulleiter **62**
Rückgriff/Fürsorgepflicht **60**
Rundrufsystem **122**

S

Sachschäden **47, 114**
– Ausland **81**
– Busunternehmen **177**
– dienstliche Verrichtung **192**
– Fürsorgepflicht **193**
– Lehrer **192**
– Verjährung **114**
Schädiger
– Vermögenslosigkeit **50**
Schädigung
– schulfremde Personen **113**
Schädigung durch Lehrer
– Schulträgereigentum **72, 74**
Scheidungsverfahren **40**
Schlüsselverlust **72**
Schmerzensgeld **106, 112**
– gesetzliche Unfallversicherung **199**
– Hausmeister **110**
– Schulweg **110**
– Vorsatz **108**
Schmerzensgeldanspruch
– gesetzliche Unfallversicherung **76**
Schmuck
– Sportunterricht **140, 179, 185**
Schulbetrieb **17, 111**
Schulbezogenheit
– tätliche Auseinandersetzungen **112**

– Unfall 205
– Verletzungshandlungen 203
Schulbus 23
– Aufsichtspersonen 176
– Ausschluss 175
– Schulweg 174
– Tätlichkeit 111
Schulbushaltestelle 169
– Organisationsverschulden 170
– Verlegung 171
Schüler
– Einsichtsfähigkeit 105
– Garderobe 186
– Steinwürfe 46
– Verlassen des Klassenraumes 120
– Verschulden 102
– volljährige 13
Schüler Förderschule
– Transport 206
Schülereigentum
– Schulträger 184
– Verwahrung 178
Schülerlotsen 126
Schülersportgemeinschaften
– freiwillige 143
Schülerunfälle
– Ausland 81
– Statistik 196
Schülervertretung
– Arbeitsgemeinschaft 167
– Schulveranstaltungen 166
Schülerzusatzversicherung
– freiwillige 151
Schulfremde Personen
– Schädigung 113
Schulgelände
– Verlassen des 14
Schulgesetze
– Aufsichtspflicht 30
Schulgottesdienst 138
– Unterrichtsweg 138
Schulhof 46, 63, 129
– Prügelei 133
Schulische Veranstaltung
– Alkohol 159
– Rauchen 159
– Versicherungsschutz 200
Schulleiter 2
– Organisationsverschulden 62
– Rückgriff 62
– Schulträger 69
– Sicherheitsbeauftragter 215
– Sicherheitsmängel 215
Schulleitung
– organisatorische Gesamtverantwortung 6
– Pausenaufsicht 132
Schulträger
– Amtshaftungsanspruch 72
– Diebstähle 186
– Fahrräder 188
– Lehrereigentum 190
– Schülereigentum 184
– Schulleiter 69
– Sicherheitsbeauftragter 215
– Verkehrssicherungspflicht 67
Schulträgereigentum
– Schädigung durch Lehrer 72, 74
Schulträgerhaftung
– Mitverschulden 187
– Mobiliar 189
Schulunfall 202
– Klassenfahrt 228
– Mitverschulden 209
– private Streitigkeit 112
– verbotswidriges Handeln 207
Schulveranstaltung 15, 200
– Abschlussfeier 233

– Anfahrt **240**
– Genehmigung **201**
– Hausaufgabenhilfe **225**
– Klassenfest **234**
– Pkw-Transport **241**
– Schülervertretung **166**
– Weg **19**
Schulweg **22**
– Schmerzensgeld **110**
– Schulbus **174**
– Transport **241**
– Umweg **245**
– Unterbrechung **244**
Schulzentrum **24**
– Pausenhof **128**
Schwimmausflug
– Badeaufsichtspersonal **147**
Schwimmbad **144**
– fahrlässige Tötung **146**
– Klassenfahrt **147**
Schwimmunterricht **141, 146, 149**
Sekretärin **11**
Sicherheitsbeauftragte **5**
– Bestellung **216**
– Haftung **68**
– Schulleiter **215**
– Schulträger **215**
– Unfall **211**
Sicherheitsmängel
– Schulleiter **215**
Skifreizeit
– Haftpflichtversicherung **113**
Sorgerecht **40**
Sozialarbeiter **3**
Sportlehrer **5**
Sportunterricht **139**
– Ohrringe **140**
– Piercing **140**
– Schmuck **140, 179, 185**
Staatshaftungsgesetz **51**
Statistik
– Schülerunfälle **196**
Steinwürfe, Schüler **46, 62**
– Schüler **46**
Strafbares Handeln **112**
Strafbarkeit **91**
Strafe
– Disziplinarmaßnahme **95**
Strafrecht
– Aufsichtspflicht **85**
Strafverfahren
– Beweiserhebung **95**
Strafverfolgung
– öffentliches Interesse **89**
Stürze **41**
Subsidiaritätsklausel **50**

T

Tätliche Auseinandersetzungen **106**
– Notwehr **133**
– Schulbezug **112**
– Schulbus **111**
– Vorsatz **107**
Technischer Unterricht **136**
Teilnahme am allgemeinen Verkehr **111, 202**
Teilzeitkräfte **4**
Titel **114**
Tötung **88**
Transport
– Schüler Förderschule **206**
– verletzte Schüler **20**

U

Übernachtungen
– Fahrten **153**
Übertragung
– Aufsichtsaufgaben **10**

Unfall
– Bericht **94**
– Entschädigungsleistungen **212**
– Meldepflicht **211**
– schulbezogen **202**
– Schulbezogenheit **205**
– Sicherheitsbeauftragte **211**
Unfallbegriff **194**
Unfallbericht **94**
Unfallverhütung **214**
Unfallversicherung
– Pkw-Transport **240**
– versicherter Personenkreis **197**
Unkenntnis
– Vorschriften **93**
Unterlassene Hilfeleistung **87**
Unterlassungsdelikte **86**
Unterricht **35**
– Mitwirkung schulfremder Personen **121**
Unterrichtsauftrag **1**
Unterrichtsausfall **122**
Unterrichtsbeginn **17, 115**
Unterrichtsende **115**
Unterrichtsschluss **18**
Unterrichtsweg **22, 124**
– Grundschüler **125**
– Organisationsverschulden **125**
– Schulgottesdienst **138**
Unvorhersehbares Fehlverhalten **36**
Ursachenzusammenhang **54, 65**

V

Verhältnismäßigkeit
– Disziplinarmaßnahmen **97**
Verjährung
– Schadensersatz **114**
Verkehrssicherungspflicht **66, 69**
Verkehrssicherungspflicht Fehlverhalten Schüler **71**
Verkehrssicherungspflicht Schulträger **67**
Verkehrssicherungspflicht vorsätzliche Verletzung **70**
Verlassen des Klassenraumes
– Lehrer **120**
– Schüler **119**
Verlassen des Schulgeländes **123**
– Pausen **134**
– Versicherungsschutz **217**
Verlassen des Schulhofes
– unerlaubtes **135**
Verlässliche Grundschule **236**
Verletzte Schüler
– Transport **20**
Verletzungen
– Ausmaß **41**
Verletzungshandlungen
– Schulbezogenheit **203**
Vermögenslosigkeit
– Schädiger **50**
Vermögensschäden **48**
Verschulden
– Rechtsunkenntnis **142**
– Schüler **102**
Verschuldensfähigkeit **101**
Versicherungsschutz **235**
– Aufsichtführung durch die Schule **235**
– Beschaffung von Schulmaterial **223**
– Betreuungsmaßnahme **198, 236**
– Eltern **239, 243**
– Elternmitarbeit **242**
– Freizeit Klassenfahrt **232**
– gesetzliche Unfallversicherung **195**
– Hausaufgabenhilfe **225**
– Kioskbesuch **221**

– Klassenfahrten **230**
– leichtsinniges Verhalten **229**
– Nachhilfe **226**
– Prügelei **219**
– Rauferei Klassenfahrt **228**
– Renovierungsarbeiten Eltern **243**
– schulische Veranstaltung **200**
– Unterbrechung Schulweg **244**
– Veranstaltung der Schülervertretung **227**
– Verlassen des Schulgeländes **217**
– Verlassen des Schulhofes **222**
– Verlassen Unterkunft Klassenfahrt **231**
– Verweisung aus der Klasse **218**
– vorsätzliche Körperverletzung **220**
Vertragsabschlüsse
– Klassenfahrt **162**
Verwahrung
– Geld **181**
– Schülereigentum **178**
Verweisung aus der Klasse **117**
– Versicherungsschutz **218**
Volljährige Schüler **43**
Vorermittlungen **94**
– Rechtsbeistand **94**
Vorsatz **77**
– Pflichtverletzung **59**
– Schmerzensgeld **108**
– Tätlichkeit Schüler **107**
Vorsätzliche Verstöße
– Aufsichtspflicht **79**
Vorschriften
– Unkenntnis **93**

W

Wanderung **80**
Wassersportarten **141**
Weg
– Schulveranstaltung **19**
Wildwasserfahrten **149**

Z

Zumutbarkeit **46**